novas buscas em comunicação

VOL. 71

Dados Internacionais de Catalogação na Publicação (CIP)
(Câmara Brasileira do Livro, SP, Brasil)

Pinho, J. B.
   Jornalismo na Internet : planejamento e produção da informação
on-line / J. B. Pinho – São Paulo: Summus, 2003. – (Coleção novas buscas
em comunicação ; v. 71)

   Bibliografia.
   ISBN 85-323-0841-4

   1. Internet (Rede de computadores) 2. Jornalismo eletrônico
3. Serviços de informação on-line I. Título. II. Série.

03-3102   CDD-070.402854678

Índices para catálogo sistemático:
1. Jornalismo na Internet   070.402854678
2. Internet e jornalismo   070.402854678

JORNALISMO NA INTERNET

Planejamento e produção da informação on-line

J. B. Pinho

summus
editorial

Capa: **Luciano Pessoa**
Editoração: **All Print**

1ª reimpressão, 2022

Summus Editorial

Departamento editorial
Rua Itapicuru, 613 – 7º andar
05006-000 – São Paulo – SP
Fone: (11) 3872-3322
http://www.summus.com.br
e-mail: summus@summus.com.br

Atendimento ao consumidor
Summus Editorial
Fone: (11) 3865-9890

Vendas por atacado
Fone: (11) 3873-8638
e-mail: vendas@summus.com.br

Impresso no Brasil

Índice

Prólogo

A abertura da Internet comercial ocorreu no Brasil em maio de 1995, deixando a rede de ser exclusiva do meio acadêmico para estender seu acesso a todos os setores da sociedade. Entre outras razões, a expansão verdadeiramente vertiginosa da Internet no país (e, naturalmente, em todo o mundo) foi estimulada pelo contínuo e maciço ingresso no ciberespaço de governos, organizações, instituições e empresas comerciais, industriais e de serviços. Aos poucos, até mesmo as empresas de comunicação tradicionais migraram para a rede mundial buscando oferecer aos internautas conteúdo e informação durante as 24 horas do dia, todos os dias.

Hoje, o jornalismo marca sua presença na Internet por meio das versões on-line de jornais e jornais impressos, de agências de notícias, de serviços de distribuição de notícias e de sites noticiosos especializados. Por outro lado, o correio eletrônico, a Usenet, as listas de discussão, o Internet Relay Chat (IRC), o File Transfer Protocol (FTP), a Telnet e a World Wide Web (Web), os principais instrumentos da rede mundial, agora trazem novos e ampliados recursos tecnológicos que facilitam o desempenho de inúmeras atividades e funções jornalísticas. Entre elas,

- a comunicação rápida e ágil entre jornalista, fonte e leitor;
- a busca de idéias que possam se transformar em notícia;
- a ajuda ao repórter para encontrar fontes autorizadas e levantar o contexto dos fatos e acontecimentos a serem cobertos;

- o monitoramento da discussão de diversos assuntos em áreas específicas;
- o acesso a arquivos em todo o mundo para a busca de documentos que auxiliem o jornalista no levantamento de informações prévias sobre o assunto de uma matéria pautada pelo editor; e
- a consulta a grandes bases de dados e bibliotecas que são repositórios de vasta gama de informações.

Tecnologia emergente e promissora ferramenta de comunicação, a Internet exige que os seus recursos tecnológicos e as suas principais aplicações sejam mais bem conhecidas em suas características, possibilidades e mesmo limitações. Nesse sentido, este livro tem o objetivo de apresentar ao leitor uma visão da natureza da rede mundial e das suas ferramentas, aqui entendidas como novo canal e como versátil suporte para a atividade profissional de *publishers*, de editores e de repórteres. Não se trata, em absoluto, de um manual técnico ou de um compêndio de procedimentos de programação (o Glossário foi incluído apenas para familiarizar o leitor menos iniciado em informática com os seus termos técnicos básicos).

Para alcançar os seus propósitos, *Jornalismo na Internet: planejamento e produção da informação on-line* está estruturado em 17 capítulos. O Capítulo 1 discorre sobre os primórdios das redes de comunicação – formadas pelas conexões entre os primeiros aparelhos eletrônicos e, depois, pelos satélites de telecomunicações –, as quais constituíram sistemas tradicionais hierárquicos. O Capítulo 2 aborda o desenvolvimento do princípio de conectividade entre computadores e as transformações causadas pelos novos conceitos de comunicação não-hierárquica e de comutação de pacotes aplicados nas primeiras redes de computadores.

O Capítulo 3 identifica o marco do nascimento da Internet em 1990, ano em que a rede mundial (ou a rede das redes de computadores) tornou-se acessível ao usuário comum, e descreve a sua evolução e o seu crescimento vertiginoso até os dias atuais. O Capítulo 4 examina os padrões, os protocolos e as tecnologias adotadas para o funcionamento da Internet, destacando ainda as aplicações e as principais características de redes como a extranet e a intranet.

As características da rede mundial como tecnologia de manejo relativamente simples e como promissora mídia para o jornalismo, com base em um conceito operacional de jornalismo digital, são abordadas no Capítulo 5, sem esquecer de mencionar limitações e restrições que podem dificultar as atividades e as práticas profissionais na rede mundial. Na seqüência, são examinadas as possibilidades e os recursos que os serviços da Internet oferecem como suporte e veículo para a informação e o conteúdo jornalístico: correio eletrônico (Capítulo 6); Usenet e listas de discussão (Capítulo 7); Internet Relay Chat, File Transfer Protocol (FTP) e Telnet (Capítulo 8); e World Wide Web (Capítulo 9).

O Capítulo 10 identifica as formas de presença do conteúdo jornalístico na Web e comenta os modelos de comercialização em geral adotados pelos sites. O Capítulo 11 examina o processo de construção global de um Website, destacando princípios gerais de criação e planejamento para garantir rapidez, confiabilidade, simplicidade e objetividade para o conteúdo jornalístico. Os valores e as regras funcionais da usabilidade, fundamentais para que o site de conteúdo jornalístico atinja os objetivos pretendidos pelo *publisher*, são abordados no Capítulo 12.

O Capítulo 13 discorre sobre os princípios básicos do design gráfico e a sua correta aplicação na Web, suporte amplamente caracterizado por sua linguagem multimídia e interativa. O Capítulo 14 trata da tipologia digital, tomando o texto como importante elemento gráfico em razão de sua contribuição para a legibilidade e a harmonia total dos elementos presentes nas páginas de um site.

A natureza do texto jornalístico digital é o tema do Capítulo 15, que ainda discute os principais fatores que condicionam a redação jornalística para a World Wide Web. O capítulo 16 traça um perfil das funções e das qualificações necessárias para o redator e o editor na Web, bem como enumera regras específicas de titulação do conteúdo jornalístico. No final, o Capítulo 17 comenta a estrutura da notícia digital e sugere normas próprias de redação para que o corpo de texto das publicações on-line seja informativo, coerente e atrativo para o usuário.

Redes de comunicação e telecomunicações

Este capítulo discorre sobre as redes de conexão dos primeiros aparelhos eletrônicos – o telégrafo, o telefone, o rádio e, mais recentemente, a televisão –, aos quais vieram se juntar os satélites de telecomunicações. Essas redes constituíram sistemas tradicionais hierárquicos, caracterizados pela presença de um elemento central, que comanda e possui o controle de todas as ações empreendidas.

Primórdios das redes de comunicação

No dia 10 de março de 1876, Alexander Graham Bell muniu-se de um aparato composto de um diafragma ligado a um fio, cujo final estava mergulhado em uma vasilha contendo uma solução ácida e um contato elétrico fixado no mesmo recipiente. O primeiro telefonema teve como interlocutor seu assistente técnico, Thomas Watson, que ouviu pelo rudimentar aparelho as palavras do inventor do telefone: "Senhor Watson, venha cá! Preciso do senhor!".

Depois de melhorar sua invenção com o uso de eletromagnetos e de um diafragma desenvolvido depois de muitos meses de trabalho – de início, aliás, o telefone foi registrado nos Estados Unidos e na Inglaterra como um aperfeiçoamento do telégrafo –, Bell inspirou-se nos sistemas de distribuição de gás e de água para prever o potencial das redes de cabos para ligação física entre os aparelhos de telefonia.

Por ocasião de sua lua-de-mel na Europa, o próprio inventor esboçou essa idéia no texto para um prospecto dirigido aos investidores da companhia que estava sendo fundada. Bell escreveu acreditar que cabos telefônicos pudessem futuramente ser colocados embaixo das ruas ou mesmo estendidos acima do solo, partindo de um escritório central e estabelecendo ligações em toda a cidade para permitir a comunicação direta e de mão dupla entre as pessoas (cf. Winston, 1998).

Por sua vez, o telégrafo já existia na ocasião, mas adotou outro padrão ao ser desenvolvido como um sistema de serviço ponto a ponto, com a mensagem final sendo entregue por um mensageiro. A partir de 1845, Morse e seus sócios iniciaram a construção de redes de linhas e de estações de telégrafos, com unidades próprias ou licenciando outros empreendedores. A posterior rivalidade comercial com os seus parceiros convenceu Morse de que o telégrafo devia seguir o mesmo modelo de monopólio dos serviços postais.

Capaz de levar mensagens através de continentes e mares a 25 mil quilômetros por segundo, o telégrafo mereceu uma expressão bíblica do seu próprio inventor, ao inaugurar a primeira linha telegráfica entre Washington e Baltimore: "O que Deus tem feito". Prático e simples, bastava pressionar uma tecla na linguagem de pontos e traços para eles serem automaticamente marcados no outro lado da linha. Assim, o aparelho e o código de Morse tornaram-se padrões internacionais.

A primeira experiência de uma rede de telegrafia internacional ocorreu em 1858 com o propósito de estabelecer comunicação instantânea por intermédio de um cabo lançado no mar. A ligação transatlântica foi um grande acontecimento para a sociedade, mas, por problemas técnicos, o cabo permaneceu em serviço alguns poucos dias. Somente em 1866 os cabos tiveram sucesso e o evento foi saudado com o mesmo entusiasmo observado quando da descida do homem na Lua, um século mais tarde.

No final de 1920 existiam 21 cabos transatlânticos e cerca de 3.500 outras ligações pelos mares do mundo. Neles, as comunicações telegráficas serviram inicialmente para a transmissão de notícias e para os negócios, sendo o uso pessoal muito restrito pelo seu custo. Em 1879, cada mensagem entre os Estados Unidos e a Inglaterra custava US$ 100, caindo para no máximo 25 centavos de dólar por palavra em 1970.

Redes sem fio

O rádio foi o primeiro aparato eletrônico de comunicação de massa a prescindir de ligação física, já que sua transmissão se dá por ondas eletromagnéticas. A KDKA de Pittsburgh – emissora pioneira de rádio comercial norte-americana, de propriedade da Westinghouse, fabricante de aparelhos eletrônicos – iniciou suas transmissões no dia 2 de novembro de 1920. A Westinghouse esperava lucrar com a venda de aparelhos de rádio, necessários para ouvir essas estações.

O primeiro sistema norte-americano de redes de rádio sustentadas pelo patrocínio de anunciantes foi desenvolvido mediante a rede experimental de estações da AT&T, comprada em 1926 pela recém-formada National Broadcasting Company (NBC). Também decidida a estimular a venda de aparelhos de rádio e equipamentos de estúdio, a RCA criou a NBC especialmente para a produção de programação radiofônica e a sua distribuição por uma rede de emissoras licenciadas e afiliadas. A National Broadcasting Company era vista como uma companhia de serviço público, embora, de forma ainda incipiente, tivesse na veiculação de publicidade uma das fontes de recursos para subsidiar uma programação de alta qualidade.

Logo em 1927 surgiu a rival, a Columbia Broadcasting System (CBS), fundada por William Paley, originalmente um anunciante, que percebeu claramente uma nova lógica na criação de redes de emissoras de rádio: atingindo com elas públicos cada vez maiores, era possível assim reduzir os custos de publicidade para as empresas anunciantes.

Veículo de grande alcance popular e extremamente disseminado em todo o mundo, o rádio transformou-se, depois do surgimento da televisão, em uma mídia para um público por demais fragmentado segundo os vários gostos e interesses dos seus ouvintes. No Brasil, a primeira estação de radiodifusão teve seu marco com a fundação, no dia 20 de abril de 1923, da Rádio Sociedade do Rio de Janeiro, que teve, para o seu funcionamento, a cessão, pelo governo brasileiro, de uma emissora Western Electric importada para serviços telegráficos.

No seu início, a radiodifusão brasileira estava voltada para uma elite intelectual e social, transmitindo música erudita, literatura e ciência. Em seguida, paulatinamente, o rádio foi encontrando novos rumos até chegar ao grande fenômeno de comunicação de massa que foi a Rádio Nacional do Rio de Janeiro, nas décadas de 1940 e 1950. Hoje, a grande quantidade de emissoras de rádio em operação – 2.986 estações comerciais operando em AM e em FM – também contribuiu para a considerável segmentação dos seus ouvintes.

Tabela 1   Principais redes de rádio AM/FM (2000)

Redes de rádio	Número de cidades cobertas
American Sat	62
Antena 1 – Sat	25
CBN	22
Gaúcha – Sat	88
Jovem Pan Sat – AM	33
Jovem Pan Sat – FM	38
Rede Bandeirantes – AM	48
Rede Bandeirantes – FM	26
Rede Transamérica – Transat	33

Fonte: Grupos dos Profissionais do Rádio (http://www.gpradio.com.br).

Ainda estimuladas pelo exemplo da televisão, algumas redes de emissoras radiofônicas surgiram para propiciar a redução de custos e o conseqüente aumento da lucratividade. Entretanto, o rádio não está configurado no País como uma mídia nacional, destacando-se mais por sua vocação local ou regional. Apesar de sua boa cobertura e penetração em todos os setores da população, um alcance nacional somente pode ser obtido com a programação de grande número de emissoras em diferentes pontos do território nacional.

Como sabemos, o advento da televisão modificou profundamente a natureza do rádio. Mas, por outro lado, foi a indústria do rádio que criou as condições básicas para a implantação e o posterior desenvolvimento da televisão. No período da Segunda Guerra Mundial, a indústria de rádio norte-americana recebeu consideráveis recursos para o esforço de guerra, os quais expandiram o setor entre 1.200% e 1.500%, empregando em suas atividades mais de 300 mil trabalhadores. O superdimensionamento da indústria eletroeletrônica apontava um único caminho: aproveitar a planta industrial instalada para a produção de aparelhos de um novo meio de comunicação de massa, a televisão, que antes do conflito mundial tinha entrado em funcionamento experimental.

Beneficiada ainda pelo desenvolvimento econômico pós-guerra, a televisão iniciou em 1948 sua caminhada para disseminar-se pelos Estados Unidos, pela Inglaterra, Itália, França, pelo Canadá e demais países do mundo. Em 1952, o número de aparelhos de TV nos lares norte-americanos alcançou um total de 15 milhões, atingindo mais de um terço da população. No mesmo ano, a Inglaterra completava sua rede de emissoras de TV, a qual permitia atingir cerca de 78% da população.

No Brasil, a televisão chegou no dia 18 de setembro de 1950, data em que foi ao ar o programa inaugural da primeira emissora: a PRF3 – TV Tupi do pioneiro Assis Chateaubriand. Depois de vencer as dificuldades iniciais, a televisão conseguiu rapidamente ultrapassar o rádio, graças ao desenvolvimento de uma linguagem televisiva própria e, mais tarde, a sua estruturação em grandes redes nacionais, transformando-se no meio de comunicação mais concentrador e poderoso do País.

Nos dias atuais, a televisão é o meio de maior impacto e o mais consumido entre todas as mídias, oferecendo principalmente entretenimento, informação e prestação de serviços. A TV aberta está estruturada em seis redes nacionais comerciais – Bandeirantes, Globo, SBT, CNT, Rede TV! e Record – e em uma rede educativa composta por 26 emissoras em todo o Brasil. Fundamentalmente, a televisão é um veículo de massa, de grandes audiências, apesar da recente concorrência das redes fechadas para assinantes com programação especializada.

Tabela 2   Número de geradoras de TV por rede (2000)

Redes de televisão	Número de geradoras
Rede Globo de Televisão	113
Sistema Brasileiro de Televisão (SBT)	91
Rede Bandeirantes de Televisão	37
Rede TV!	21
Central Nacional de Televisão (CNT)	23
Rede Record de Televisão	63
TV Educativa	26
TOTAL	374

Fonte: Grupos dos Profissionais do Rádio (http://www.gpradio.com.br).

Satélites de comunicações

Os satélites artificiais têm uso científico, militar e de comunicação. O primeiro satélite artificial, Sputnik 1, foi lançado pela antiga União das Repúblicas Socialistas Soviéticas (URSS), no dia 4 de outubro de 1957. Os Estados Unidos colocaram seu primeiro satélite artificial em órbita no dia 31 de janeiro de 1958, descobrindo os cinturões de radiação em torno da Terra.

Nos anos seguintes, milhares de satélites foram lançados pela União Soviética e pelos Estados Unidos, até que em 1983 a Agência Espacial Européia iniciou suas atividades de uma base de lançamentos localizada na Guiana Francesa. No dia 27 de agosto de 1989, pela primeira vez na história aeroespacial, uma empresa privada norte-americana construiu e lançou um foguete para colocar em órbita um satélite de comunicação para a televisão britânica. Estima-se que em 1995 haviam sido lançados 4.500 satélites desde o Sputnik, dos quais 2.200 estavam ainda em órbita e muitos funcionando ativamente.

Os satélites artificiais são colocados em órbita por foguetes de múltiplos estágios. Para reduzir os custos de lançamento, a Nasa, agência espacial norte-americana, passou a empregar ônibus espaciais, que carregam o satélite e o colocam em órbita, sendo o veículo novamente utilizado. Eles ainda recuperam satélites de suas órbitas para reparos (no espaço ou em terra) e posterior relançamento.

Os satélites de comunicação são usados especialmente para a transmissão de conversação telefônica de longa distância e móvel, de imagens de televisão e de dados digitais, refletindo ou retransmitindo ondas de radiofreqüência. Movendo-se a uma altura de 35.800 quilômetros na mesma direção da rotação da Terra, portanto, em uma órbita geoestacionária, eles recebem sinal de uma estação terrestre, ampliam-no e o retransmitem em uma freqüência diferente para outra estação.

A operação em bases comerciais dos satélites de comunicação começou em 1963, com a fundação da Communications Satellite Corporation (Comsat). No ano seguinte foi constituída a International Telecommunications Satellite Organization (Intelsat), de propriedade de mais de 120 nações. Já no início dos anos 90, a Intelsat tinha 15 satélites em órbita, o mais extensivo sistema de telecomunicações do mundo, que em 1997 passou a conviver com sistemas nacionais e regionais.

Os satélites comerciais oferecem uma ampla variedade de serviços de comunicação. Programas de televisão retransmitidos internacionalmente deram lugar ao chamado fenômeno da "aldeia global". Os satélites também retransmitem programas para os sistemas de TV a cabo bem como para as casas equipadas com antenas parabólicas. Com o crescente uso da transmissão digital, os satélites de comunicação propiciam links para o envio de dados e serviços de telefonia internacional mais eficientes e de menor custo.

Sem dúvida, os satélites de comunicação permitiram o desenvolvimento tecnológico das telecomunicações com uma infra-estrutura que ampliou de maneira considerável as possibilidades de implantação de redes de comunicações de alcance regional, nacional e mundial, viabilizando mais tarde a difusão de dados em tempo real.

Redes de computadores e novos princípios de conectividade

Este capítulo aborda o desenvolvimento do princípio de conectividade entre computadores e evidencia a verdadeira revolução causada pelos novos conceitos de comunicação não-hierárquica e de comutação de pacotes aplicados nas primeiras redes de computadores.

Redes de computadores

O princípio da conectividade entre os computadores teve seu início na Guerra Fria com um fato aparentemente sem ligação com a questão. Em 1957, a antiga União Soviética colocou em órbita o seu primeiro satélite espacial artificial, o Sputnik, e, quatro meses depois, o presidente norte-americano Dwight Eisenhower anunciava a criação da Advanced Research Projects Agency (ARPA), ligada ao Departamento de Defesa, cuja missão era pesquisar e desenvolver alta tecnologia para aplicações militares.

A ARPA reuniu alguns dos mais brilhantes cientistas norte-americanos, responsáveis pelo desenvolvimento e lançamento com sucesso, em dezoito meses, do primeiro satélite artificial dos Estados Unidos. Enquanto isso, a Guerra Fria desencorajava a comunicação e colocava barreiras entre os países capitalistas e comunistas, criando uma política de profundo antagonismo. O Departamento de Defesa norte-americano trabalhava arduamente preparando-se para um eventual conflito entre as duas potências, sistematizando planos complexos de comando e controle para que as altas patentes militares e os políticos pudessem se comunicar e sobreviver no meio de uma guerra nuclear.

Em 1962, Joseph Carl Robnett Licklider foi designado para liderar as pesquisas desenvolvidas na ARPA com o objetivo de aperfeiçoar o uso militar da tecnologia de computadores. No estado atual, uma única bomba nuclear do inimigo poderia eliminar completamente qualquer forma de comando ou controle entre o Pentágono e as instalações militares norte-americanas espalhadas pelo mundo. Considerado um visionário, Licklider previu as reais possibilidades de uma simbiose entre o homem e a máquina, na qual o computador funcionaria como um parceiro para a solução de problemas. Sem essa parceria, acreditava ele, o homem não poderia, durante uma eventual guerra, estimar rapidamente as alternativas de ação em resposta a um ataque inimigo. Da mesma maneira, o computador sozinho não estaria apto a tomar decisões importantes e verdadeiramente cruciais (cf. Hafner e Lyon, 1998: 31).

A Rand Corporation, grande empresa de consultoria para o governo e a indústria, foi contratada em 1964 para auxiliar na solução do problema. Como resultado de um estudo profundo dos sistemas de comando e controle do Departamento de Defesa, a Rand publicou, em agosto do mesmo ano, uma série de estudos chamados "Sistemas Distribuídos".

Entre outras recomendações, a consultoria sugeria a criação de um sistema de comunicação não-hierárquico, em substituição ao sistema tradicional, e a implementação de redes de comutação de pacotes, os quais garantiriam que o comando e o controle dos Estados Unidos pudessem sobreviver no caso de um ataque nuclear maciço destruindo o Pentágono.

Comunicação não-hierárquica e comutação de pacotes

O sistema tradicional de comunicação hierárquica, visto na Figura 1, é constituído de um elemento central – no caso, o Pentágono –, que é o chefe do comando e do controle de todas as ações empreendidas. O círculo central está ligado a todos os demais elementos, assemelhando-se aos raios de uma roda. Se o centro for destruído, nenhuma comunicação será possível com nenhum dos demais nós. Por exemplo: uma mensagem do nó "A" destinada ao nó "R" nunca poderá chegar ao seu destino se o Pentágono for destruído.

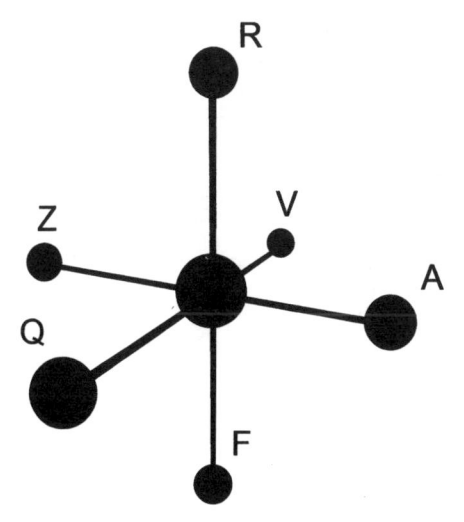

Figura 1   Sistema de comunicação hierárquica
Fonte: Shiva, 1997: 4.

A Rand Corporation propôs, então, um sistema de comunicação não-hierárquica, em que não existe um elemento central de chefia. O novo sistema é composto de interconexões com todos os pontos e dos pontos entre si. É como uma esfera, na qual cada nódulo está conectado com todos os outros e ainda com o central por múltiplos links.

Nesse modelo, mostrado na Figura 2, o sistema de comunicação não pode ser destruído caso seja eliminado o elemento central. Assim, mesmo que o Pentágono seja bombardeado, a mensagem do nó "A" pode ser enviada ao nó "R" por diversas rotas alternativas, em numerosas combinações que tornam virtualmente impossível que a mensagem não alcance o seu destino.

O modelo de comunicação não-hierárquica ainda tem a vantagem de possibilitar um protocolo ou conjunto de regras para dividir a mensagem em pacotes menores, os quais seriam endereçados separadamente e remetidos de uma máquina para outra, com evidentes vantagens na velocidade de transmissão e no tráfego por rotas menos congestionadas.

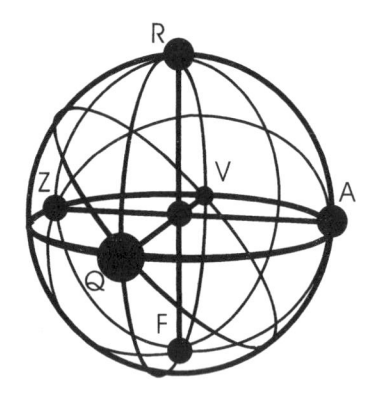

Figura 2   Sistema de comunicação não-hierárquica
Fonte: Shiva, 1997: 5.

Nas chamadas redes de comutação de pacotes, o itinerário específico de cada pacote é irrelevante. O importante é que o modelo garante que todos os pacotes cheguem a seu destino final e sejam reagrupados, reconstituindo a mensagem original.

ARPAnet – os primórdios da Internet

O estudo da Rand Corporation subsidiou a ARPA na apresentação, em 1967, do primeiro plano real de uma rede de comutação de pacotes. Com o propósito de expandir rapidamente a tecnologia, o órgão decidiu arregimentar universidades e institutos de pesquisa para começar a implantação da rede de pacotes, totalmente desenvolvida sob contrato pela empresa Bolt, Beranek e Newman (BBN), a mesma que inventou o modem em 1963. Recebendo o nome de ARPAnet, iniciou em 1969 o seu funcionamento experimental.

A rede antecessora da Internet foi formada inicialmente pela conexão dos computadores de quatro hosts, da Universidade da Califórnia em Los Angeles (UCLA), do Stanford Research Institute (SRI), da Universidade da Califórnia em Santa Bárbara (UCSB) e da Universidade de Utah. O computador da rede de interfaces, chamada Interface Message Processor (IMP), foi um micro Honeywell 516, com 12 K de memória, considerado muito poderoso naquela época, por meio do protocolo Newtwork Control Protocol (NCP).

Na Universidade da Califórnia em Los Angeles, o IMP foi ligado ao computador SDS Sigma 7, com o sistema operacional SEX. No Stanford Research Institute, o IMP foi conectado a um computador SDS-940, usando o sistema operacional GENIE. Na Universidade da Califórnia em Santa Bárbara, o computador era um IBM 360/75, com o sistema OS/MVT. Na Universidade de Utah, o quarto site, o IMP foi ligado a um DEC PDP-10, empregando o sistema operacional Tenex (cf. Hauben e Hauben, 1997: 119-120). Nesses primeiros tempos, as dificuldades eram grandes. Muitas vezes as tentativas de estabelecer conexão entre os computadores das hosts resultavam infrutíferas. Um pioneiro professor de computação da Ucla descreveu os problemas ao ligar-se por telefone ao computador do Stanford Research Institute para o posterior envio de dados:

Nós digitamos o "L" e perguntamos pelo telefone:
– Você está vendo o "L"?
– Sim, respondeu o responsável pelo SRI.
Depois digitamos o "O" e perguntamos novamente:
– Você está vendo o "O"?
– Sim, conseguimos ver a letra "O", – respondeu ele.
Então digitamos o "G" e, antes de qualquer confirmação, o sistema caiu...
(apud Gromov, 1998)

Os pesquisadores e cientistas envolvidos no projeto puderam começar a tarefa de identificar os principais problemas a serem resolvidos para que os computadores da rede fossem capazes de se comunicar entre si. Em primeiro lugar, era prioritário estabelecer conjuntos de sinais previamente determinados que abrissem os canais de comunicação, permitissem a passagem dos dados e, em seguida, fechassem os mesmos canais, padrões que foram chamados de protocolos.

O grupo, que se denominou Network Working Group (NWG), principiou a divulgar uma série de documentos para a consideração e discussão dos seus integrantes, os chamados Request For Comment (RFC). O primeiro, RFC 1, circulou em abril de 1969.

Em 1972, ano em que a ARPA recebia novo nome – The Defense Advanced Research Projects Agency (DARPA) –, a ARPAnet ampliava a rede para 23 hosts conectando universidades e centros de pesquisa do governo. Manter um site na rede da ARPA custava na época US$ 250 mil por ano.

A primeira demonstração pública da ARPAnet é realizada na cidade de Washington, durante a I Conferência sobre Comunicações Computacionais, conectando 40 máquinas e o Terminal Interface Processor (TIP). Classificada como um grande esforço de relações públicas, a apresentação foi organizada por Robert Kahn e envolveu uma série variada de demonstrações de uso da rede, de grande sucesso entre o público.

Na BBN, Ray Tomlinson criava, em março de 1972, o primeiro programa para o envio de mensagens de correio eletrônico, enquanto em julho Larry Roberts escrevia o primeiro utilitário de correio eletrônico, para listar, ler e responder a e-mails. As especificações da Telnet são descritas na Request For Comments 318, documento especialmente editado para descrever o padrão para emulação remota de terminais. Outra iniciativa isolada consistiu em utilizar links de rádio para colocar em rede os computadores da Universidade do Havaí, distribuída em quatro diferentes ilhas, formando a ALOHAnet, que veio se conectar à ARPAnet nesse mesmo ano.

Em 1973, a Inglaterra e a Noruega foram os dois primeiros países a estabelecerem conexão internacional com a ARPAnet, por meio do University College de Londres e da Royal Radar Establishment. Na Universidade de Harvard, Bob Metalcafe delineia em sua tese de doutoramento a idéia para a Ethernet, padrão depois muito usado para a conexão física de redes locais em alta velocidade. A transferência de arquivos entre computadores tem suas especificações fixadas no Request for Comments 454. O File Transfer Protocol (FTP), uma aplicação fundamental para a Internet, permitia a quem estivesse ligado à ARPAnet copiar arquivos de texto existentes em computadores remotos.

Crescimento da ARPAnet

Prevista inicialmente para funcionar com um total de 19 servidores, a ARPAnet chegou ao final de 1974 com 62 servidores e a necessidade de aperfeiçoar o protocolo de comunicação, o NCP, para ampliar o restrito número de 256 máquinas conectadas. Bob Kahn e Vinton Cerf[1] desenvolveram e propuseram um novo conjunto de protocolos que permitia a comunicação entre diferentes sistemas. O Transmission Control Protocol (TCP) e o Internet Protocol (IP) oferecem 4 bilhões de endereços diferentes e utilizam uma arquitetura de comunicação em camadas, com protocolos distintos cuidando de tarefas distintas. Ao TCP cabia dividir mensagens em pacotes de um lado e recompô-los do outro. Ao IP cabia descobrir o caminho adequado entre o remetente e o destinatário e enviar os pacotes. A ARPAnet adotou progressivamente o TCP/IP, que funcionou em paralelo com o NCP, até o dia 1º de janeiro de 1983, quando cada máquina conectada com a ARPAnet teve de passar a usar o novo conjunto de protocolos TCP/IP.

Ainda em 1976, a AT&T Bell Laboratories desenvolveu o Unix-to-Unix CoPy (UUCP), uma coleção de programas para intercomunicação de sistemas Unix, que possibilita transferência de arquivos, execução de comandos e correio eletrônico. Baseados no UUCP, o estudante Steve Bellovin e os programadores Tom Truscott e Jim Ellis tiveram a idéia de criar o Unix User Network, ou simplesmente Usenet, formando grupos de discussão em que os leitores podiam compartilhar informações, idéias, dicas e opiniões.

Os grupos de discussão multiplicaram-se rapidamente e a Usenet passou a utilizar cada vez mais a ARPAnet como principal canal de distribuição, o que obrigou à criação de mais um protocolo de transmissão próprio, o Net News Transfer Protocol (NNTP). Outra inovação aconteceu em 1980, com a formação da Because It's Time Network (Bitnet), uma rede acadêmica da City University de Nova York, com conexão à Universidade de Yale, que utiliza sistemas de correio eletrônico e um mecanismo conhecido como "listserv", que permitia

---

1. Conta-se que Vinton Cerf desenhou a arquitetura da futura Internet em uma noite, rabiscando no verso de um envelope, no hall de um hotel na Califórnia. Apesar de ser conhecido como o pai da Internet, todas as suas invenções são de domínio público. Vint, como prefere ser chamado, ocupa hoje o cargo de vice-presidente sênior para engenharia e arquitetura de Internet na MCI WorldCom, a segunda maior operadora telefônica de longa distância dos Estados Unidos, que, no Brasil, é a nova proprietária da Embratel.

aos usuários publicar artigos e subscrever *mailing lists* especializadas em determinados assuntos enviando mensagens para um servidor de listas.

Hoje, a Bitnet é uma rede educacional internacional, que liga computadores em aproximadamente 2.500 universidades e institutos de pesquisa nos Estados Unidos, na Europa e no Japão. A Bitnet não usa protocolo da família TCP/IP, mas pode trocar mensagens eletrônicas com a Internet. O protocolo empregado é o Remote Spooling Communication System (RSCS).

Outro precursor dos sistemas de troca de mensagens foi o Bulletin Board System (BBS), criado em 1978 por Ward Christianson, autor do Xmodem, um protocolo para transferência de arquivos para microcomputadores. O BBS permite que qualquer pessoa com um micro e um modem possa instalar seu próprio servidor, disponibilizando aos seus usuários arquivos de todo o tipo (programas, dados ou imagens), softwares de domínio público e conversas on-line (chat). Muitos BBS oferecem acesso ao correio eletrônico da Internet. Os assinantes têm acesso aos serviços por linhas telefônicas (isto é, de voz), utilizadas via computador pessoal e modem.

Mais facilidades na ARPAnet

Libertando-se de suas origens militares, a ARPAnet se dividiu, em 1983, na Milnet, para fins militares, e na nova ARPAnet, uma rede com propósitos de pesquisa, que começa progressivamente a ser chamada de Internet.

Até 1983, a conexão com qualquer máquina na ARPAnet exigia o prévio conhecimento do seu endereço de rede, algo bastante incômodo mas possível no protocolo NCP, que oferecia apenas 256 combinações. A tarefa tornou-se impossível com o TCP/IP, que permitia 4 bilhões de combinações de endereços de 4 bytes.

O problema veio a ser resolvido pela Universidade de Wisconsin, que criou, em 1983, os primeiros servidores de nomes, máquinas capazes de traduzir nomes para endereços IP, evitando que o usuário decorasse endereços. O servidor de nomes mantinha um arquivo texto contendo os nomes e os respectivos endereços de todos os computadores da rede, que era atualizado de forma centralizada pelo Network Information Center da DARPA e distribuído às subredes regularmente.

O crescimento desordenado da ARPAnet, que contava com 562 hosts, tornou a solução obsoleta em pouco tempo. No ano seguinte foi criada nova solução para o problema com a introdução do Domain Name System (DNS), um serviço e protocolo que cuida da conversão de nomes Internet em seus números correspondentes, de forma automatizada e padronizada.

Ainda em 1984, a National Science Foundation (NSF), um órgão independente do governo norte-americano, passou a ser responsável pela manutenção da ARPAnet. Como uma das primeiras medidas, a NSF criou, em 1986, cinco centros de supercomputação para aumentar a largura de banda disponível, todos eles conectados entre si a 56 Kbps, formando a NFSNET, a espinha dorsal da ARPAnet.

A NFSNET constituiu um estímulo para a adesão de outras redes, tendo o número de hosts saltado para 5 mil em novembro de 1984. No ano seguinte, com a primeira conexão T1, de 1,5444 Mpbs, fornecida pela IBM e MCI, o número de hosts foi quadruplicado, alcançando a marca de 20 mil máquinas, principalmente de universidades. Novo e considerável incremento foi verificado em 1988 com a criação do Internet Relay Chat (IRC), desenvolvido por Jarkko Oikarinen.

O IRC é um novo modelo cliente-servidor que permite a diversos usuários "conversarem" on-line, compartilhando um mesmo canal virtual de comunicação. O total de máquinas on-line chegou a 100 mil, e todo o *backbone* da NFSNET foi atualizado para canais T1. Outros países conectam-se com a rede: Canadá, Dinamarca, Finlândia, França, Islândia, Noruega e Suécia.

Outro acontecimento significativo, no dia 2 de novembro de 1988, foi a constatação da existência, em vários computadores da rede, de um programa capaz de replicar e travar as máquinas por onde ele passava. Criado por Robert Morris Jr., um estudante da Universidade de Cornell, o verme da Internet, como é chamado o programa, tinha o objetivo de demonstrar a vulnerabilidade dos computadores da rede, sem provocar nenhum dano. Mas, fugindo ao controle de seu autor, o verme afetou cerca de 6 mil servidores dos 60 mil existentes e provocou a criação pela DARPA do Computer Emergency

Response Team (CERT) (http:/www.cert.org), com a finalidade de pesquisar e aprimorar a segurança na rede.

No Brasil, foram formados, em 1988, alguns embriões independentes de redes, interligando grandes universidades e centros de pesquisa do Rio de Janeiro, de São Paulo e de Porto Alegre aos Estados Unidos.

A marca de 100 mil hosts foi ultrapassada em 1989, ano em que aderem à rede mundial mais dez países: Austrália, Alemanha, Israel, Itália, Japão, México, Holanda, Nova Zelândia, Porto Rico e Reino Unido.

No mês de setembro do mesmo ano, surge oficialmente o projeto de uma rede brasileira de pesquisa, a Rede Nacional de Pesquisa (RNP) (http://www.rnp. br), desenvolvida por um grupo formado pelo Ministério da Ciência e Tecnologia – com representantes do Conselho Nacional de Desenvolvimento Científico e Tecnológico (CNPq), da Financiadora de Estudos e Projetos (Finep), da Fundação de Amparo à Pesquisa do Estado de São Paulo (Fapesp), da Fundação de Amparo à Pesquisa do Estado do Rio de Janeiro (Faperj) e da Fundação de Amparo à Pesquisa do Estado do Rio Grande do Sul (Fapergs) –, para integrar os esforços isolados e coordenar uma iniciativa nacional em redes de âmbito acadêmico.

3

Evolução e crescimento da Internet

Este capítulo descreve o nascimento da rede mundial de computadores e a sua vertiginosa expansão, desde a invenção da World Wide Web, a parte multimídia da Internet, e o início do uso e a exploração comercial da rede.

Internet, a rede mundial

Em 1990, mesmo ano em que o Brasil passou a conectar-se com a rede mundial de computadores, ao lado da Argentina, Áustria, Bélgica, do Chile, da Grécia, Índia, Irlanda, Coréia, Espanha e Suíça, a ARPAnet foi formalmente encerrada. Nascia então a Internet, compreendendo 1.500 sub-redes e 250 mil hosts, pronta para entrar e fazer parte da vida das pessoas comuns.

A Internet passou a contar, ainda em 1990, com o World (http://www.world.std.com), primeiro provedor de acesso comercial do mundo, permitindo que usuários comuns alcancem a grande rede via telefone. Outras empresas norte-americanas que passaram a oferecer acesso à rede mundial foram a Software Tool and Die, Digital Express e NetCom. As taxas de crescimento experimentadas pela Internet tornam-se então de fato vertiginosas.

O grande volume de dados disponíveis nos 617 mil computadores ligados na Internet torna muito difícil para o usuário encontrar e recuperar as informações desejadas. Peter Deutsch, Alan Emtage e Bill Heelan, da Universidade McGill, lançam o Archie, ferramenta cliente-servidor que permite a procura de arquivos e informações em redes de acesso público. Indica-se ao Archie o nome do arquivo (ou parte dele) que se deseja encontrar e ele dá o nome (endereço) dos servidores onde pode ser encontrado e copiado por meio de FTP.

Em 1991, Brewster Kahle, da Thinking Machines Corporation, inventou o Wide Area Information Server (WAIS), um serviço que permite a procura de informações em bases de dados distribuídas, cliente/servidor, mediante uma interface bastante simples. Sua principal peculiaridade é a conversão automática de formatos para visualização remota de documentos e dados.

Por sua vez, a Universidade de Minnesota disponibiliza o Gopher, um sistema distribuído para busca e recuperação de documentos, que combina recursos de navegação por meio de coleções de documentos e bases de dados indexadas, por meio de menus hierárquicos. O protocolo de comunicação e o software seguem o modelo cliente-servidor, permitindo que usuários em sistemas heterogêneos naveguem, pesquisem e recuperem documentos armazenados em diferentes sistemas, de maneira simples e intuitiva. O sistema foi aperfeiçoado no ano seguinte pela Universidade de Nevada, que lança a ferramenta chamada   Very Easy Rodent-Oriented Net-wide Index to Computerized Archives (Veronica), para busca simultânea em vários servidores Gopher.

A questão da privacidade na rede era uma preocupação geral já em 1991, quando Philip Zimmerman torna público o Pretty Good Privacy (PGP), programa utilitário para a codificação de mensagens de texto, que continua sendo o meio mais simples e seguro de se obter privacidade na rede. Uma mensagem assim enviada é inquebrável e só o seu destinatário pode descodificá-la, dando para isso uma chave que só ele conhece.

No Brasil, a Rede Nacional de Pesquisa inicia a montagem da Fase 1 da chamada espinha dorsal (backbone) da RNP, com conexões dedicadas a velocidades de 9,6 a 64 Kbps, ao mesmo tempo que divulga os serviços Internet para a comunidade acadêmica, por meio de seminários, montagem de repositórios acadêmicos e treinamentos.

Enquanto o backbone da MSFNET é atualizado com links T3 (44,736 Mbps) para suportar um tráfego de um trilhão de bytes/mês e

10 bilhões de pacotes/mês, conectam-se à Internet a Croácia, a República Tcheca, Hong Kong, a Hungria, a Polônia, Portugal, Cingapura, a África do Sul, Taiwan e a Tunísia.

Web — a teia de alcance mundial

Ainda em 1991, a grande novidade da Internet foi a invenção da World Wide Web, gestada pelo engenheiro Tim Berners-Lee no Laboratório Europeu de Física de Partículas (CERN). Um dos mais importantes centros para pesquisas avançadas em física nuclear e de partículas, localizado em Genebra, Suíça, a sigla CERN relaciona-se ao seu nome anterior, Conseil Européene pour la Recherche Nucléaire.

A Web é provavelmente a parte mais importante da Internet e, para muitas pessoas, a única parte que elas usam, um sinônimo mesmo de Internet. Mas a World Wide Web é fundamentalmente um modo de organização da informação e dos arquivos na rede. O método extremamente simples e eficiente do sistema de hipertexto distribuído, baseado no modelo cliente-servidor, tem como principais padrões o protocolo de comunicação HTTP, a linguagem de descrição de páginas HTML e o método de identificação de recursos URL.

O Hypertext Markup Language (HTML) é a linguagem-padrão para escrever páginas de documentos Web, que contenham informação nos mais variados formatos: texto, som, imagens e animação. É fácil de aprender e usar, possibilitando preparar documentos com gráficos e links para outros documentos para visualização em sistemas que utilizam Web.

O Hypertext Transport Protocol (HTTP) é o protocolo que define como dois programas/servidores devem interagir, de maneira que transfiram entre eles comandos ou informação relativos ao WWW. O protocolo HTTP possibilita que os autores de hipertextos incluam comandos que permitem saltos para recursos e para outros documentos disponíveis em sistemas remotos, de forma transparente para o usuário. Por sua vez, o Uniform Resource Locator (URL) é o localizador que permite identificar e acessar um serviço na Web.

Outro fato importante em 1991 foi a suspensão, pela NSF, da proibição ao uso comercial da Internet, abrindo caminho para a era do comércio eletrônico. As companhias relacionadas à Internet tornam-se as favoritas dos investidores em alta tecnologia.

Em 1992, a Internet ultrapassou o número de um milhão de hosts e mais 13 países ligavam-se a ela: Antarctica, Camarões, Chipre, Equador, Estônia, Kuwait, Letônia, Luxemburgo, Malásia, Eslováquia, Eslovênia, Tailândia e Venezuela. A Internet Society (http://www.isoc.org) é constituída como organização internacional para coordenar a Internet, suas tecnologias e aplicativos, tendo como um dos seus órgãos o Internet Arquiteture Board (IAB) (http://www.iab. org), um grupo voltado à supervisão e manutenção dos protocolos TCP/IP.

Em 1993, os meios de comunicação e o mundo dos negócios descobrem a Internet, enquanto a ONU inaugura sua página na rede, no endereço http://www.un.org. A Casa Branca monta o seu site (http://www.whitehouse.gov) e divulga o endereço eletrônico do presidente dos Estados Unidos (president@whitehouse.gov). Os indicadores são espantosos: o tráfego na WWW cresce a uma taxa anual de 341,64%. O número de hosts da Internet dobra em um ano, atingindo 2 milhões em 1993, ocasião em que se conectam à rede a Bulgária, Costa Rica, o Egito, Fiji, Gana, a Indonésia, o Casaquistão, Quênia, Liechenstein, o Peru, a Romênia, a Rússia, a Turquia, a Ucrânia e as Ilhas Virgens.

Outro sucesso estrondoso na Internet é o programa Mosaic, um cliente para a Web que funciona em modo gráfico e é capaz de mostrar imagens. Desenvolvido por Marc Andreessen, estudante do Centro Nacional para Aplicações de Supercomputação da Universidade de Illinois, em Urbana-Champaign, o Mosaic possibilita o acesso aos recursos de multimídia da Internet por simples cliques de mouse. Em um ano, mais de um milhão de cópias do Mosaic estavam em uso.

A NSF cria o Internet Network Information Center (InterNIC), que atribui números IP únicos a quem pedir e é também o gestor da raiz (topo da hierarquia) do Domain Name System (DNS) mundial. A InterNIC (http://www.internic.net) ainda armazena informações sobre a rede mundial e mantém um banco de dados com informações sobre toda a comunidade da Internet.

Completando 25 anos de existência em 1994, contados a partir da data de início de funcionamento experimental da ARPAnet, a Internet aloja as páginas de emissoras de rádio, shoppings centers, pizzarias e bancos. A Web supera a Telnet para tornar-se o segundo serviço mais popular da rede, com base na quantidade de pacotes e no volume de tráfego de bytes. Os sites comerciais e pessoais da World Wide Web multiplicam-se e começam a surgir os mecanismos de busca que auxiliam o usuário a procurar informação por toda a Web.

No Brasil, a partir de 1994, o grande aumento de instituições conectadas à rede mundial amplia a demanda sobre o *backbone* da RNP e, paralelamente, percebe-se que as aplicações interativas não eram viáveis a velocidades inferiores a 64 Kbps. Assim, no período que vai até 1996, o projeto volta-se para a montagem da Fase II do backbone da RNP, com uma infra-estrutura bem mais veloz do que a anterior.

A Internet mundial contabilizava 4 milhões de servidores e sua taxa de crescimento atinge 10% ao mês. Ligam-se à rede: Algéria, Armênia, Bermudas, Burquina, China, Colômbia, Filipinas, Jamaica, Líbano, Lituânia, Macau, Marrocos, Nova Caledônia, Nicarágua, Nigéria, Panamá, Senegal, Sri Lanka, Suazilândia, Uruguai e Usbequistão.

Ameaças à segurança nacional

Bill Gates ingressou tardiamente na indústria da Internet, com o lançamento, em 1995, do Microsoft Internet Explorer, um novo browser para o sistema operacional Windows 95. Os hackers passam a representar uma séria ameaça na rede: em Hong Kong, a polícia desconecta muitos dos provedores de acesso à Internet do território, na caça a um hacker, deixando cerca de 10 mil pessoas sem acesso à rede mundial.

Nos Estados Unidos, os sites da CIA, do Departamento de Defesa e da Força Aérea, entre outros órgãos do governo, são atacados por hackers em 1996. Mas a Internet não pára: aproximadamente 80 milhões de usuários em cerca de 150 países ao redor do mundo surfam na rede. O número de servidores conectados chega perto dos 10 milhões e o número de sites duplica a cada dois meses.

No mesmo ano, a Microsoft e a TV NBC inauguram a MSNBC, primeira organização noticiosa a fundir TV aberta, TV a cabo e Internet.

A polêmica Lei da Decência nas Comunicações proíbe, nos Estados Unidos, a distribuição de material indecente, via Internet, mas vai ser declarada inconstitucional, em sua maior parte, pela Suprema Corte, em 1997.

Alguns governos fixaram restrições ao acesso à Internet e ao conteúdo da rede mundial, que variam de medidas contra pornografia, prostituição, racismo, tráfico de drogas, terrorismo à repressão da livre expressão e da oposição política. Na União Européia[1] e Comunidade Britânica, os países membros estão adotando medidas judiciais específicas contra a oferta de material racista, xenófobo e pornográfico. Na Ásia, muitos governos controlam o conteúdo da Internet e os provedores de acesso intervêm para impedir listas de discussão e mensagens eletrônicas indesejáveis. O controle da discussão política e religiosa e de material relacionado a sexo é bastante comum em nações do Oriente Médio.

O capital de risco descobriu em 1997 o filão da nova tecnologia com os investidores comprando um mundo virtual, de futuro, apostando nos lucros que as empresas pontocom iriam proporcionar. O mercado financeiro passou a conviver com as companhias ligadas à Internet, cujas ações não paravam de subir e a dominar cada vez mais a Bolsa de Valores de Nova York. O investidor que, no dia 17 de dezembro de 1997, tivesse comprado US$ 10 mil em ações da livraria virtual Amazon, por exemplo, no curto período de um ano veria multiplicado em muitas vezes o seu investimento. O valor hipotético de

---

1. A mais recente medida de cerceamento da liberdade na Internet foi adotada pela Espanha, com a entrada em vigor, no mês de outubro de 2002, da Lei de Serviços da Sociedade da Informação e do Comércio Eletrônico (LSSICE), que impõe restrições à privacidade e liberdade dos internautas locais. "O governo espanhol diz que a LSSICE incentivará o comércio eletrônico e coibirá o crime online, mas sua abrangência vai além. A lei obriga que mecanismos de busca retirem de seus índices páginas consideradas ilegais pela Justiça. E estabelece bloqueios pelos provedores de acesso para impedir a conexão aos sites proibidos e sediados no exterior. Os provedores também passam a ser obrigados a guardar o registro de seus usuários – essa regra ainda depende da regulamentação governamental" (Lopes, 2002).

resgate das ações, no dia 17 de dezembro de 1998, foi estimado em cerca de US$ 52 mil.

O Brasil viveu um fato curioso em 1998. Para surpresa geral, mais de 25% das declarações do Imposto de Renda de pessoas físicas foram processadas por meio eletrônico. Já a base instalada de usuários no país cresceu de 700 mil para 1,8 milhão, de acordo com estimativas dos institutos de pesquisa. Nos Estados Unidos, o índice Nasdaq de empresas de alta tecnologia iniciou um crescimento vertiginoso, saindo de 1.500 pontos e alcançando seu ápice em 5.000 pontos.

A euforia financeira continuou forte de 1999 até o início do ano 2000, período em que a quantidade de investidores com capitais de risco superou o número de projetos. Profissionais de diversos setores da economia migraram em massa para o trabalho nas empresas pontocom. Entretanto, a crise instalou-se no período entre março de 2000 e março de 2001, quando o índice Nasdaq despencou de 5.000 pontos para 1.500 pontos. Foi o retorno à realidade, quando centenas de empresas virtuais foram desaparecendo e milhares de executivos tomaram o caminho de volta para as empresas de tijolo e cimento.

A Internet teve um novo início em 2001, afirmam com propriedade Gehringer e London (s.d.: 9), "deixando de ser um processo de inovação para ser um processo de expansão e renovação de atividades profissionais da economia". O mercado abandonou os sonhos de fortuna fácil, como afirmam os mesmos autores, pois "a Internet é um setor empresarial igual a qualquer outro, em que conhecimento, disciplina, método e planejamento são chaves para o sucesso" (p.10). No Brasil, um bom exemplo disso é a iniciativa de comercialização de automóveis pela Internet realizada por montadoras como a General Motors e a Renault, depois de pesados investimentos e de muito planejamento.

Exclusão na rede mundial

As taxas de crescimento da Internet aumentam de maneira contínua e quase exponencial, sendo até hoje o meio de comunicação com o menor período de aceitação entre a descoberta e a sua difusão mais maciça (ver a Tabela 3). Mas permanece o fato de que muitas pessoas ainda não estão conectadas com a rede mundial. A ONU estimava, no começo do ano 2000, um total de 276 milhões de usuários, quase 5% da população mundial, concentrados na América do Norte, na Europa Ocidental e no Japão. No Brasil, dados consolidados em julho de 2001 indicam que a Internet dá acesso a pouco mais de 11 milhões de pessoas, por volta de 6,8% da população total, com o maior número de usuários concentrados nas nove principais regiões metropolitanas do país.

Tabela 3 Intervalo entre a descoberta de um novo meio de comunicação e sua difusão

Meio de comunicação	Tempo de aceitação	Datas
Imprensa	400 anos	De 1454 ao século XIX
Telefone	70 anos	De 1876 até o período posterior à Segunda Guerra Mundial
Rádio	40 anos	1895 até o período entre as duas guerras mundiais
Televisão	25 anos	De 1925 até os anos de 1950
Internet	7 anos	De 1990 até 1997

Preocupados com a situação de exclusão de muitos países, especialistas da ONU sugerem ações urgentes para que, até 2005, todos tenham acesso à Internet. As principais propostas pedem a ampliação dos centros comunitários de acesso e o uso de escolas e bibliotecas como pontos de acesso para a população. Para os países em desenvolvimento, a ONU recomendou o perdão de 1% da dívida externa daqueles que se comprometerem a investir o valor correspondente na difusão da Internet (cf. Farah, 2000: A13).

Caso sejam melhoradas as taxas de transmissão com a renovação tecnológica da rede, pela utilização da fibra óptica, das redes de TV a cabo e mesmo dos satélites de baixa órbita, a tendência da Internet é a de transformar-se, em futuro próximo, na decantada superestrada da informação.[2]

Tabela 4   Velocidade *versus* desempenho dos principais meios de acesso à Internet

Meios de acesso	Taxa de transferência	Tempo para baixar um arquivo de 2 Mb	Tempo para baixar um arquivo de 9 Mb
Modem 28.8 kbps	28.8 Kbps	10 minutos	40 minutos
ISDN	128 Kbps	2,4 minutos	10 minutos
DirecPC*	400 Kbps	35 segundos	3 minutos
T1	1,5 Mbps	11 segundos	48 segundos
Cabo	30 Mbps	4 segundos	18 segundos

(*) O DirecPC emprega uma miniparabólica e um modem especial para o usuário receber os dados de um satélite geoestacionário exclusivo do serviço.

Gestão da Internet brasileira

Em maio de 1995 teve início a abertura da Internet comercial no Brasil. A RNP passou então por uma redefinição de seu papel, deixando de ser um *backbone* restrito ao meio acadêmico para estender seus serviços de acesso a todos os setores da sociedade. Com a criação do seu Centro de Informações Internet/BR, a RNP ofereceu um importante apoio à consolidação da Internet comercial no país.

No dia 31 de maio de 1995, o Ministério das Comunicações e o Ministério da Ciência e Tecnologia promulgaram a Portaria Interministerial 147, constituindo o Comitê Gestor da Internet no Brasil (http://www.cg.org.br), com os objetivos de assegurar a qualidade e a eficiência dos serviços ofertados, a justa e livre competição entre provedores, e a manutenção de padrões de conduta de usuários e provedores.

---

2. A expressão "superestrada da informação" foi atribuída, em 1978, ao futuro vice-presidente dos Estados Unidos, Albert Gore.

Com mandato de dois anos, os membros do Comitê Gestor são indicados conjuntamente pelo Ministério das Comunicações e pelo Ministério da Ciência e Tecnologia, sendo formado por um representante de cada ministério, um do Sistema Telebras, um do Conselho Nacional de Desenvolvimento Científico e Tecnológico (CNPq), um da Rede Nacional de Pesquisa, um da comunidade acadêmica, um dos provedores de serviços, um da comunidade empresarial, e um da comunidade de usuários.

O Comitê Gestor recebeu como principais atribuições fomentar o desenvolvimento dos serviços Internet no Brasil; recomendar padrões e procedimentos técnicos e operacionais para a Internet no País; coordenar a atribuição de endereços Internet, o registro de nomes de domínios e a interconexão de espinhas dorsais; e coletar, organizar e disseminar informações sobre os serviços Internet.

Pela Resolução nº 002, de 15 de abril de 1998, o Comitê Gestor da Internet no Brasil transferiu a sua atribuição institucional de coordenar a atribuição de endereços Internet Protocol (IP), bem como a manutenção de suas respectivas bases de dados na rede eletrônica, para a Fundação de Amparo à Pesquisa do Estado de São Paulo (Fapesp), em todo o território nacional.

Para a realização dessas atividades, a Fapesp foi autorizada, a partir de 1998, a cobrar taxas de registro e de manutenção de domínios, operações que são efetuadas eletronicamente no endereço http://registro.br. O produto da arrecadação cobre os custos incorridos com elas e tem uma parcela destinada para promover atividades ligadas ao desenvolvimento da Internet no Brasil.

4

Internet como tecnologia

Este capítulo descreve os padrões e as tecnologias da Internet, destacando ainda as aplicações e as principais características de redes como a extranet e a intranet, importantes auxiliares das organizações nos processos de gestão e de comunicação.

O que é a Internet

O termo *Internet* foi cunhado com base na expressão inglesa "INTERaction or INTERconnection between computer NETworks". Assim, a Internet é a rede das redes, o conjunto das centenas de redes de computadores conectados em diversos países dos seis continentes para compartilhar a informação e, em situações especiais, também recursos computacionais. As conexões entre elas empregam diversas tecnologias, como linhas telefônicas comuns, linhas de transmissão de dados dedicadas, satélites, linhas de microondas e cabos de fibra óptica.

Nenhum governo, empresa ou instituição controla a rede mundial. Os padrões e as normas da Internet são organicamente estabelecidos pela comunidade. Cada organização instala e mantém a sua própria parte na rede, permitindo ainda que as informações enviadas por ela transitem pelas suas rotas isentas de qualquer custo.

Funcionamento da Internet

Fisicamente, a Internet equivale a uma estrada da informação – mais propriamente uma "superestrada da informação", um mecanismo de transporte que conduz os dados por um caminho de milhões de computadores interligados. Os pacotes de informação viajam então por meio das redes que compõem a Internet, seguindo um caminho que passa por muitos níveis diferentes de redes em vários tipos de linhas de comunicação.

Uma grande variedade de dispositivos processam esses pacotes para direcioná-los em seu caminho. Repetidores, *hubs*, pontes e portas de comunicação são empregados para transmitir dados entre as redes. Os repetidores apenas amplificam ou restauram o fluxo de dados aumentando a distância que eles podem percorrer. Os *hubs* unem grupos de computadores e permitem tomar atalhos para conversarem entre si. As pontes (*bridges*) conectam as redes locais (LANs) e permitem que os dados endereçados a outra rede passem, enquanto bloqueiam os dados locais. As portas de comunicação (*gateways*) funcionam de maneira similar à das pontes, mas também traduzem os dados entre um tipo de rede e outro.

Protocolos da Internet

Os pacotes de informações enviados pelos computadores da Internet contêm porções de dados e informações especiais de controle e endereçamento necessários para levar os pacotes aos seus destinos e remontá-los na sua forma original. Essa tarefa é realizada por um protocolo especial – Transmission Control Protocol (TCP) –, que define as regras para os procedimentos de comunicação em uma rede. Por sua vez, o Internet Protocol (IP) cumpre a função de descobrir o caminho adequado entre o remetente e o destinatário e enviar os pacotes.

Esses dois protocolos mais comuns combinam-se para formar o TCP/IP, a linguagem universal da Internet, que pode ser implementada em qualquer tipo de computador, pois é independente do hardware.

Níveis das redes da Internet

Uma rede local – Local Area Network (LAN) – é formada por dois ou por algumas dezenas de computadores e não se estende além dos limites físicos de um edifício ou de um conjunto de prédios de uma mesma instituição, estando limitada a distâncias de até 10 km. A LAN é normalmente utilizada nas empresas para interligação local dos seus computadores.

Quadro 1 Classificação das redes de computador segundo o seu alcance

Níveis	Denominação	Abrangência
Rede local	Local Area Network (LAN)	Limitada a distâncias de até 10 km, interligando de dois a algumas dezenas de computadores dentro dos limites físicos de uma empresa.
Rede de médio alcance	Metropolitan Area Network (MAN)	Até algumas dezenas de quilômetros, interligando algumas centenas de computadores em dada região.
Rede de longo alcance	Wide Area Network (WAN)	Interliga computadores em um país ou pelo mundo todo.

Caso o computador central dos dados que estão sendo enviados não esteja próximo, roteadores guiam os pacotes em sua jornada por redes de nível médio. Os roteadores são pontes inteligentes que lêem o endereço contido nas primeiras linhas de cada pacote e, em seguida, encontram a melhor maneira de enviar os dados ao seu destino, levando em conta a ocupação das redes de nível médio, chamadas de Metropolitan Area Network (MAN). Portanto, uma rede de nível médio, conhecida também como rede metropolitana ou regional de computadores, tem abrangência até algumas dezenas de quilômetros e interliga normalmente algumas centenas de computadores em dada região.

Se o destino de um pacote for outro computador localizado em um país ou uma região distante, o roteador envia o pacote primeiro para um ponto de acesso à rede, o chamado Network Access Point (NAP), onde é rapidamente transportado pelo país, ou pelo mundo, empregando redes de longo alcance, denominadas Wide Area Network (WAN), que interligam computadores distribuídos em áreas geograficamente separadas.

A espinha dorsal dessa rede, conhecida como *backbone*, é uma estrutura composta de linhas de conexão de alta velocidade, empregando linhas telefônicas especiais ou outras ligações de alta velocidade e de ampla banda passante. Mais uma vez, os roteadores guiam os pacotes em seu caminho até o destino final, onde são passados para uma rede de nível médio e, finalmente, para o computador central.

Redes intranets e redes extranets

As redes locais (*Local Area Network*) e as redes de longo alcance (*Wide Area Network*) existem há muitos anos. Mais recentemente, um grande número delas adotou o protocolo TCP/IP e outras inovações, como a World Wide Web, surgindo assim as redes intranets e as redes extranets, baseadas nos padrões e nas tecnologias da Internet.

Intranets: melhorando a gestão e a comunicação interna

Uma intranet é usada exclusivamente no ambiente privativo das empresas. Em vez de circular publicamente no mundo, como na Internet, as informações que transitam em uma rede intranet são acessíveis apenas à organização a que pertence e ao seu pessoal interno. Ela permite a comunicação entre os seus empregados por meio de correio eletrônico e o acesso e consulta a informações técnicas e comerciais. Outros softwares para intranet oferecem serviços adicionais de grupos de discussão, formados para a troca de informações sobre determinados assuntos de interesse da empresa, e de conversas on-line do tipo Internet Relay Chat (IRC).

As organizações reconhecem vantagens no uso das intranets sobre as tradicionais comunicações que empregam o suporte papel, destacando-se a maior segurança, maior largura de banda, melhoria nas comunicações internas, atualidade das informações, redução dos custos de distribuição e maior participação (cf. Sherwin & Avila, 1999: 415-7).

Maior segurança. As intranets oferecem para as empresas um caminho mais seguro para transmitir informações sigilosas como relatórios de vendas e de pesquisas de mercado, já que a circulação de versões impressas desses documentos torna maior o risco de suas informações vazarem. A preocupação com a segurança exige a adoção de um controle de senha para ingressar no sistema. Por sua vez, algumas empresas dividem os usuários em grupos com direitos de acesso específicos. Assim, por exemplo, apenas determinados executivos conseguirão obter dados financeiros da companhia (cf. Grego, 2000).

Maior largura de banda. As intranets permitem a transmissão da informação sem a conhecida lentidão da Internet. O padrão Ethernet oferece a conexão física de redes locais em alta velocidade, com maior quantidade de informação passível de ser transmitida por unidade de tempo, tornando muitas vezes a intranet mais interativa, interessante e rica em conteúdo do que o próprio site da empresa na Internet. Até mesmo vídeos de treinamento podem ser disponibilizados ao empregado pela intranet, sem que ele saia de sua mesa de trabalho.

Melhoria nas comunicações internas. Uma intranet oferece uma comunicação melhor e mais rápida entre os empregados, tornando-se um importante meio para que eles possam colaborar em projetos. A comunicação interna beneficia-se sobremaneira da informação facilmente compartilhada pelos funcionários e pelas facilidades que a intranet proporciona para uma comunicação dialógica.

Atualidade das informações. Em uma intranet, a informação é mais atualizada e está disponível a qualquer hora. Enquanto um manual técnico de produto, por exemplo, pode ficar rapidamente superado pelo rápido desenvolvimento tecnológico, as informações disponibilizadas nas intranets podem ser atualizadas quase instantaneamente.

Redução dos custos de distribuição. Apesar de os investimentos em hardware e software serem considerados vultosos, principalmente para as pequenas empresas, muitas dispõem de algum tipo de rede interna de computadores, o que pode tornar o desenvolvimento de uma intranet um projeto pouco oneroso para a companhia. Por outro lado, se forem consideradas as despesas com a produção, impressão e distribuição das tradicionais *newsletters*, dos manuais e das listas de telefones internos, uma intranet pode reduzir drasticamente os custos de comunicação com e entre os empregados.

Maior participação. Por suas características, a intranet é, ao mesmo tempo, uma poderosa ferramenta de gestão empresarial e um importante meio de viabilizar o trabalho em grupo na empresa. Para isso, o sistema não deve ser visto como um mero canal de comunicação da gerência com os empregados, mas usado de um modo interativo para que os empregados possam trocar informações entre si. Cada departamento deve ter seu próprio site para apresentar e divulgar os seus projetos, suas realizações e notícias. Isso encoraja a discussão entre os empregados e contribui para aumentar a participação, fortalecer a cultura corporativa e aumentar o moral.

Portais corporativos

A rápida evolução das tecnologias da informação permitiu o recente surgimento das intranets do novo milênio, os chamados Enterprise Information Portals (EIPs), verdadeiros portais corporativos utilizados como poderosa ferramenta de gestão e depósito inteligente de todo o conhecimento de uma empresa.

Os projetos mais avançados de portais corporativos oferecem mecanismos de autenticação de login – para permitir o controle de acesso de cada usuário a diferentes níveis de informação –, e de integração da base de dados a um sistema poderoso de busca de conteúdo. Outros recursos disponíveis são as ferramentas de *workflow*, controle de estoque e logística, financeiro, de recursos humanos, de atendimento ao cliente, inteligência de negócios e educação a distância.

A maioria dos pacotes para a construção de portais corporativos fornece apenas a infra-estrutura sobre a qual os recursos serão desenvolvidos. No Brasil, embora pouco disseminadas, as soluções de portais corporativos já existentes ou em desenvolvimento nas grandes empresas agregam desde os recursos mais comuns de correio eletrônico até personalizações como software de mensagens eletrônicas instantâneas, chats em tempo real, canal de videoconferência e educação a distância. É o caso do Unibanco, uma das primeiras instituições financeiras nacionais a construir um portal corporativo, cujas

maiores novidades estão no módulo de e-learning, que oferece uma série de treinamentos online com apresentações e aulas virtuais por videoconferência, e num guia de desenvolvimento profissional, feito em parceria com a Universidade de São Paulo, com dicas para o desenvolvimento da carreira dos funcionários do banco. (Vieira, 2002: 90)

Os portais corporativos prometem mudar as relações de trabalho nas empresas pela capacidade de acelerar processos, melhorar a comunicação interna, disseminar conhecimento, conversar com os demais softwares usados pela companhia, aumentar a produtividade e, claro, cortar custos.

Extranets: ligando-se com públicos-chave da organização

Outra aplicação das tecnologias Web, a extranet é uma rede exclusiva de acesso dos parceiros de negócios da organização: fornecedores, revendedores, distribuidores e clientes. Diferentemente das intranets, dirigidas ao público interno de uma organização, uma extranet é estendida para públicos mais diretamente ligados com a empresa, que devem ser vistos como uma audiência valiosa.

A Comunicação Rede Scania na Internet (CoresNet), extranet montada em 1998 pela montadora de caminhões para ligação com as concessionárias da marca, mereceu aprovação unânime por facilitar a troca de informações e propiciar uma apreciável redução de custos e de tempo. Além da significativa redução da burocracia e do fluxo de papéis por fax ou correio, a CoresNet ainda incrementou os negócios da área de pós-venda:

Ficar dependurado horas e horas no telefone para descobrir se a fábrica tem determinada peça ou se o dono do caminhão fez as revisões de rotina é coisa do passado nas concessionárias da Scania. Na era da informação online e em tempo real, o pessoal de pós-venda das 92 revendas espalhadas pelo país acessa uma extranet para obter esse tipo de informação. Resultado: a troca de dados entre a indústria e seus parceiros ganhou agilidade e ficou mais barata. Hoje 90% das transações da área de pós-venda são feitas pela extranet. (Crespo, 2000)

A extranet também disponibiliza para as revendas da Scania a consulta a manuais de veículos, serviços e material técnico, bem como a listas de preços, relatórios de peças pendentes, reclamações de garantia e níveis de estoque. Para evitar qualquer alteração nos dados, os procedimentos de segurança adotados são similares aos da rede intranet: os concessionários recebem dois tipos de senha, uma para navegar na rede e outra para ter acesso a partes restritas da extranet.

Internet, mídia e jornalismo

Este capítulo destaca as características da Internet em relação aos meios de comunicação tradicionais. Em seguida, discute a natureza do jornalismo em relação às duas atividades mais comuns da comunicação de massa – a publicidade e as relações públicas –, e apresenta um conceito operacional de jornalismo digital.

Internet como mídia

A velocidade de disseminação da Internet em todo o mundo deve transformá-la efetivamente na decantada superestrada da informação. Oferecendo notícias, entretenimento, serviços e negócios, a rede mundial ainda é um novo meio de comunicação que rivaliza com a televisão, o jornal e outros veículos de troca e difusão da informação.

Diferenças da Internet em relação à mídia tradicional

A Internet é uma ferramenta de comunicação bastante distinta dos meios de comunicação tradicionais – televisão, rádio, cinema, jornal e revista. Cada um dos aspectos críticos que diferenciam a rede mundial dessas mídias – não-linearidade, fisiologia, instantaneidade, dirigibilidade, qualificação, custos de produção e de veiculação, interatividade, pessoalidade, acessibilidade e receptor ativo – deve ser mais bem conhecido e corretamente considerado para o uso adequado da Internet como instrumento de informação.

Não-linearidade. As diferenças entre o material que é impresso em papel e o que é visualizado na tela do monitor de um computador são grandes,[1] afetando profundamente o modo como as pessoas absorvem e reagem às mensagens que se tenta transmitir. O papel é linear: um memorando, por exemplo, é lido a partir do canto superior esquerdo, palavra por palavra. Mesmo se o memorando tiver diversas páginas, o leitor começa pela primeira, pois não faz sentido nenhuma outra ordem de leitura.

Já a informação alojada na Internet é não-linear. Nela, o hipertexto permite que o usuário se movimente mediante as estruturas de informação do site sem uma seqüência predeterminada, mas sim saltando entre os vários tipos de dados de que necessita. A principal característica do hipertexto é a sua maneira natural de processar informação, funcionando de uma maneira parecida com a mente humana, que trabalha por associações de idéias e não recebe a informação linearmente. Um estudo conduzido em 1997 pela Sun Microsystems revelou que 79% das pessoas que visitam os sites da Web correm os olhos por toda a tela e fixam-se em um ou outro lugar, em vez de ler a página inteira, palavra por palavra (cf. Holtz, 1999: 64). Dessa maneira o internauta que navega em páginas de hipertexto vai acumulando conhecimento, segundo o seu interesse e até se satisfazer.

A não-linearidade da informação na Internet exige que o material mostrado na tela do monitor suscite no leitor a confiança de que ele encontrará no site a informação procurada. O redator do texto precisa antecipar o motivo pelo qual o usuário está visitando aquele site e certificar-se de que o que ele vê tem um contexto estabelecido, uma navegação apropriada e, por último, vai satisfazer plenamente as suas necessidades de informação.

Fisiologia. A tela do computador afeta a visão humana de maneira diferente do suporte papel. Uma das reações mais óbvias ao se ler à

---

1. A premissa adotada por Holtz (1999: 61) para evidenciar a profunda diferença entre a Internet e as comunicações sobre o suporte papel é a seguinte: "Quando você lê algo na tela de um monitor de computador – um jornal on-line, um site Web de entretenimento, uma mensagem de correio eletrônico –, você está lendo luz, não papel. O item que você está lendo não tem propriedade física nem substância. Ele é simplesmente uma configuração de luz mostrada pelo monitor".

luz do monitor é que os nossos olhos piscam menos do que as 16 vezes por minuto com a vista relaxada, o que pode levar a uma maior incidência de fadiga visual (ardência, visão embaçada ou embaralhada) e de dores de cabeça. Também ao ler um papel, o leitor naturalmente afasta ou aproxima o documento dos seus olhos para permitir uma distância correta de leitura. Não é o caso da tela do monitor, que está fixado a uma mesa e força os olhos a se ajustarem ao tamanho do tipo de letra do texto que está sendo visualizado.[2] Por isso, quando as pessoas lêem on-line, elas lêem mais vagarosamente. O mesmo estudo da Sun Microsystems apontou que o internauta lê mais devagar na tela do monitor e, assim, a recomendação é que o texto preparado para a Internet seja cerca de 50% mais curto do que o escrito para papel.

Instantaneidade. Nos grandes acontecimentos – como os desastres da natureza e as tragédias causadas pelos homens –, nenhum meio de comunicação rivaliza com a cobertura feita pela TV, que divulga os fatos ao vivo para a audiência. Entretanto, na maioria das vezes, é preciso esperar pelas notícias no telejornal da manhã ou da noite, ocasiões em que as pessoas estão no meio de um tráfego congestionado, tentando chegar em seu trabalho ou em casa. O jornal é ainda mais lento: os fatos precisam ser cobertos pelo repórter, a notícia é redigida e editada, as máquinas precisam rodar o jornal e, finalmente, ele precisa ser distribuído para as bancas e entregue nas residências e nos escritórios.

A Internet, com uma velocidade conseguida apenas pelo fax e pelo telefone, transmite as mensagens e os arquivos quase instantaneamente, seja respondendo à pauta enviada por um jornalista via e-mail ou publicando uma notícia na World Wide Web para imediato conhecimento. Muito rápida e abrangente, a rede mundial permite transferir a mensagem, com som, cor e movimento, para qualquer parte do mundo.

Na mídia on-line, a instantaneidade da informação modificou até mesmo o sentido do furo de reportagem, aquela notícia importante publicada em primeira mão por um órgão da imprensa antes dos seus concorrentes, como destacam Marangoni, Pereira & Silva (2002: 57):

---

2. "O certo é manter a tela entre 40 cm e 60 cm de distância e, caso haja alguma dificuldade para identificar as letras, alternar para uma resolução menor, como a de 640x480 pontos. Monitores maiores ajudam, como os de 15 polegadas ou 17 polegadas" (Madureira, 2000: F8).

Quando é o jornal impresso diário que dá um furo, ele o manterá sobre os outros jornais durante o dia todo; uma revista semanal, terá um período de tempo de uma semana, e assim por diante. Já na mídia online isso não ocorre. Quando um site dá uma notícia em primeira mão, em poucos minutos, os outros já se apropriam da informação sem, em alguns casos, dar o crédito.

Entretanto, o noticiário em tempo real não deve ser considerado uma conquista exclusiva da Internet. No século XX, foram o rádio e a televisão que introduziram e consagraram as transmissões e a cobertura em tempo real de notícias e de eventos esportivos. Rodrigues (2002) postula que, na verdade, o jornalismo on-line é diferente da mídia tradicional na medida em que torna perene a notícia e constitui uma valiosa ferramenta para pesquisa.

Traz perenidade à notícia. A notícia da tevê, do rádio ou do impresso são voláteis, se esvaem no ar. Você viu e ouviu – mas passou, ou então virou embrulho de pão. Na Internet ela permanece, e se expande, novos aspectos são agregados e criam-se células de informação, como minúsculas agências de notícias específicas sobre um determinado assunto. Eternas, se necessário.
É ferramenta para pesquisa. Se o grande *The New York Times* constatou que o conteúdo mais acessado é sempre o banco de notícias – em bom português, a "notícia de ontem" –, é hora de nos preocuparmos com o que já foi destaque na primeira página e hoje está acumulando poeira nos porões dos nossos sites. Hoje, o nyt.com cobra pelo acesso às profundezas, e nelas também mora, agora, um reluzente pote de ouro...

Dirigibilidade. Os veículos de mídia impressa e de mídia eletrônica sofrem severas restrições de espaço e de tempo. Além disso, um editor determina o que é ou não notícia, o que vai ser ou não publicado. Na Internet, outra grande vantagem é que a informação pode ser instantaneamente dirigida para a audiência sem nenhum filtro.

Embora o telejornal matutino possa ter uma audiência bastante superior, a Internet propicia uma ampla gama de possibilidades para direcionar as mensagens a alvos específicos. Dada informação pode ser enviada diretamente para consumidores ou *prospects* de determinada empresa, código de CEP, regiões geográficas e nações, bem como hora do dia, plataforma de computador e browser. *Qualificação*. Primeiro restrita aos aficionados da informática, a Internet atrai agora um publico mais amplo no Brasil. Em agosto de 1998 atingiu um total de 3.392 mil usuários, um crescimento de 40 vezes em três anos. Em julho de 2001, a Internet brasileira alcançava 11,9 milhões de internautas, por volta de 6,8% da população total, concentrados nas nove principais regiões metropolitanas do país.

Os números são modestos se comparados com a TV, o principal veículo de comunicação em termos de audiência e de cobertura nacional. Mas a Internet apresenta um público jovem e qualificado, com alto nível de escolaridade, elevado poder aquisitivo e um perfil ocupacional em que predominam as posições de empresário, executivo e autônomo. Por essas características, a audiência da Internet deve merecer a atenção também como importante formadora de opinião.

Custos de produção e de veiculação. Os custos de produção da televisão e mesmo da mídia impressa são bastante elevados. Relativamente, a Internet é pouco dispendiosa. Depois dos investimentos iniciais em hardware e software, o uso da rede tem um custo pequeno: publicar uma informação na World Wide Web ou enviar uma mensagem de correio eletrônico geram despesas irrisórias mesmo comparadas com as tarifas telefônicas de longa distância.[3]

Interatividade. Caso o telespectador não esteja apreciando um programa de TV, ele pode pegar o controle remoto e mudar de canal em canal até que encontre alguma coisa mais interessante a que assistir. Esse é o máximo de interatividade que a televisão proporciona, pois a mídia tradicional é, notoriamente, um veículo de mão única. Entretanto, Holtz (1999: 62) alerta para o fato de que, diante de uma

---

3. Até mesmo uma redução de custos operacionais se torna possível com a presença da empresa na Internet. A Federal Express, por exemplo, implantou no seu site da Web (http://www.fedex.com) um serviço automatizado de atendimento ao consumidor, economizando 8 dólares em cada transação, que custavam US$ 40 por chamada telefônica no antigo serviço 0800. Para a GTE, a disponibilização no seu site (http:// www.gte.com) do relatório anual, a partir de 1996, significou uma economia da ordem de US$ 1 milhão nos custos de correio (cf. Sherwin & Avila, 1999: 35).

tela do computador, o internauta tem latente a expectativa de interatividade. Assim, o conteúdo on-line que não ofereça um padrão mínimo de interação tem pouco valor para o usuário e inibe a compreensão da mensagem.

A Internet permite diversas formas de interatividade nas suas aplicações. Os grupos de discussão, por exemplo, já têm embutido em seu propósito a interação entre os participantes de um grupo com interesse focado em um assunto específico de interesse. Mesmo o correio eletrônico pode ser interativo quando se encorajam as respostas e são geradas discussões entre uma lista de pessoas que estejam recebendo a mensagem.

A interatividade da rede mundial é muito valiosa para os que queiram dirigir mensagens e informações específicas para públicos de interesse. Na Internet, a organização não está falando *para* uma pessoa, mas sim conversando *com* ela.

Pessoalidade. A pessoalidade da comunicação na Internet guarda uma relação direta com a interatividade proporcionada pela rede mundial. Para Sherwin & Avila (1999: 33), o que faz a Internet interativa também faz a comunicação ser muito pessoal.

> Em primeiro lugar, você está no escritório ou na casa de uma pessoa que está fisicamente mais próxima do computador do que da tela de TV e, provavelmente, ainda estará sozinha. Em segundo lugar, aquela pessoa procura uma informação que você oferece. Em terceiro lugar, ele ou ela podem escrever diretamente para uma pessoa em sua empresa e receber uma resposta pessoal (isto é, caso você esteja fazendo relações públicas na Internet da maneira correta!). Agora, tente fazer isto com a televisão.

Acessibilidade. Um site Web, por exemplo, está disponível ao acesso dos usuários 24 horas por dia, sete dias por semana, 365 dias por ano.

Receptor ativo. Muitas pessoas assistem a seus programas favoritos de TV para se entreterem ou serem informadas. A publicidade aproveita essa disposição favorável do telespectador para veicular comerciais de produtos, serviços e marcas, quer a audiência queira ou não.

Apenas os anunciantes com elevadas verbas publicitárias podem então atingir uma grande quantidade dos seus consumidores e prospects.

Na Internet as coisas são diferentes, pois cada organização tem igual oportunidade de atingir a mesma audiência.[4] A rede não segue os padrões da TV, cuja mensagem é levada e alardeada na sala de um telespectador passivo. Ao contrário: com milhões de sites da Web disponíveis na rede mundial, a audiência tem de buscar a informação de maneira mais ativa. Daí se dizer que a Web é uma mídia *pull*, que deve puxar o interesse e a atenção do internauta, enquanto a TV e o rádio são mídias *push*,[5] nas quais a mensagem é empurrada diretamente para o telespectador ou ouvinte, sem que ele a tenha solicitado.

Internet e jornalismo

O jornalismo, as relações públicas e a publicidade são as atividades da comunicação de massa freqüentemente confundidas pelo fato de utilizarem suportes comuns (jornal, rádio, revista, TV e cinema)[6] para a transmissão de mensagens dirigidas a um grande público. Melo (1994: 13) esclarece que é a persuasão que torna essas atividades informativas essencialmente diferentes:

---

4. Sherwin & Avila (1999: 36) entendem que essa é uma grande vantagem para os pequenos negócios e para as organizações. Embora as grandes companhias tenham mais recursos para desenvolver na Internet um conteúdo mais substantivo ou divulgar amplamente o seu site Web, as mesmas funções estão disponíveis até para a mais humilde empresa. Seja um conglomerado de empresas ou uma única organização, a sua presença na rede mundial será mensurada pelo seu endereço de e-mail ou do seu site na Web, que estará tão acessível como os demais.

5. Diferentemente da Web, o correio eletrônico segue, em geral, o modelo da mídia *push*.

6. José Marques de Melo (1994:12) lembra também que "o jornal, assim como a revista, ou o rádio e a televisão, constitui instrumento indispensável para o exercício do jornalismo, mas não exclusivamente. É possível encontrar um jornal que contenha apenas matérias jornalísticas. Mas é possível também encontrar jornal que só contenha anúncios (propaganda) e nenhuma matéria vinculada ao universo da informação de atualidade. Logo, o jornalismo se articula necessariamente com os veículos que tornam públicas suas mensagens, sem que isso signifique dizer que todas as mensagens ali contidas são de natureza jornalística".

Enquanto a propaganda e as relações públicas processam mensagens que pretendem persuadir e levar os cidadãos à ação, adentrando muitas vezes o espaço do imaginário e apelando para o inconsciente, o jornalismo atém-se ao real, exercendo um papel de orientação racional.

A informação jornalística ainda difere da informação publicitária e de relações públicas pela periodicidade, universalidade, atualidade e difusão. A informação difundida pelo jornalismo responde a uma necessidade social, pois a comunidade precisa informar-se e orientar-se a respeito do que está acontecendo ao seu redor e, sobretudo, sobre os fatos que se sucedem em todo o mundo globalizado.

Em um contexto mais ampliado, a sociedade tem no jornalismo um instrumento vital para o aperfeiçoamento da democracia, da mesma maneira que há o pressuposto de que "a sua função só floresce em um clima de liberdade, amplas garantias constitucionais, pleno respeito aos direitos individuais" (Bahia, 1990: 10).

Jornalismo como processo social e como atividade profissional

Tendo em vista o entendimento inicial do jornalismo como um processo social, vamos registrar a definição de Melo (1994: 14), que ainda contempla as características de periodicidade, universalidade, atualidade e difusão, inerentes à informação jornalística:

O jornalismo é concebido como um processo social que se articula a partir da relação (periódica/oportuna) entre organizações formais (editoras/emissoras) e coletividades (públicos/receptores), através de canais de difusão (jornal/revista/rádio/televisão/cinema) que asseguram a transmissão de informações (atuais) em função de interesses e expectativas (universos culturais ou ideológicos).

O jornalismo manifesta-se em diferentes formas – jornalismo impresso, radiojornalismo, telejornalismo ou cinejornalismo, conforme o veículo utilizado na difusão de notícias – e cada uma dessas formas apresenta particularidades próprias. Mas existem requisitos e qualidades que são comuns aos discursos peculiares a cada veículo, como a clareza, a densidade, a concisão, a precisão, a exatidão, a simplicidade e a coerência.

O jornalismo é uma profissão bastante dinâmica em razão das rápidas mudanças causadas pelas inovações tecnológicas que atingem os meios de comunicação e, por extensão, a atividade jornalística. E, como profissão, o jornalismo pode ser conceituado como

> a atividade profissional que tem por objeto a apuração, o processamento e a transmissão periódica de informações da atualidade, para o grande público ou para determinados segmentos desse público, através de veículos de difusão coletiva (jornal, revista, rádio, televisão, cinema etc.). (Rabaça & Barbosa, 2002: 405)

No desempenho de suas tarefas, o jornalista percorre as quatro etapas básicas da atividade jornalística, assim descritas por Ward (2002: 17-8):

- identificar eventos, fatos, experiências ou opiniões que possam ser de interesse do seu leitor ou de determinada audiência;
- coletar as informações necessárias para desenvolver a idéia inicial e para verificar sua exatidão e relevância para o leitor;
- selecionar do material coletado as informações que forem de maior valor e interesse para o leitor; e
- ordenar e apresentar a matéria com total precisão e veracidade, de modo que informe, estimule ou entretenha o seu leitor.

Conceito operacional de jornalismo digital

As tecnologias de comunicação periodicamente resultam em significativas transformações na sociedade e causam grandes mudanças de hábitos e de comportamento. Cada um no seu tempo, o telégrafo, o telefone e o aparelho de fac-símile deixaram suas marcas no comércio, na vida profissional e no nosso cotidiano. Agora chegou a vez da Internet, oferecendo amplos recursos técnicos e um novo suporte para as mais diversas atividades.

Hoje, como o maior espaço[7] existente de circulação de informação via redes de computadores, a Internet não deixa de representar também um novo e promissor campo de renovação para as práticas e as técnicas do jornalismo. Para os propósitos deste livro, o conceito operacional de jornalismo digital está baseado na definição sintética formulada por Gonçalves (2000: 19):

> O jornalismo digital é todo produto discursivo que constrói a realidade por meio da singularidade dos eventos, tendo como suporte de circulação as redes telemáticas ou qualquer outro tipo de tecnologia por onde se transmita sinais numéricos e que comporte a interação com os usuários ao longo do processo produtivo.

Portanto, o jornalismo digital diferencia-se do jornalismo praticado nos meios de comunicação tradicionais pela forma de tratamento dos dados e pelas relações que são articuladas com os usuários. Por sua vez, sendo a Internet uma mídia bastante distinta dos meios de comunicação tradicionais – televisão, rádio, cinema, jornal e revista –, o jornalismo digital deve considerar e explorar a seu favor cada uma das características que diferenciam a rede mundial desses veículos.

Os capítulos seguintes examinam com maior profundidade as possibilidades e os recursos que os principais serviços da Internet – correio eletrônico, Usenet, listas de discussão, Internet Relay Chat (IRC), File Transfer Protocol (FTP), Telnet e World Wide Web – oferecem para a prática profissional do jornalista e para o uso dessas aplicações como suporte e como veículo para a informação e o conteúdo jornalístico.

---

7. Trata-se do ciberespaço, o "universo virtual formado pelas informações que circulam e/ou estão armazenadas em todos os computadores ligados em rede, especialmente a Internet" (Rabaça & Barbosa, 2002: 130).

Natureza e aplicações do correio eletrônico para o jornalismo

Este capítulo aborda o funcionamento do correio eletrônico e suas características como veículo de informação e de comunicação, bastante promissoras pela versatilidade e por permitir uma comunicação de via dupla.

Como funciona o correio eletrônico

Serviço mais antigo e mais popular da Internet,[1] o correio eletrônico permite a troca de mensagens com pessoas em todo o mundo, de maneira rápida e sem nenhuma despesa, desde que os usuários estejam ligados a um provedor de serviço para conexão com a Internet.

O provedor de serviço ainda armazena as mensagens recebidas em uma caixa de correio, nela ficando disponíveis até que o usuário verifique o recebimento de correio eletrônico. A maioria dos softwares de correio eletrônico pode ser programada para verificar automaticamente se há mensagens na caixa de correio existente no provedor de serviço.

Conhecendo o endereço eletrônico da outra pessoa, que define a localização da caixa de correio do destinatário, é possível mandar mensagens e evitar o custo das tarifas telefônicas de longa distância. Um endereço de e-mail consiste de duas partes separadas pelo sím-

---

1. O Instituto IDC calcula que a Internet transmite todos os dias 31 bilhões de mensagens e, para 2006, estima que o volume vai alcançar 60 bilhões de mensagens de correio eletrônico diárias.

bolo @ (arroba), como no exemplo: sampaio@abc.com.br. A primeira parte corresponde ao nome do usuário de uma conta de correio em uma rede, nome que pode ou não ser verdadeiro. .A segunda parte é o nome de domínio, que dá a localização da conta pessoal na Internet, com os pontos servindo para separar os seus elementos. O nome de domínio contém o nome de uma organização e, freqüentemente, os sufixos que designam o tipo de organização e o país do domínio. No caso do usuário Sampaio, abc é o nome empregado pela organização ABC Indústrias S/A; com é a abreviação de comercial, indicando, portanto, uma organização comercial; br é o sufixo para os domínios localizados no Brasil.

Para saber o endereço eletrônico de uma pessoa com a qual se deseja corresponder, a primeira maneira é a mais óbvia: telefonar para ela perguntando. Mas também existem na Web sites que ajudam na busca de endereços eletrônicos, devendo estes ser previamente registrados. Outro recurso útil nos programas de correio eletrônico é o livro de endereços, onde são armazenados os endereços de pessoas para as quais se envia mensagens com maior freqüência.

As partes básicas de uma mensagem de correio eletrônico são o remetente, o destinatário, o assunto e eventuais cópias que serão enviadas a outras pessoas:

From: o endereço eletrônico de quem está enviando a mensagem.

To: o endereço eletrônico da pessoa a que está destinada a mensagem.

Subject: identifica o conteúdo da mensagem, devendo ser informativo ("Mapas de vendas") e nunca genérico ("Para sua informação").

Cc: uma cópia de carbono, que indica que uma cópia exata da mensagem será enviada a outra pessoa que não está diretamente envolvida, mas pode ter interesse na mensagem.

Bcc: do inglês *blind carbon copy*, permitindo o envio da mesma mensagem para diversas pessoas sem que elas saibam que outros também a receberam.

O correio eletrônico permite que sejam anexados arquivos de documentos, imagens, sons, vídeos ou programas na mensagem que está sendo enviada. Para isso o software precisa dispor do Multipurpose Internet Mail Extensions (Mime), da mesma forma que o computador que recebe a mensagem e os arquivos precisa entender o MIME. Também para os arquivos anexados serem transferidos com maior rapidez pode ser usado o recurso da compactação dos dados.

Depois de finalizada a mensagem no software de correio eletrônico, ela segue para um servidor de e-mail, chamado servidor Simple Mail Transfer Protocol (SMTP). Trata-se de um computador com o protocolo SMTP, que recebe o e-mail do usuário, realiza algumas checagens e o coloca no caminho para ser entregue na caixa postal do destinatário da mensagem.

E-mail na comunicação pessoal

O correio eletrônico possui qualidades que o distinguem das demais formas de comunicação. As principais vantagens apresentadas pelo e-mail são a sua velocidade, o alcance, a versatilidade, a facilidade de resposta (*responsiviness*), a flexibilidade e a mensurabilidade.

Velocidade – a mensagem pode ser digitada e enviada prontamente, em uma velocidade que varia do instantâneo até o relativamente rápido, dependendo das conexões;
Alcance – o correio eletrônico é global e ao mesmo tempo pessoal; não é de todo desconhecido que mesmo personalidades como Bill Gates podem responder às mensagens de e-mail pessoalmente;
Versatilidade – além do texto, você pode anexar mapas e gráficos no e-mail;
Facilidade de resposta – muitas pessoas tendem a ler os e-mails mesmo que a sua caixa postal esteja abarrotada, bem como existe uma chance maior de resposta pela facilidade em redigir o texto e de apertar a tecla de envio;
Flexibilidade – você pode enviar a mesma mensagem instantaneamente para quantas pessoas quiser; e
Mensurabilidade – você pode configurar seu e-mail para dizer se o destinatário recebeu a mensagem e ainda se ela foi lida. (Ward, 2002: 14)

Todas as vantagens oferecidas pelo e-mail dependem de seu uso responsável e funcionam melhor se enviadas para aquelas pessoas com as quais já foi mantido um contato anterior ou que concordaram previamente em recebê-los. Mesmo assim deve ser dada na mensagem a opção clara de a pessoa ser eliminada da lista e de futuros e-mails, se desejar.

As mensagens de correio eletrônico enviadas de forma massificada para endereços desconhecidos podem provocar uma resposta imediata e muito hostil. A cultura da Internet considera essa prática do *spam*[2] uma invasão da privacidade e não as tolera.

O correio eletrônico pode ser usado na comunicação pessoal com variados propósitos, que vão desde alimentar um relacionamento de um repórter com as suas fontes até o representante de uma empresa se engajar em uma delicada negociação com o representante de um grupo ativista. Os veículos de comunicação têm adotado o e-mail, um canal fácil e confortável, para estimular o leitor a participar, a dar sugestões e marcar sua presença em um envolvimento direto.

Durante muitos anos, o contato pessoal e o telefone foram os instrumentos mais utilizados pelos repórteres para obter opiniões, idéias, pensamentos e observações de um personagem da notícia ou de pessoas que têm algo relevante a dizer sobre um assunto. Hoje o correio eletrônico permite uma comunicação rápida e ágil entre jornalista e fonte, constituindo-se em um novo instrumento para a realização de entrevistas.

O e-mail é uma forma de comunicação prática. Uma mensagem pode ser enviada para uma fonte potencial que não seja conhecida, apresentando o repórter e informando sua disposição em realizar uma entrevista sobre determinado tema. Depois de uma longa conversa

---

2. A cena de um dos filmes do grupo inglês de comédia Monty Pyton é antológica. Em um bar, vikings barulhentos sentam em torno de uma mesa e começam a gritar "Spam!, Spam!, Spam!" para pedir presunto enlatado da marca "Spam", até que ninguém mais suporta aquilo. A situação inspirou a criação do termo *spam*, que dá nome à prática de enviar mensagens, via correio eletrônico, indiscriminadamente e em grande quantidade, distribuindo propaganda, correntes, boatos (principalmente da detecção de novos vírus) e divulgando esquemas para ganhar dinheiro.

por telefone, por exemplo, o correio eletrônico pode ser útil para o jornalista esclarecer com a fonte dúvidas que surjam em relação a certos pontos da entrevista, de maneira simples e rápida (cf. Reddick & King, 2001: 79).

Os recursos do e-mail podem ser ainda empregados para manter fóruns de discussão sobre temas variados e atuais nos sites jornalísticos, seção que geralmente atrai uma grande participação de usuários por sua natureza interativa. "Para participar", explica Manta (2002), "o leitor escolhe o assunto do seu interesse e manda sua opinião por e-mail. As mensagens enviadas aos fóruns são organizadas de acordo com a temática escolhida e ficam disponíveis na seção para serem lidas por qualquer outro usuário. Desta forma, cria-se um espaço público de discussão dentro do site, onde todos podem participar e dar suas contribuições ao debate."

Muitas revistas e jornais exploram o endereço eletrônico para criar uma relação diferenciada no recebimento de sugestões, críticas e comentários de seus leitores ou na divulgação de uma promoção exclusiva, de um projeto especial e mesmo de um resumo sobre o que o assinante encontrará no dia seguinte no seu jornal. Também editores, colunistas e repórteres divulgam seus e-mails e rompem assim a barreira da distância, do inatingível, pois o próprio profissional dialoga com o seu leitor, que muitas vezes transforma-se em fonte para pesquisas e reportagens.

O e-mail é o aplicativo mais utilizado pelas publicações on-line como recurso para estabelecer a interatividade entre os jornalistas e os leitores, como afirma Manta (2002):

> Através do correio eletrônico, é possível explorar diversas possibilidades de interação dos leitores com o site. O publisher de uma publicação digital pode, por exemplo, criar uma seção na qual o leitor participe do processo de construção das reportagens via e-mail, enviando sugestões de pauta, colaborando nas matérias já em andamento, mandando comentários ou indicando fontes para serem entrevistadas.

As cartas à redação continuam a chegar na sua forma antiga, mas agora a facilidade de uso e a rapidez do aplicativo cada vez mais disse-

minado entre os usuários da rede mundial tornam o e-mail muito mais
eficaz para que o jornalista conheça melhor os seus leitores. A interação[3] mais próxima e imediata criada pelo *feedback* do repórter com
seu público permite ainda que as matérias e as reportagens sejam redigidas tendo mais presentes os interesses e os valores dos leitores.

Escrevendo mensagens de correio eletrônico

A habilidade de escrever é a mais importante arma para a redação
do texto da mensagem do e-mail. As palavras escritas são a melhor e,
freqüentemente, a única oportunidade de criar uma impressão positiva
e favorável no leitor. Assim, as mensagens de correio eletrônico devem ser claras, concisas (uma ou duas telas, no máximo) e não ter erros de ortografia ou concordância. Embora as abreviações sejam muito
comuns nos e-mails particulares, o seu uso deve ser evitado.

A informação é a matéria-prima da Internet e não pode estar au-
sente da mensagem. Como também muitas pessoas são céticas, não
se pode esperar que elas aceitem cada afirmação como verdadeira.
Portanto, o texto do e-mail deve conter fatos, opiniões e estatísticas
que comprovem as informações e alegações.

Na mensagem, o redator deve falar de maneira direta e individuali-
zada ao leitor. Qualquer um que leia o e-mail deve sentir que a mensagem foi escrita especificamente para ele (ou ela). A linguagem deve ser
pessoal, empregando as mesmas palavras das conversas do dia-a-dia.

As palavras do texto devem expressar exatamente o que o redator quer dizer. Mensagens vagas ou ambíguas confundem o leitor e,
assim, em nada contribuem para o início de um promissor relacionamento com o interlocutor. Muitas vezes o redator é obrigado a perder

---

3. A interatividade é um processo, lembra Ward (2002: 144-5), e pode operar em diferentes níveis. A comunicação de mão única foi antes o único e exclusivo modelo
amplamente adotado pelas empresas jornalísticas: os editores e jornalistas decidiam
o que era ou não notícia e enviavam conteúdos selecionados aos seus leitores. Era
um caminho único – do jornalista para o usuário da informação –, sem nenhum retorno. Agora, o correio eletrônico permite a passagem para um modelo de comunicação de mão dupla, no qual o leitor pode interagir com o jornalista e, portanto,
torna-se tanto uma fonte de informação como um usuário.

tempo (dele e do leitor) para mandar novas mensagens tentando dizer melhor o que poderia ser dito logo na primeira vez.

Para evitar problemas de quebra de linha na tela da pessoa que receber a mensagem é recomendável escrever linhas curtas, com no máximo 65 caracteres. O corpo de texto do e-mail pode incluir links com outros conteúdos da Web, o que facilita ao leitor levantar informações adicionais de interesse.

Não usar acentuação é uma regra ainda observada, pois nem todos os usuários da Internet estão preparados para receber mensagens de correio eletrônico com palavras acentuadas. Mensagens acentuadas devem ser enviadas caso se tenha certeza de que o programa do destinatário entende os acentos.

O texto não deve ser todo digitado em letras maiúsculas (a chamada CAIXA-ALTA), porque é mais difícil de ler e esbarra em uma convenção: escrever tudo em maiúsculas é o mesmo que gritar com a pessoa a quem nos dirigimos. Uma palavra que se quer destacar pode ser escrita em caixa-alta, mas é possível enfatizá-la com asteriscos (*), que correspondem ao nosso conhecido negrito (ou bold).

Para finalizar a mensagem, é importante acrescentar uma assinatura, evitando que o usuário digite os seus dados numerosas vezes. A assinatura não deve ultrapassar quatro linhas e, geralmente, inclui o nome, a organização, o cargo e os dados para contato (endereço eletrônico e telefone, principalmente).

Também para facilitar o destinatário, na resposta a uma mensagem recebida é conveniente mencionar uma parte do texto recebido para ele saber do que se está falando. Mais prático é utilizar a opção *Reply* do programa de correio eletrônico, que automaticamente coloca o sinal > (maior do que) na mensagem original e permite que a resposta à mensagem recebida seja digitada na seqüência.

Press releases via e-mail

Para serem mais efetivos, os *press releases* enviados por e-mail devem ser dirigidos para um grupo selecionado de pessoas que sabemos ter interesse naquela informação ou assunto. Pode ser uma lista de clientes que já manifestou o desejo de receber notícias da organização ou também um grupo de jornalistas que cobrem o assunto tratado naquela mensagem.

Os *press releases* têm um formato padrão: a data, o nome de contato, o número de telefone, um título curto e atraente, o *lead* que resume a essência da notícia e o desenvolvimento da matéria, em um texto sucinto e objetivo. A função do *release* eletrônico é a mesma do *release* impresso: levar informação com valor de notícia ao jornalista e nunca promover as qualidades de um produto ou de uma empresa. Nesse caso, o texto vai ser visto como simples propaganda e provocar irritação em quem o recebeu.

Depois de recomendar a consulta aos manuais de redação, como os da *Folha de S. Paulo* e de *O Estado de S. Paulo*, Duarte (2002: 297) lembra algumas regras básicas da técnica jornalística que precisam ser respeitadas no texto:

> [...] Não coloque frases em maiúsculas nem use pontos de exclamação; evite adjetivos, frases longas, jargões, repetição de idéias e palavras, voz passiva, ordem indireta e orações intercaladas.

A redação do *press release* e a sua distribuição por e-mail devem ainda observar estas recomendações gerais:

> *Saiba o que é notícia.* Nem todo novo contratado de sua organização é motivo para um press release. Mas um novo alto executivo pode merecer uma nota. Descubra o que interessa aos repórteres conhecendo o que eles cobrem habitualmente. Leia os seus artigos e publicações para ver o que eles determinaram que é importante. Se eles nunca noticiam novos produtos, então não os aborreça enviando um press release cada vez que a sua companhia lança o novo sabor de um produto.
> *Seja sucinto, direto e pessoal.* Os repórteres enfrentam prazos de fechamento todos os dias. Eles não têm tempo para ler um calhamaço de informações. Faça um parágrafo de lead com no máximo 25 palavras. Assegure-se de que você deu a informação importante logo no início, senão eles nunca vão passar destas primeiras 25 palavras.
> *Cuidado com a gramática e a ortografia.* Lembre-se que você está escrevendo para redatores. Eles notam muito (negativamente) erros gramaticais e de ortografia. Invista em um bom livro de gramática [...].

Conheça os prazos de fechamento dos editores. As revistas geralmente têm o material preparado cerca de dois a quatro meses antes da data de publicação. Portanto, não acredite que se mandar um *press release* amanhã ele vai ser publicado na próxima edição de uma revista de negócios. *Mantenha sua lista de endereços atualizada.* As salas de imprensa algumas vezes cediam endereços de correio eletrônico para os repórteres que trabalhavam lá durante a administração Jimmy Carter. Eles nunca foram acessados. Se você não se deu ao trabalho de obter os endereços de e-mails realmente usados por quem estava trabalhando lá, por que seriam eles que deveriam se preocupar com isso? Isto é especialmente crítico se você está mandando uma mensagem de correio eletrônico. Sua mensagem irá desaparecer no espaço. *Nunca mande mais de uma cópia do mesmo release para ninguém.* Cheque e recheque seu mailing list para verificar se existem repetições! *Atenha-se aos fatos.* Preocupe-se apenas com as questões básicas: O quê? Quem? Como? Onde? Quando? Por quê? Evite citações gratuitas e adjetivos dispensáveis, como "revolucionário". (Sherwin & Avila, 1999: 104-5)

Newsletters via e-mail

Aliada à versatilidade própria do e-mail, a facilidade de produção é o fator que deve tornar a distribuição de *newsletter* por correio eletrônico um recurso cada vez mais disseminado. A peça pode ser redigida em processadores de texto ou produzida em programas de *desktop publishing* com três formatos básicos: a *newsletter* de texto simples, a *newsletter* em HTML e a *newsletter* em PDF.

A *newsletter de texto simples* não permite o uso de recursos gráficos como cores e ilustrações, mas Holtz (1999: 45) pondera que, sendo digitada no sistema ASCII, não requer nenhum software especial: se a pessoa pode receber o e-mail, ela pode ler a *newsletter* de texto simples. O seu formato é ideal para o envio de informação extremamente urgente, da mesma forma que o pequeno tamanho do arquivo ASCII permite rapidez no download da mensagem pelo leitor. Entretanto, a ausência de recursos gráficos nesse formato de *newsletter* pode causar a perda de interesse do leitor durante a leitura de textos corridos que não apresentam nenhum atrativo visual.

A *newsletter* em HTML é distribuída e lida por meio do programa de correio eletrônico em versões mais recentes. A sua aparência é a mesma de uma página da Web, com texto formatado em múltiplas colunas e incorporando cores, fotos, gráficos e outros elementos de design. Apontado por Kandler (2002) como o formato mais atrativo de *newsletter* via e-mail, ela é também a ideal para pessoas que fazem a leitura da mensagem na própria tela e uma boa alternativa em relação às *newsletters* impressas, mais onerosas em sua produção e distribuição. Entretanto, como todos os artigos precisam ser colocados em uma mesma página, as *newsletters* em HTML que publicam um grande número de matérias são vistas e impressas como uma única e longa página.

A *newsletter* em PDF é gravada em um produto como o Adobe Acrobat, que salva qualquer documento no formato Portable Document Format (PDF). Ele permite que a *newsletter* seja visualizada em qualquer computador que tenha instalado o software de leitura, chamado Adobe Reader, que pode ser baixado gratuitamente no site da Adobe Systems Incorporated (http://www.adobe.com.br). A *newsletter* em PDF é distribuída atachada em um e-mail e apresenta uma boa visualização tanto na tela como no formato impresso.

A desvantagem do formato PDF é que os arquivos das *newsletters* serão maiores em tamanho do que nos outros formatos de *newsletter* por e-mail, acarretando um longo tempo de espera para o download do arquivo. Por sua vez, as fotos e ilustrações, geralmente gravadas em baixa resolução nas *newsletters* em PDF para diminuir o tempo de download, apresentam pouca nitidez quando impressas em papel.

Regras básicas para a redação de newsletters

Como nos *press releases*, o redator da *newsletter* precisa respeitar a regra básica de ater-se exclusivamente aos fatos. Os artigos devem ser informativos, enxutos e sucintos como em um *lead* de jornal, escritos com sentenças curtas. Caso existam dados adicionais, podem ser indicadas ao leitor as fontes onde consultá-los, pois cada pessoa demanda determinado tipo de informação.

O ideal é que cada artigo da *newsletter* ocupe, no máximo, o tamanho de uma única tela. A separação dos artigos deve ser feita com uma linha de sinais e símbolos, sem empregar letras ou números. Veja os exemplos:

```
===========================================
%%%%%%%%%%%%%%%%%%%%%%%%%%%%%%%%%%%%%%%%%%%%%%%%
********************************************
```

No topo da mensagem deve figurar uma relação de todos os títulos ou assuntos tratados na edição, facilitando ao leitor consultar a lista para ver rapidamente quais são as matérias de seu interesse. O recurso do hipertexto também pode ajudar o leitor a mover-se com facilidade para determinado artigo dentro daquele documento (ou em outro documento, no caso de pretender obter informações adicionais).

O modelo de *newsletter* a seguir, proposto por Holtz (1.999: 44-6), tem um formato bastante simples e funcional.

To: Nome do destinatário da *newsletter*

From: Nome da empresa ou instituição que está enviando a *newsletter*

Subject: Título da *newsletter*

Data: Data em que a *newsletter* está sendo distribuída por e-mail

< > < > < > < > < > < > < > < > < > < > < > < >

Neste número:

Título 1

Título 2

Título 3

Relação dos títulos dos artigos desta edição da *newsletter* dispostos em ordem. Podem ser feitos links em cada título para levar o leitor diretamente para a matéria (ou matérias) de maior interesse.

< > < > < > < > < > < > < > < > < > < > < > < >

```
* * * * * * * * * * *
Título 1
* * * * * * * * * * *
```
Texto da matéria referente ao primeiro artigo
```
* * * * * * * * * * *
Título 2
* * * * * * * * * * *
```
Texto da matéria referente ao segundo artigo
```
* * * * * * * * * * *
Título 3
* * * * * * * * * * *
```
Texto da matéria referente ao terceiro artigo (e assim por diante)
```
* * * * * * * * * * * * * * * * * * * * * * * * * *
SOBRE ESTA NEWSLETTER
* * * * * * * * * * * * * * * * * * * * * * * * * *
```
Nome da empresa ou instituição que envia a *newsletter* e o endereço de correio eletrônico para obter outras informações a respeito das notícias da *newsletter* ou mesmo para o destinatário solicitar a interrupção do seu envio.

Serviço de entrega de conteúdo

Como vimos no Capítulo 4, a dirigibilidade é uma característica própria da natureza da Internet e permite que dada informação seja enviada diretamente para públicos previamente determinados. Os serviços de entrega de conteúdo aproveitam essa possibilidade para enviar ao computador do usuário, via e-mail, informações dirigidas, personalizadas e selecionadas de acordo com os interesses e as preferências de cada leitor em particular.

A tecnologia *pull* foi assim denominada pelo fato de o usuário ter, obrigatoriamente, de visitar um site de notícias, por exemplo, para "puxar" as informações que precisa ou tem interesse. Inspiradas no modelo *broadcasting* adotado pela TV, no qual um emissor central distribui a informação para vários pontos receptores, empresas de informática do Vale do Silício desenvolveram a tecnologia *push*, que permite aos serviços de entrega de conteúdo o envio de "um conjunto personalizado de notícias para o computador do leitor, num movimento que pode ser interpretado como a tradução literal do termo em inglês: empurrar" (Mannarino, 2000: 46).

A entrega de conteúdo é feita por meio de e-mail de texto simples e de e-mail em HTML, recursos aos quais vieram se juntar softwares especiais desenvolvidos por empresas, como a pioneira Point-Cast (http://www.pointcast.com), BackWeb (http://www.backWeb.com) e Marimba Incorporated (http://www.marimba.com). Esses programas de *Webcasting* são capazes de enviar material noticioso atualizado, coletados em várias fontes de informação da Internet, diretamente para o computador do usuário, como explica Manta (2002):

> Os *softwares* desenvolvidos por estas empresas podem ser obtidos gratuitamente em suas respectivas home pages. O usuário precisa fazer o *download* do programa, instalá-lo e depois personalizá-lo, selecionando as opções de sua preferência. Depois de instalados, estes programas se conectam automaticamente à rede, quando o computador está inativo (no descanso de tela) ou em horários previamente programados, para buscar o conteúdo especificado pelo usuário. Geralmente as informações são recebidas através de "canais", divididos entre agências de notícias, publicações online e assuntos (cotações da bolsa, esportes, previsão do tempo, viagens, horóscopo etc.). Terminada a tarefa, a conexão é desfeita e o material recebido fica armazenado no computador para ser consultado *offline*.

Natureza e aplicações da Usenet e das listas de discussão para o jornalismo

Este capítulo descreve as regras básicas de funcionamento dos grupos de notícia da Usenet e das listas de discussão. Comenta ainda as possibilidades desses serviços da Internet como ferramentas para editores e repórteres identificarem contatos e monitorarem assuntos e discussões correntes em áreas específicas.

Como funcionam os grupos de notícia

Um grupo de notícia (ou *newsgroup*) é formado por pessoas com interesses comuns que se comunicam umas com as outras, realizando muitas vezes uma verdadeira conferência on-line na rede Usenet. Palavra formada do inglês Unix User Network, ou seja, "rede de usuários do Unix", a Usenet é o conjunto de todos os computadores e as redes que estão conectados para distribuir informação de grupos de notícia. Existem aproximadamente 50 mil grupos ativos no sistema, criado em 1979, aplicando um protocolo chamado Unix to Unix Copy (UUCP).

Servidores de notícias são os computadores que armazenam os documentos de *newsgroup*, mantidos por provedores de serviços da Internet. A quantidade de grupos de notícia disponíveis depende do provedor, que pode limitar o número de grupos para economizar espaço de armazenamento. Algumas estimativas apontam que a quantidade de informação enviada a cada dia para grupos de notícias é equivalente a diversas enciclopédias reunidas.

Hierarquia na Usenet

Os grupos de notícia estão divididos em categorias separadas. A hierarquia tradicional de grupos de notícia compreende sete categorias: comp, misc, news, rec, sci, soc e talk. Os grupos em qualquer uma das categorias tradicionais só podem ser criados após um processo formal, que demanda requisição de discussão e chamada para votação. Qualquer outra categoria vai constituir a hierarquia alternativa de grupos de notícia, burlando as regras mais rígidas da Usenet, como o grupo alt, voltado para assuntos alternativos.

Quadro 2 Categorias dos grupos de notícias para artigos na Usenet

Hierarquia	Descrição
alt	Alternativo. Discussão de interesse geral que pode incluir assuntos bizarros, pouco usuais e até mesmo ofensivos para as pessoas.
alt.fan	Discussão de assuntos relativos a celebridades ou vilões do mundo real e da rede.
alt.config	Discussão sobre a formação de novos grupos dentro da hierarquia alternativa da Usenet.
biz	*Business* (negócios). As discussões de negócios são de natureza mais comercial do que em outros grupos de notícias e a publicidade é permitida em muitos deles.
comp	*Computers* (computadores). Discussões sobre hardware, software e informática. Os grupos de notícias comp são uma boa fonte de suporte técnico para a solução de problemas relativos ao computador.
misc	*Miscellaneous* (miscelânea). Discussão de vários tópicos que podem se sobrepor aos de outros grupos de discussão.
news	Notícias. Discussão de assuntos relacionados às políticas, diretrizes e questões administrativas da Usenet.
rec	*Recreation* (recreação). Discussão de atividades recreativas, de lazer e hobbies.
sci	*Science* (ciência). Discussão de assuntos relacionados à Ciência.
lt1soc	Social. Discussão de questões sociais, culturais e políticas.
talk	Conversa. Discussão, argumentação e debate dos mais variados assuntos.

Cada uma das sete hierarquias tradicionais tem centenas de subgrupos. Logo que um grupo de notícia torna-se muito popular e disseminado, ele é freqüentemente retirado e dividido em grupos menores e mais específicos. Os grupos de discussão comp, por exemplo, apresentam subgrupos para software e hardware, IBM e Macintosh, entre muitas outras opções.[1]

O nome do grupo de notícia descreve o tipo de informação nele discutido, começando com a distinção do primeiro grupo hierárquico, seguido por um ponto e de um ou mais nomes qualificativos. Estes não podem ultrapassar o cumprimento de 15 caracteres e cada qual é separado do outro também por um ponto. Grupos moderados têm a terminação *moderated* no seu nome. Um voluntário lê cada artigo e decide se ele é apropriado àquele grupo de notícia, enquanto nos demais grupos todos os artigos são automaticamente postados para todos lerem.

Conteúdo dos grupos de notícias

Um grupo de notícia pode conter centenas ou milhares de artigos, como são chamados os textos enviados para o grupo. Cada artigo pode ter a extensão de algumas poucas linhas ou a espessura de um livro. As respostas a um artigo original são chamadas de *follow-up*, respondendo a uma questão, expressando uma opinião ou acrescentando informações adicionais a determinado assunto. Se a resposta não for de interesse dos membros do grupo de notícia ou seu respondente quiser enviar a mensagem de maneira privada, ela deve ser postada diretamente ao endereço eletrônico do autor da mensagem original.

Uma série de mensagens relacionadas ao mesmo assunto formam um encadeamento (ou *thread*), que deve ser lido inteiro antes de se fazer contribuições a ele, para evitar possíveis repetições ou superposi-

---

1. O web site de buscas Google (http://www.google.com.br) oferece um diretório dos grupos de discussão da Usenet (http://www.google.com.br/grphp?q=&ie=ISO-8859-1& hl=pt&lr=). A maioria deles é em língua inglesa, mas o diretório .pt relaciona *newsgroups* em português, cobrindo assuntos como ciências, esportes, informática, religião, ensino, jogos e política.

ções. O encadeamento também pode ser feito com base em uma pergunta inicial e respostas de outros leitores.

Para ter acesso às informações distribuídas é necessário conhecer os nomes dos grupos de notícia de interesse e solicitar sua subscrição. O assinante pode então ler os artigos postados por outros usuários e deixar suas mensagens com perguntas e comentários para serem lidos. Mas antes é conveniente consultar o *Frequently Asked Questions* (FAQ), um documento contendo uma lista das perguntas e respostas mais freqüentes no grupo de notícias, e com isso evitar levantar questões que já tenham sido respondidas.

Ler e postar mensagens em um grupo de notícias exige um leitor de *newsgroup*. Muitos *browsers* têm um leitor embutido, com a vantagem de o seu visual ser muito parecido com o da Web, sendo fáceis de entender e usar. Outra opção é o TIN, software leitor geralmente fornecido pelos provedores de acesso.

Os grupos de notícias apresentam vantagens e desvantagens. A primeira e principal vantagem está na grande variedade de assuntos que cobrem. Nesses grupos, por exemplo, o jornalista pode identificar e monitorar o que as pessoas dizem e pensam sobre empresas, produtos, serviços e marcas. Um caso exemplar aconteceu com a Intel em 1994. Tudo começou quando um professor de matemática da Virgínia, nos Estados Unidos, postou em um *newsgroup* sua descoberta de que o chip Pentium não conseguia efetuar cálculos com determinados números sem um pequeno erro. A notícia se espalhou na rede e a companhia não apenas reagiu tardiamente, mas entrou na discussão procurando subestimar a descoberta do professor. Uma estratégia infeliz e o fiasco foi total: monitorando a discussão, um repórter descobriu o problema e publicou a informação em um grande jornal norte-americano, que teve depois imediata repercussão em todo o mundo.

Comparando com as listas de discussão, a segunda vantagem é que os *newsgroups* atraem usuários mais jovens e, assim, constituem uma boa fonte para a pesquisa de informação sobre tópicos como música e cultura pop. Entretanto, o material postado é muitas vezes superficial e pouco fundamentado.

Reddick e King (2001: 99) fazem um alerta ao jornalista que pretende usar os grupos de notícia para ficar atualizado em tópicos específicos e para encontrar idéias que possam se transformar em notícia: "selecione diversos newsgroups e monitore as suas mensagens durante vários dias, para verificar se a informação é relevante".

Na prática, os grupos de notícia tendem a ser mais um local para se auscultar a temperatura em torno de certas questões e assuntos do que propriamente para contatar especialistas que constituam fonte de informação precisa e qualificada. Se for encontrado alguém que pareça ser uma boa fonte, Ward (2002: 98) recomenda que o contato seja feito diretamente, via e-mail, em vez de divulgar a mensagem de maneira indiscriminada, atingindo todos os membros do newsgroup.

Regras de etiqueta da Usenet

Os membros de grupos de notícia observam regras especiais de comportamento no envio de mensagens. As regras de estilo prescrevem que o artigo deve ser claro, conciso e não ter erros de gramática ou ortografia. Centenas e mesmo milhares de pessoas em todo o mundo poderão ler a mensagem, que, antes de postada, deve ser lida e relida cuidadosamente. É preciso evitar que o artigo contenha frases em contexto ou forma na qual possam ser interpretadas como ironia ou sarcasmo pelos leitores.

O assunto de um artigo é a primeira coisa que as pessoas lêem e por isso deve identificar corretamente o seu conteúdo, evitando generalidades do tipo "Para sua informação" ou "Leia já". Por sua vez, a adequação do artigo ao tópico em discussão no grupo de discussão é importante para que ele desperte o interesse e a atenção. A certeza de que o artigo será lido, comentado e respondido tem como pressuposto inicial a sua conformidade ao assunto do grupo de notícias.

É importante não postar o artigo para diversos grupos de discussão inapropriados, o chamado spam, que resulta em desperdício de espaço em disco e largura de banda nos meios de transmissão. Ele ainda é considerado irritante quando a mensagem tem propósitos comerciais, como divulgar ou vender um produto ou serviço.

Como funcionam as listas de discussão

Combinação de correio eletrônico com grupos de notícias, a lista de discussão (ou mailing list) é uma relação de pessoas que desejam receber informações, via correio eletrônico, sobre determinado assunto, previamente solicitadas ao administrador da lista. Daí também a sua denominação de "lista de distribuição", existindo em grande quantidade e cobrindo uma infindável variedade de assuntos.[2]

Quadro 3 Diferenças entre as listas de discussão e a Usenet

Listas de discussão	Usenet
Mídia push	Mídia pull
O usuário recebe todas as mensagens	O usuário seleciona apenas as mensagens do seu interesse
O usuário precisa arquivar as mensagens desejadas no seu próprio computador	As mensagens estão arquivadas em um local comum
O controle das mensagens está centralizado no administrador da *mailing list*	O controle das mensagens é do usuário
As regras de postagem são mais restritas	É geralmente mais "barulhenta", a menos que seja moderada

Fonte: Sherwin & Avila, 1999: 131.

É importante distinguir entre os dois endereços eletrônicos de uma lista de discussão. O endereço da lista de discussão é o que recebe as mensagens e as distribui para todos os membros da lista. Esse é o endereço para o qual se enviam as mensagens de correio eletrônico que se deseja que todos recebam. Já o endereço do administrador da lista de discussão recebe mensagens relacionadas com questões administrativas.

---

2. O Yahoo! Brasil (http://www.yahoo.com.br) disponibiliza na Web o diretório Yahoo! Grupos (http://br.groups.yahoo.com) com indicações de inúmeras listas de discussão reunidas em grupos que cobrem assuntos como esportes, lazer, política, informática, finanças, negócios, educação, música e sociedade. Apesar dos milhares de grupos existentes, o Yahoo! Grupos oferece um serviço gratuito para iniciar um novo grupo, caso o usuário se comprometa a atuar como moderador. Esse serviço conta com o apoio de anunciantes e é parcialmente patrocinado por anúncios insertos nas mensagens de e-mail recebidas pelos participantes.

Como subscrever uma lista

O pedido de inclusão em uma lista de distribuição é feito ao endereço eletrônico do administrador da lista. O assunto da mensagem deve ser "subscribe to mailing list" e o texto da mensagem deve dizer "subscribe" seguido do nome e sobrenome do interessado. Pode-se incluir na mensagem algum comentário ou observação para torná-la mais pessoal.

O exemplo a seguir é de subscrição de uma lista de distribuição para discussão sobre veículos com tração 4x4 e *offroads*:

```
To: offroad-request@off-road.com
Subject: subscribe to mailing list
Message: subscribe Carlos Moreira
```

Algumas listas de distribuição são administradas por programas como Majordomo, Listserv ou Listproc. Após saber as informações corretas sobre o nome do programa, site e domínio, a subscrição é feita enviando uma mensagem de correio eletrônico ao administrador, incluindo na mensagem o comando "subscribe", o nome da lista de distribuição e o nome do interessado.

Para assinar uma lista de distribuição administrada pelo programa Listproc, com discussão sobre dinossauros e outros animais pré-históricos, o exemplo é:

```
To: listproc@usc.edu
Message: subscribe dinosaur Carlos Moreira
```

Um cuidado importante: subscrever mais do que três listas implica o perigo de receber verdadeiras montanhas de mensagens de correio eletrônico. Mesmo assinando uma única lista, o usuário que planeja uma viagem de férias deve antecipadamente pedir sua exclusão temporária da *mailing list*, para impedir que a sua caixa de correios fique repleta de mensagens.

As listas de distribuição podem estabelecer limitações. Algumas restringem a quantidade de participantes, aceitando novas subscrições apenas no caso de eventuais desistências. Outras exigem que os seus assinantes preencham certos requisitos, como o de ser médico no caso de uma lista de discussão sobre cirurgia. Outras, ainda, possuem um moderador, geralmente um voluntário que lê cada mensagem enviada e a distribui para os membros da lista apenas se for considerada apropriada. Uma lista moderada mantém a discussão nos limites do assunto e remove as mensagens que contenham idéias já debatidas.

As mensagens para as listas de distribuição devem ser escritas observando as normas já discutidas para as mensagens de correio eletrônico e de grupos de notícias, bem como seguindo regras de etiqueta similares. Convém relembrar um dos cuidados mais importantes a serem observados por quem entra em uma *mailing list*: seguir os costumes e as normas ditadas pelos seus membros. Antes de enviar seus próprios e-mails, o novo participante deve apenas ler as mensagens, durante certo período de tempo, para compreender e assimilar a dinâmica do grupo.

Da mesma maneira que os grupos de discussão, as listas de discussão possibilitam ao repórter monitorar a discussão de diversos assuntos em áreas específicas, podendo ainda nas suas mensagens enfocar ou levantar aspectos de seu interesse profissional nas questões em discussão. Nesse caso, uma recomendação ética sugerida por Nora Paul (cit. em Ward, 2002: 96) é que o usuário se identifique como um jornalista.

Como *mailing lists* são subscritas por grupos de pessoas que apresentam interesses comuns e estão altamente predispostas a estabelecer relacionamentos, o jornalista pode ter facilitada a tarefa de identificar pessoas que se tornem contatos importantes ou constituam fontes de informação autorizada.

8

Natureza e aplicações do Internet Relay Chat, do FTP e da Telnet para o jornalismo

Este capítulo explica o funcionamento do Internet Relay Chat (IRC), do File Transfer Protocol (FTP) e da Telnet, os dois últimos muito utilizados para a troca de arquivos e o acesso a computadores remotos, respectivamente. Hoje, o desenvolvimento dos *browsers* Web tornou mais funcionais os seus recursos para a conversação, para a busca de arquivos e para o acesso a grandes bancos de dados, relegando o uso desses serviços aos aficionados da Internet.

Como funciona o IRC

O Internet Relay Chat (IRC) é uma rede que permite que pessoas de diferentes partes do mundo estabeleçam uma comunicação instantânea na Internet. Também designa o protocolo para programas que permitem entrar em um bate-papo pelos canais dedicados a diferentes assuntos. Algumas sessões de chat podem abrigar 5 mil pessoas conversando ao mesmo tempo em um mesmo canal, chegando a ser uma verdadeira conferência on-line.

Os programas mais comuns para acessar um servidor de chat são o Ircle, mIRC, Wsirc e o Pirch. Geralmente de fácil manejo, muitos softwares ainda possibilitam recursos como mudar a cor e a fonte do texto que aparece na tela para tornar a mensagem mais fácil de ser lida. Há também espaço para o humor com o Comic Chat, produzido pela Microsoft, que acrescenta ao IRC recursos visuais das histórias em quadrinhos. O usuário escolhe o personagem que quer ser entre os disponíveis e manipula suas expressões.

Outros sistemas de chat para a Internet oferecem uma interface gráfica, permitindo que o usuário transforme-se em um ator virtual ao escolher determinado disfarce. Como personagem ele navega então por um cenário tridimensional onde pode conversar com outros participantes também transformados.

O mais antigo e popular tipo de chat é feito por meio de mensagens digitadas, que são transmitidas rapidamente pela Internet e aparecem na tela de cada pessoa que está participando da conversação. O tipo mais moderno de chat é o multimídia, cuja comunicação se faz por imagem e som, exigindo, portanto, equipamento específico, como placas de som e de vídeo, alto-falantes, microfone e câmera de vídeo.

A conversação no IRC tem motivos práticos. Estar em contato com amigos e parentes que estejam distantes, a um custo significativamente menor do que as tarifas telefônicas interurbanas e internacionais, ou mesmo fazer novas amizades em todo o mundo. No aspecto educativo, os chats facilitam o contato entre colegas de escola para conversar sobre trabalhos e pesquisas escolares, como também adquirir novos conhecimentos e atualizar-se em assuntos abordados nos canais de discussão.

Batendo papo na Internet

Antes de conectar-se a um chat, o usuário precisa escolher um pseudônimo ou apelido, conhecido como *nickname*, e informar o seu nome e endereço eletrônico. A maioria dos servidores de IRC não permite a conexão se não for fornecido um endereço de correio eletrônico válido.

Todos os comandos do IRC começam com o caractere /. Qualquer coisa que seja digitada é imediatamente enviada para as outras pessoas assim que se pressione a tecla Enter. Existem diversos outros comandos no IRC, destacando-se entre os mais comuns:

`/Help`	Menu de ajuda para os comandos do IRC
`/list -publi`	lista todos os canais públicos disponíveis
`/join #channel`	entra na conversação de dado canal
`/join 0`	sai do canal de discussão
`/nick new nickname`	muda o seu pseudônimo
`/msg nickname txt`	manda uma mensagem para um usuário do seu canal
`/who # channel`	lista todos os participantes de determinado canal
`/whois nickname`	mostra a verdadeira identidade (nome) de um usuário

Os usuários devem comportar-se de maneira apropriada quando estão conversando com outras pessoas, sob o risco de serem desconectados ou até mesmo permanentemente banidos do servidor de IRC. Algumas regras básicas: ser conciso; não utilizar acentos ou "ç", pois as palavras podem chegar truncadas; não escrever em letras maiúsculas, que dão a impressão de estar gritando; tomar cuidado com a interpretação das mensagens, que podem ser vistas como ironia pelos outros participantes. Os *emoticons* (ver Quadro 4), verdadeiros ícones das emoções, permitem a expressão de sentimentos e emoções nas conversas, sem maiores problemas.

É necessário evitar o envio de grande quantidade de texto para um canal (alguns programas de chat possuem controles internos para restringir a quantidade de informação que pode ser transmitida). Como pessoas de diferentes países usam o IRC, alguns canais podem estar em língua diferente do usuário. Caso queira discutir o mesmo tópico na sua própria língua, o usuário deve criar um novo canal para as pessoas que usam a mesma língua.

O IRC oferece muitos canais e cada um deles enfoca um tópico específico, que às vezes pode estar indicado no seu próprio nome. Caso o usuário tente acesso a um canal não existente, o IRC pode criar um novo canal e fazê-lo o seu operador enquanto estiver conectado. O operador cumpre a função de controlar quem pode apreciar o canal, aparecendo no seu pseudônimo o símbolo @. Alguns canais são permanentemente operados por programas específicos, sem a presença humana.

O nome do chat também fornece indicações sobre restrições de acesso. O símbolo # na frente do nome significa que o canal está disponível para pessoas em todo o mundo. Já o símbolo & no nome informa que o canal só está disponível para as pessoas usando servidor de IRC ao qual se está conectado.

Quadro 4 *Emoticons* ou *smileys* para mostrar emoções na Internet

Emoticons	Significado	Emoticons	Significado
:-	Sou homem	:^)	Nariz arrebitado
-	Sou mulher	:C ou :-C	Muita tristeza
:) ou :-)	Felicidade, sorriso	:') ou :'-)	Chorando de felicidade
:(ou :-(	Raiva ou tristeza	:P ou :-P	Mostrando a língua
:'(ou :'-(	Chorando	;) ou ;-)	Piscando o olho
:$ ou :-$	Incerteza	:-X	Boca fechada (para guardar segredo)
:e ou :-e	Desapontamento	:* ou :-*	Mandando um beijo
:O ou :-O	Espanto, assombro	:9 ou :-9	Lambendo os beiços
8 ou 8-	Apreensão	%-	Trabalhei a noite toda
$) ou $-)	Yuppie	:*)	Bebi um pouco
!(ou !-(	Caolho	%*)	Bebi mais ainda
O-)	Faço pesca submarina	#-)	Bebi todas
:-6	Comida horrível	:@	Seu porco!
:|	Hum, sem graça	3:O	Sua vaca!
:>)	Narigudo	:! ou :-!	Fumando um cigarro
=:-	Sou punk	:7 ou :-7	Fumando um cachimbo
:D ou :-D	Gargalhando	8-)	Uso óculos

Chat em sites noticiosos

Em geral, as conversações nos canais de chat têm um compromisso maior com o lazer e o passatempo do que com a informação, sendo ainda de natureza muito pessoal. O potencial interativo da Internet tem sido mais bem aproveitado pelos canais de chat existentes nos sites noticiosos e nos portais[1] da Web, que realizam sessões de bate-papo entre os leitores e a equipe de redação de uma publicação digital e promovem debates com atores, cineastas, músicos, políticos e outras personalidades de projeção.

Embora a realização dos debates tenha muitas vezes o propósito de aumentar a visitação dos portais, essas iniciativas podem gerar informação de interesse jornalístico, dependendo dos participantes e dos assuntos que serão discutidos nas salas virtuais.

Como funciona o FTP

O File Transfer Protocol permite a busca de arquivos armazenados em computadores de todo o mundo e a cópia daqueles que forem de interesse. Ele pode ser entendido como um protocolo padrão de transferência de arquivos usado na Internet ou então um programa que usa esse protocolo.

O site FTP é o computador que armazena os arquivos, geralmente mantidos por universidades, agências governamentais, centros de pesquisa, empresas e mesmo pessoas. Alguns sites são privados e requerem o uso de uma senha antes de algum arquivo ser acessado. Outros, denominados FTP anônimos, permitem o livre acesso aos arquivos, que podem ser copiados sem o pagamento de nenhuma taxa.

Os softwares mais antigos de transferência de arquivos exigiam conhecimento e domínio de uns poucos comandos para estabelecer e conduzir uma sessão de FTP. Hoje, o FTP é tão fácil de usar quanto um telefone. Basta o usuário digitar no *browser* Web instalado em seu computador o endereço Internet de um servidor FTP que será prontamente estabelecida a conexão. Depois de fornecer o seu nome de

---

1. O chat é o campeão de audiência do portal UOL (http://www.uol.com.br/chat), que tem 2.176 salas de bate-papo com 67.900 lugares disponíveis, recebendo 400 mil visitas diárias e horário de pico entre 23 horas e 2 horas da madrugada, quando o preço da ligação é mais baixo. O portal Terra (http://www.terra.com.br/chat), por sua vez, tem 800 salas de chat com 32 mil lugares disponíveis, recebendo 260 mil visitas por dia e a maior freqüência entre 23 horas e 1 hora da madrugada.

usuário e a senha, quando solicitadas, o navegante seleciona e copia os arquivos desejados com uns poucos cliques de mouse.

Ferramentas para FTP

O Archie, uma das ferramentas para FTP, permite acessar centenas de base de dados em todo o mundo para buscar arquivos que contenham a informação procurada. Na verdade, é preciso informar apenas o nome do arquivo ou dos arquivos que contenham determinada cadeia de caracteres em seus nomes. O Archie pesquisa uma lista de arquivos que atendem à descrição e, em seguida, envia a relação para o usuário, podendo os de interesse serem recuperados com o FTP.

Cada arquivo armazenado em um site FTP tem um nome para descrever o seu conteúdo e uma extensão para identificar o tipo do arquivo. Os principais tipos de arquivos disponíveis são os de texto, imagens, sons, vídeo e softwares, sendo estes fornecidos no regime de domínio público, *freeware* e *shareware*.

Os programas de domínio público são totalmente gratuitos e não têm nenhuma restrição para ser modificados e distribuídos. Os *freewares* também são gratuitos, mas seus autores impõem algumas regras para a sua mudança ou distribuição. Os programas em *shareware* são fornecidos sem custo para uso por determinado período de tempo, geralmente para serem experimentados e avaliados. Caso se pretenda continuar usando o *shareware*, é necessário pagar o seu autor.

Em razão da quantidade de dados ou de determinado programa ser formado por um grande número de arquivos, eles podem estar armazenados nos sites FTP em arquivos compactados para ocupar menor espaço e ser transmitidos mais rapidamente pela Internet. As extensões mais comuns de arquivos compactados são arc, arj e zip.

Podem ainda existir arquivos que forneçam um índice ou catálogo do material existente em um site FTP, designados pela extensão "readme" ou "index". Para uma melhor organização, os arquivos estão dispostos em diferentes diretórios e subdiretórios.

Quadro 5 Extensões de arquivos mais comuns

Tipos de arquivos	Extensões
Arquivo de texto	.asc, .doc, .htm, .html, .msg, .txt, .wpd
Arquivo de imagens	.bmp, .eps, .gif, .jpg, .tif, .tiff, .pict, .png
Arquivo de sons	.au, .ra, .snd, .wav, .aiff, .mp3, .ram
Arquivo de vídeo	.avi, .mov, .mpg, .mpeg, .moov, .movie, .qt
Arquivo de hipertexto	.htm, .html, .xml
Scripts e linguagens de programação	.asp, .jav, .js, .cgi, .pl
Softwares	.bat, .com, .exe
Compactados	.arc, .arj, .zip, .gz

Os sites FTP[2] atendem a um número limitado de pessoas ao mesmo tempo, o que causa problemas de tráfego, geralmente acusados pelas mensagens de erro ao se tentar a conexão. O mais recomendado é se conectar fora do horário comercial e nos fins de semana. Alguns sites populares utilizam o recurso do site espelho (*mirror*), o qual armazena a mesma informação do original e tem a vantagem de ser menos ocupado.

Como vimos, o FTP facilita a transferência de um computador para outro dos mais variados arquivos – textos, planilhas, bancos de dados, videoclipes, animações, ilustrações e fotos –, permitindo assim que o jornalista disponha de um recurso rápido, ágil e prático para dinamizar os fluxos de comunicação.

Os sites FTP podem, por exemplo, dar acesso a arquivos com documentos que auxiliem o jornalista no levantamento de informações prévias sobre o assunto de uma matéria pautada pelo editor. Os repórteres e editores podem baixar do site de FTP de organizações e de

---

2. Os sites FTP são uma das fontes de arquivos com vírus, programas que quando executados no computador causam danos muitas vezes irrecuperáveis. Seus usuários devem tomar precauções como fazer cópias de segurança dos arquivos do seu computador e sempre verificar a existência de vírus nos arquivos copiados de um site FTP.

empresas imagens de boa qualidade gráfica para ilustrar suas publicações. Caso precisem de fotos de executivos e mesmo de produtos comercializados pela empresa, o site FTP estará disponível a qualquer momento para acesso e download dos arquivos.

Como funciona o Telnet

O Telnet é um protocolo de emulação de terminal que faz parte do conjunto TCP/IP destinado a login remoto por meio da Internet. Ou, em outras palavras, Telnet é um programa que oferece um método de tornar o computador do usuário um terminal, possibilitando interagir com qualquer computador compatível à Internet.

O programa permite usar o outro computador, geralmente em lugar muito distante, para tarefas e atividades como executar programas, participar de sessões de chat, jogar, enviar e receber arquivos, e assim por diante. Na maioria dos casos, o sistema Telnet pede o nome de usuário (*user ID*) e uma senha (*password*). O convencionado é digitar a palavra "anonymous", como nome de usuário, e o endereço de correio eletrônico, como senha.

Embora disponibilize o acesso remoto a centenas de serviços na Internet, o Telnet é bastante utilizado (e indicado) para consultas a grandes bases de dados e a bibliotecas que são repositórios de informação sobre quase todos os assuntos.

9

Natureza e aplicações da World Wide Web para o jornalismo

Este capítulo descreve os princípios de funcionamento da World Wide Web e analisa a parte multimídia da rede mundial como ferramenta de apoio que oferece aos jornalistas novos recursos e possibilidades para o melhor desempenho de suas atividades.

Como funciona a Web

Também conhecida como Web, WWW ou W3, a World Wide Web é um conjunto de documentos multimídia armazenados em computadores de todo o mundo. Os documentos da Web utilizam a Hypertext Markup Language (HTML), linguagem-padrão para escrever páginas de documentos Web, que contenham informação nos mais variados formatos: texto, som, imagens e animação. Fácil de aprender e usar, a HTML possibilita preparar documentos em hipertexto, com links para se deslocar para outros documentos e sites.

O Hypertext Transport Protocol (HTTP) é o protocolo que define como dois programas/servidores devem interagir, de maneira que transfiram entre si comandos ou informação relativos ao WWW. O protocolo HTTP possibilita que os autores de hipertextos incluam comandos que permitem saltos para recursos e outros documentos disponíveis em sistemas remotos, de forma transparente para o usuário.

Browsers e recursos adicionais

A World Wide Web consiste em um grupo de servidores na rede que estão programados para oferecer a informação procurada por meio de *browsers*. Tipicamente, um *browser* é o programa em um computador pessoal que acessa, por uma linha telefônica, um servidor (isto é, um programa que atende à demanda de clientes remotos) contendo informações de interesse amplo, nele permitindo visualizar e procurar texto, imagens, gráficos e sons, de maneira aleatória ou sistemática. Netscape e Microsoft Internet Explorer são os *browsers*[1] Web mais populares e fáceis de serem usados.

Os *browsers* possuem extensões denominadas *plug-ins*, que são programas especiais para mostrar certos tipos de arquivos da Web e oferecem recursos adicionais de multimídia. Muitos *plug-ins* podem ser copiados gratuitamente e passam a funcionar integrados com o *browser*, permitindo ouvir música de fundo, assistir a vídeos e animações, escutar efeitos de som.

Estrutura de uma Uniform Resource Locator (URL)

Na sua maioria, os sites da Web são mantidos por centros de pesquisa, universidades, empresas comerciais, governos e mesmo particulares. O servidor Web é o computador conectado com a Internet que torna disponíveis ao usuário as páginas Web. Uma página corresponde a uma estrutura individual de conteúdo na World Wide Web, definida por um único arquivo HTML e referenciada por um endereço único.

O endereço único de cada página Web é chamado Uniform Resource Locator (URL), localizador que permite achar qualquer informação ou acessar um serviço na Web. Por sua vez, a home page é a pá-

---

1. A nova tendência dos programas e sistemas em criação nas empresas e corporações é terem os *browsers* como a sua principal forma de acesso. As grandes empresas de software desenvolvem interfaces Web para as suas aplicações com o objetivo de permitir a capacidade de executar toda e qualquer função por meio de navegadores. Com isso, os softwares de navegação devem transformar-se em programas cada vez mais complexos e oferecer aos usuários ampla variedade de recursos para acesso à quase totalidade das informações e serviços proporcionados pela rede mundial.

gina principal de um site, o ponto de partida para a procura de informação na Web.

A URL pretende uniformizar a maneira de designar a localização de determinado tipo de informação na Internet, seja ele obtido por HTTP, FTP, Gopher etc.

`http://www.uol.com.br/internet/fvm/url.htm`

Cada parte do endereço da Universo OnLine tem um significado. `http://` indica o método utilizado para buscar páginas na Web. Outras formas encontradas são `ftp://`, para entrar em servidores de FTP, `mailto:`, para enviar mensagens, e `news:`, para acessar grupos de discussão.

`www.uol.com.br` é o nome do computador em que a informação está armazenada, também chamado de servidor ou site. Pelo nome do computador é possível identificar o tipo de informação que será encontrado (os que começam com a sigla www são servidores da Web e contêm principalmente páginas de hipertexto), o tipo da organização[2] (comercial nesse caso), e o país onde está localizada (ver o Quadro 6).

`/internet/fvm/` é o diretório onde está o arquivo, que nos servidores são também guardados em diretórios e subdiretórios.

`url.htm` é o nome do arquivo que será trazido e exibido na tela do computador. A terminação (ou extensão) do nome do arquivo, `htm`, indica um documento em hipertexto.

---

2. Alguns países adotam formas diferentes para a identificação de determinados tipos de organizações. No Reino Unido, os nomes de domínio das universidades substituem a sigla `.edu` por `.ac`, como a Oxford University (www.ox.ac.uk), a City University (www.city. ac.uk) e a University College (www.ucl.ac.uk). As instituições brasileiras de ensino superior eliminaram no endereço a referência ao seu tipo de organização (`.edu`), como em www.usp.br (Universidade de São Paulo), www.pucrs.br (Pontifícia Universidade Católica do Rio Grande do Sul) e www.ufv.br (Universidade Federal de Viçosa).

Quadro 6 Códigos identificadores de alguns países

Sigla	Usada por	Sigla	Usada por
aq	Antártida	gr	Grécia
ar	Argentina	id	Indonésia
au	Austrália	il	Israel
aw	Aruba	it	Itália
be	Bélgica	jp	Japão
bo	Bolívia	mx	México
br	Brasil	nl	Holanda
ca	Canadá	pt	Portugal
ch	Suíça	py	Paraguai
cl	Chile	uk	Reino Unido
cn	China	uy	Uruguai
de	Alemanha	va	Vaticano
es	Espanha	ve	Venezuela
fr	França	za	África do Sul

Nomes de domínio no Brasil

O crescimento da Internet no Brasil está criando novas necessidades e exigindo o desenvolvimento de novos recursos. Entre eles, a expansão de domínios aprovada pelo Comitê Gestor da Internet no Brasil, que, como vimos no Capítulo 3, levou a Fundação de Amparo à Pesquisa do Estado de São Paulo (Fapesp) a implantar, em 1998, um sistema de gerenciamento para o registro de domínios no país.

Além dos atuais domínios de primeiro nível já conhecidos, outros estão disponíveis. Os Domínios de Primeiro Nível válidos para o registro de nomes de domínio na Internet brasileira, sob o domínio .br, agora estão dispostos em três grupos: de pessoas jurídicas, de profissionais liberais e de pessoas físicas (ver Tabela 5).

Tabela 5 Tipos e número de nomes de domínio no Brasil (em 15/12/2002)

Tipo	Usado por	Quantidade
CATEGORIAS PARA INSTITUIÇÕES		
AGR.BR	Empresas agrícolas, fazendas	156
AM.BR	Empresas de radiodifusão sonora em AM, licenciadas pelo Ministério das Comunicações	49
ART.BR	Artes: música, pintura, folclore	1.050
BR	Entidades de pesquisa e/ou ensino superior	1.401
COM.BR	Comércio em geral	411.129
COOP.BR	Cooperativas	149
EDU.BR	Entidades de ensino superior	460
ESP.BR	Esporte em geral	303
FAR.BR	Farmácias e drogarias	120
FM.BR	Empresas de radiodifusão sonora em FM, licenciadas pelo Ministério das Comunicações	90
G12.BR	Entidades de ensino de primeiro e segundo graus	526
GOV.BR	Entidades do governo federal	750
IMB.BR	Imobiliárias	257
IND.BR	Indústrias	3.175
INF.BR	Meios de informação (rádios, jornais, bibliotecas etc.)	1.327
MIL.BR	Forças Armadas Brasileiras	14
NET.BR	Exclusivamente para provedores de meios físicos de comunicação, habilitados legalmente para a prestação de serviços públicos de telecomunicações	319
ORG.BR	Entidades não-governamentais sem fins lucrativos	11.844
PSI.BR	Provedores de serviço Internet	262
alphaREC.BR	Atividades de entretenimento, diversão, jogos etc.	80
SRV.BR	Empresas prestadoras de serviços	1.294

Tabela 5   (Cont.)

Tipo	Usado por	Quantidade
TMP.BR	Eventos temporários, como feiras e exposições	14
TUR.BR	Entidades na área de turismo	1.149
TV.BR	Empresas de radiodifusão de sons e imagens, licenciadas pelo Ministério das Comunicações	104
ETC.BR	Entidades que não se enquadram nas outras categorias	270
	CATEGORIAS PARA PROFISSIONAIS LIBERAIS	
ADM.BR	Administradores	489
ADV.BR	Advogados	2.616
ARQ.BR	Arquitetos	584
ATO.BR	Atores	41
0BIO.BR	Biólogos	90
BMD.BR	Biomédicos	3
CIM.BR	Corretores	199
CNG.BR	Cenógrafos	7
CNT.BR	Contadores	349
ECN.BR	Economistas	80
ENG.BR	Engenheiros	1.183
ETI.BR	Especialistas em Tecnologia da Informação	1.099
justrightFND.BR	Fonoaudiólogos	22
FOT.BR	Fotógrafos	217
FST.BR	Fisioterapeutas	47
GGF.BR	Geógrafos	3
ustrightJOR.BR	Jornalistas	261
LEL.BR	Leiloeiros	77
MAT.BR	Matemáticos e Estatísticos	36

Tabela 5   (Cont.)

Tipo	Usado por	Quantidade
MED.BR	Médicos	1.302
aautoMUS.BR	Músicos	304
NOT.BR	Notários	38
NTR.BR	Nutricionistas	22
ODO.BR	Dentistas	448
rightPPG.BR	Publicitários e profissionais da área de propaganda e marketing	352
PRO.BR	Professores	850
PSC.BR	Psicólogos	222
QSL.BR	Radioamadores	24
OSLG.BR	Sociólogos	10
TRD.BR	Tradutores	61
VET.BR	Veterinários	117
ZLG.BR	Zoólogos	2
CATEGORIAS PARA PESSOAS FÍSICAS		
NOM.BR	Pessoas Físicas	1.983
TOTAL GERAL		449.430

Fonte: Comitê Gestor da Internet no Brasil.

O domínio de primeiro nível, também conhecido como Top Level Domain (TLD), existe hoje em duas categorias. A primeira é formada pelos Generic Top Level Domain (gTLD), como .com para designar instituições comerciais, .net para as máquinas de organizações com atividades ligadas ao ambiente da rede e .org, para organizações sem fins lucrativos.

Fora dos Estados Unidos, as terminações vêm sempre acompanhadas da designação do país de origem, que no caso do Brasil é o .br. Surge, assim, a segunda categoria de domínios de primeiro nível, o Country Code Top Level Domain (ccTLD), com a designação identificando o país de origem das máquinas.

No Brasil, entre as principais restrições para o registro de nomes de domínio está o fato de que uma instituição pode registrar no máximo dez nomes de domínio utilizando um único CGC. No caso da existência de filiais, a instituição tem direito, além dos dez registros correspondentes à matriz, a tantos grupos de até dez registros quantas sejam as filiais possuidoras de seus respectivos CGCs. Já a eventual criação e o gerenciamento de novas divisões e subdomínios sob o nome de domínio registrado é da inteira responsabilidade do seu titular.

Escolha do nome

A Fapesp facilitou o processo de registro de nomes de domínios brasileiros, que pode ser feito on-line no endereço http://registro.br, com o recolhimento de uma taxa fixada em R$ 40 para registro e uma taxa anual, no mesmo valor, a título de manutenção. O princípio geral estabelecido é que o direito ao nome de domínio será conferido ao primeiro requerente que satisfizer, quando do requerimento, as exigências para o registro do nome.

Alguns critérios norteiam a escolha dos nomes de domínio. O nome proposto pela empresa para registro deve ter um cumprimento mínimo de dois caracteres e máximo de 26 caracteres. É permitida a combinação de letras e números, não podendo ser exclusivamente numérico. Como letras entende-se exclusivamente o conjunto de caracteres de a a z, e um único caractere especial, o hífen (-).

O Comitê Gestor ainda recomenda que os nomes de marcas e produtos não sejam registrados diretamente sob um Domínio de Primeiro Nível, mas figurem como um subdomínio sob o domínio principal da empresa. Assim, a empresa ABC Ltda., que fabrica os produtos X, Y e Z, deve registrar apenas o nome de sua razão social sob o domínio `com.br` (`abc.com.br`), criando por ela mesma subdomínios para os seus produtos ou marcas (como `produtoX.abc.com.br`, `produtoY.abc.com.br` e `produtoZ.abc.com.br`).

Os nomes considerados não registráveis são, entre outros, palavras de baixo calão, os que pertençam a nomes reservados por representarem conceitos predefinidos na rede (caso do nome "Internet" em si), e os que possam induzir terceiros a erros, como siglas de estados, ministérios etc., bem como os nomes que representam marcas de alto renome ou notoriamente conhecidas, quando não requeridas pelo respectivo titular.

Web como ferramenta para o jornalismo

Em julho de 2002, o número total de hosts na Internet mundial era de 162.128.493 domínios, com maior concentração nos Estados Unidos, onde estão localizados 113.574.290 hosts, bastante superior ao segundo colocado, o Japão, com 8.713.920 domínios (ver Tabela 6). O Brasil, com 1.988.321 hosts, ocupa a décima posição mundial, a terceira posição nas Américas e o primeiro lugar na América do Sul.

Tabela 6 Dez países com maior número de hosts na Internet mundial (em julho de 2002)

Posição	País	Número de hosts
1º	Estados Unidos	113.574.290
2º	Japão	8.713.920
3º	Canadá	3.129.884
4º	Itália	2.958.899
5º	Alemanha	2.923.327
6º	Reino Unido	2.508.151
7º	Austrália	2.496.683
8º	Holanda	2.150.379
9º	França	2.052.770
10º	Brasil	1.988.321

Fonte: Comitê Gestor da Internet no Brasil
(http://www.cg.org.br/indicadores/brasil-mundo-2002.htm).

Estudos recentes indicam que a World Wide Web é um imenso repositório de informações, com mais de um bilhão de documentos, projetando-se que vai superar o número de 13 bilhões de páginas em 2004. A Web proporciona aos repórteres e editores uma nova e importante ferramenta para o acompanhamento de fatos e acontecimentos em todo o mundo, para a apuração de informação da atualidade e para a identificação de fontes e de contatos que possam colaborar com informação para o trabalho jornalístico.

Nos seus primórdios, o jornalismo tinha nas fontes primárias o único recurso para a coleta de informações. O trabalho do repórter consistia basicamente em entrevistar pessoas envolvidas com o acontecimento, encontrar documentos que comprovassem os fatos e então redigir as notícias e reportagens. Hoje,

> a Internet é acima de tudo a maior enciclopédia, biblioteca, livraria, universidade, agenda de telefones e seção de referência, que nunca foi antes imaginada. E tudo isto está acessível pela janela de um monitor de computador. (De Wolk, 2001: 70)

A pesquisa jornalística na rede mundial é feita com quatro propósitos gerais. O primeiro é a busca de informação, que pode incluir documentos, dados, fotografias, áudio e vídeo. O segundo objetivo consiste em procurar e localizar pessoas especializadas em temas ou em assuntos que estejam sendo cobertos pelo repórter. O terceiro é o de checar determinadas informações usando recursos de referência on-line. O quarto objetivo estabelecido é o de analisar determinada informação, em especial dados (cf. Ward, 2002: 68-9).

A Web não deve servir sempre como um substituto para documentos, contatos telefônicos e entrevistas pessoais, já que seus principais propósitos são ajudar o jornalista a obter os documentos, a encontrar fontes autorizadas[3] e a levantar o contexto dos fatos e acon-

---

3. Fundada nos Estados Unidos em 1992, a Professors Network (ProfNet) oferece em seu site (http://www3.profnet.com) um serviço muito procurado por jornalistas que buscam um especialista que possa dar declarações ou fazer comentários sobre determinado tema proposto. A ProfNet localiza e promove a aproximação entre o repórter e especialistas em assuntos como Negócios, Tecnologia, Finanças Pessoais, Educação, Ciências, Saúde, Comportamento, Governo e Direito.

tecimentos a serem cobertos. Informação em quantidade não significa necessariamente informação de qualidade, portanto, três cuidados básicos devem ser seguidos para que a busca nos sites resulte em informação fidedigna.

Quem está por trás do site? Como sabemos, a terminação do endereço do site é muito útil para verificar a origem do site e a quem ele pertence. Domínios sediados em outros países possuem códigos identificadores, como `.ca` para Canadá e `.mx` para México. (Lembre-se que o Quadro 6 tem uma lista mais completa de países e seus respectivos códigos.) O tipo de organização responsável pelo site pode ser identificado por meio dos códigos `.com`, para empresas comerciais, `.gov`, para entidades do governo federal, ou `.edu`, para instituições de ensino superior. (Consulte também a Tabela 5 para uma relação completa dos tipos de sites.)

A respeitabilidade da instituição e a credibilidade dos responsáveis pelo site também devem ser verificadas. A avaliação pode basear-se no critério de autoridade, ou seja, de que o material tenha sido criado e publicado por uma pessoa ou organização cuja competência e conhecimento em dada área sejam plenamente reconhecidos.

Quando ocorreu a última atualização do site? Sites com conteúdo desatualizado não merecem confiança. A atualidade das informações deve ser examinada com cuidado, pois as indicações de data na Web são confusas: podem indicar quando o material foi inicialmente produzido, ou quando foi publicado na Web, ou quando a página Web foi revisada pela última vez. No caso de um administrador de site responsável, as páginas mais antigas estarão sempre atualizadas e até mesmo novas páginas são incluídas quando necessário. Em alguns casos, até o visual do site é renovado periodicamente, para oferecer sempre uma sensação de atualidade e mesmo de novidade.

O conteúdo do site contém erros gramaticais ou de ortografia? Textos e informações corretamente redigidos constituem um indicador de qualidade e resultam em confiabilidade para o conteúdo do site.

Diretórios e mecanismos de busca

As ferramentas de busca são instrumentos importantes para localizar a informação na rede mundial e precisam ser usados de maneira adequada.[4] Os principais tipos são os catálogos (ou diretórios), como o Cadê?, os mecanismos de busca, como o Google Brasil, e os metabuscadores, como o Miner.

O Cadê? (http://www.cade.com.br) é um catálogo contendo mais de 360 mil endereços da Web brasileira. Todas as páginas criadas e submetidas aos editores do Cadê? são visitadas para conferência do conteúdo e depois cadastradas em uma das categorias principais do site: Artes e Cultura, Business to Business, Ciência, Compras e Serviços, Educação, Esportes, Finanças, Fontes de Referência, Governo, Informática, Internet, Lazer, Notícias, Regional, Saúde e Sociedade.

O sistema hierárquico do Cadê? e dos demais catálogos torna a ferramenta mais adequada para pesquisas mais gerais sobre determinado tópico ou área de conhecimento e, na seqüência, para o jornalista avançar com maior profundidade em um tema, procurando uma fonte ou a opinião de um especialista.

Já o Google[5] Brasil é uma ferramenta (*search engine*) que baseia suas buscas em conteúdo gerado automaticamente por programas robôs – também conhecidos como *spiders* ou *crawlers* – que visitam mais de 1,3 bilhão de páginas e indexam todo seu conteúdo. A busca básica é simples, bastando digitar algumas poucas palavras de descrição e pressionar a tecla "Enter" para obter uma lista de resultados relevantes

---

4. Estima-se que 80% do tráfego dos sites da Internet tem origem nos portais de busca, caminho natural de quem procura qualquer coisa na Web. Daí a importância de posicionar bem um site nas ferramentas de busca, um trabalho minucioso e extremamente técnico que requer o conhecimento das regras de inclusão e posicionamento nos buscadores. A Mediaweb, agência de Internet de Curitiba-PR, "utiliza softwares que simulam todos os principais sites de busca, podendo testar como cada cliente vai aparecer em relação aos concorrentes" (Guimarães, 2002: 13).

5. O significado do nome é explicado no site: "Google é um trocadilho com a palavra 'googol', que foi inventada por Milton Sirotta, sobrinho do matemático norte-americano Edward Kasner, para designar o número representado por 1 seguido de 100 zeros. O uso do termo Google reflete a missão da empresa de organizar o enorme montante de informações disponíveis na Web e no mundo" (http://www.google.com.br/intl/pt/profile.html).

para os termos solicitados. A exclusão de palavras pode ser feita pondo um sinal negativo (-) imediatamente na frente do termo que se deseja evitar. É necessário incluir um espaço antes do sinal negativo.

O Google só retorna páginas que incluam *todos* os seus termos de busca. Não há necessidade de incluir "and" entre os termos. Para restringir uma busca com mais profundidade basta incluir mais termos. Google ignora palavras e caracteres comuns, conhecido como Parar Palavras. Google automaticamente descarta termos como "http" e ".com", assim como dígitos ou letras sozinhas. Estes termos raramente ajudam na busca, e podem tornar a busca consideravelmente mais lenta. Use o sinal "+" para incluir terminadores na sua pesquisa. Tenha certeza de incluir um espaço antes do sinal "+". Você pode também incluir o sinal "+" na pesquisa de frases. (http://www.google.com.br/intl/pt/help/basics.html)

Outros recursos úteis do Google para repórteres e editores são os serviços de pesquisa de notícias[6] e de imagens, e o recurso de busca em todos os grupos de notícias da Usenet. No caso do primeiro serviço, o site localiza e permite a visualização das imagens, mas o uso de qualquer uma delas está condicionado a uma permissão do detentor dos direitos.

Também ferramenta de busca, os metabuscadores operam de maneira diferente: a pesquisa é realizada direta e simultaneamente em diversos mecanismos de busca e os resultados são organizados considerando aqueles que apareceram em vários deles. É o caso do Buscador Miner (http://www.miner.com.br), que ainda presta um serviço adicional para compras na Internet. O metabuscador pesquisa produtos (como brinquedos, carros, casas, CDs, computadores, livros e vídeos) e faz uma comparação dos preços praticados nos sites de comércio on-line, tanto nacionais como internacionais.

---

6. O Google lançou em abril de 2002 uma nova versão beta (em testes) do seu serviço de busca de notícias (htpp://news.google.com). O Google News percorre cerca de 4 mil publicações on-line e permite pelos resultados da pesquisa que os jornalistas possam ter uma rápida noção das notícias que os sites em todo o mundo consideram mais importantes naquele dia ou mesmo em determinado momento.

Outra sugestão muito prática para a busca de nomes de especialistas é a dos sites de venda de livros. Os catálogos on-line de livrarias e de editoras nacionais e estrangeiras permitem localizar os nomes de autores de obras que abrangem os mais diferentes campos do conhecimento, uma tarefa que é facilitada pelos recursos de busca simples e avançada por assuntos. Principalmente no caso das editoras, a assessoria de imprensa ou o Departamento de Divulgação terá muito interesse em fornecer o endereço dos autores que forem selecionados e facilitar ao máximo o contato da fonte com o jornalista.

Redigindo títulos, descrições e palavras-chave corretas

Como vimos, as formas e os critérios de indexação dos catálogos (ou diretórios), dos mecanismos de busca e dos metabuscadores são diferentes. Por isso, a visibilidade de um site na rede mundial pode depender, entre outras medidas, da correta indexação do conteúdo e das páginas. Os responsáveis pelo site devem garantir ao máximo uma indexação eficiente, seguindo três medidas sugeridas em seguida por Araújo (2000: 37) para aumentar a possibilidade de o site ser encontrado mais facilmente numa busca.

Título

O título de uma página Web é aquele texto apresentado pelo browser no alto da janela. Ele é o elemento mais importante para os mecanismos de busca. Em primeiro lugar porque as palavras contidas no título são indexadas na base de dados e têm grande prioridade nas buscas. Além disso, os títulos são mostrados nos resultados de uma busca – e por isso devem ser atraentes, devem chamar a atenção do internauta.

(...)

Relevância

Grande parte dos mecanismos de busca dá mais importância para o texto que aparece no alto de uma página do que para o do meio ou do final da página. Esse critério leva em conta o fato de que normalmente as informações mais relevantes são apresentadas primeiro (ou seja, no alto da página, por onde o visitante costuma iniciar a leitura). Dessa forma, procure verificar se as palavras localizadas no topo da sua home page são significativas e descritivas em relação àquilo que o site oferece. Caso o seu site tenha imagens no alto das páginas, use nomes claros.

Tags <META>

Outro elemento bastante importante na indexação de uma página são as chamadas tags <META>. Tags são códigos utilizados pela linguagem HTML. As tags do tipo <META> servem para descrever e fornecer palavras-chave sobre o seu site para um mecanismo de busca automático como os *crawlers*. As tags <META> devem ser inseridas no cabeçalho da página, isto é, entre as tags <HEAD> e </META> do código HTML. Existem dois tipos de tags <META>: descrição (*description*) e palavras-chave (*keywords*).
A primeira [...] fornece uma descrição do site. Quando um usuário faz uma busca e o seu site é um dos encontrados, a descrição aparece logo abaixo do título. A segunda tag <META> serve para adicionar informações complementares, incluindo palavras-chave relacionadas diretamente com o seu site e que podem ser usadas por um internauta numa busca [...].

A agência de notícias e de tecnologia Reuters Brasil é bastante sucinta no título da home page e na descrição do seu site. Entretanto, na tag de informações complementares mostrada em seguida, figuram 59 palavras-chave, incluindo até mesmo variações de seu nome – como Roiters, a forma em que é pronunciado, e Reuter, para permitir que um usuário mais descuidado encontre o site mesmo esquecendo de digitar o "s" final.

```
<title>Reuters Brasil</title>

<meta name="description" content="Informa-
ções financeiras, notícias e tecnologia.">
<meta name="keywords" content="informação,
B2B, notícias, agência, tecnologia, con-
sultoria, economia, mercado, financeiro,
financeira, mídia, Reuters, roiters, reu-
```

```
ter, reter, reutes, brasil, brazil, cota-
ções, tempo, real, índices, Bovespa, BM&F,
Soma, bolsas, dados, contribuições, ações,
commodities, futuros, opções, títulos, pú-
blicos, gerenciamento, risco, middle, of-
fice, front, back, test, stress, simula-
ção, Monte, Carlo, simulação, histórica,
var, value, agency, information, economy,
news, brazilian, instrumentos, compra,
swap, cambial, broker, online">
```

A redação de títulos de páginas Web exige concisão e não deve começar com termos genéricos (como "Bem-vindo a...") ou com artigos (O, A, Um, Uma). O redator deve cuidar para que ele seja descritivo em relação ao conteúdo do site ou da página. É importante lembrar que os títulos são também usados para a indicação de um endereço na lista dos sites favoritos dos internautas. A descrição do site pode conter algumas palavras-chave, mas deve ser redigida com até 160 caracteres, o máximo que a maioria dos mecanismos de busca vão exibir.[7]

Já as tags de palavras-chave pedem o desenvolvimento de termos que melhor reflitam o conteúdo, mas devem ser evitados os que sejam muito comuns, pois nos resultados de uma busca elas vão fazer o site figurar junto com centenas de outros endereços. Uma recomendação prática é realizar buscas por sites similares para ver os resultados dos *rankings*. Essa iniciativa permite descobrir as metatags que colocam sites no topo das listas apresentadas pelos mecanismos de busca.[8]

---

7. Como alguns menus de navegação e mecanismos de busca podem truncar títulos extensos, Nielsen, Schemenaur & Fox (2002) recomendam que eles não ultrapassem o total de 60 caracteres, cuidando o redator para que os primeiros 40 caracteres já forneçam ao usuário uma idéia do tópico ou assunto abordado na página.
8. Com o propósito de conseguir visibilidade na Web a qualquer custo, um abuso praticado na escolha das palavras-chave é incluir termos como "sexo", "xxx" e "grátis", mesmo que o site tenha a finalidade de venda on-line de produtos como bombas de água!

Sites de referência

Cada repórter e editor deve organizar sua própria lista de endereços de sites de referência, um verdadeiro diretório pessoal a ser montado de acordo com as suas preferências e necessidades profissionais. Para começar a lista seguem algumas sugestões de referência para dicionários, enciclopédias e glossários, economia e finanças, política, guias e mapas, bibliotecas, bancos de dados e sites voltados para a comunidade de profissionais de comunicação.

Dicionários

- Your Dictionary
  Dicionário inglês-inglês do Merriam-Webster's Collegiate. Permite fazer traduções para vários idiomas, entre eles português, e tem link para gramáticas.
- Diccionarios
  Dicionário espanhol-espanhol com recurso de sinônimos e antônimos. Tem também dicionários inglês-espanhol, francês-espanhol e catalão-espanhol e vice-versa. Inclui recurso para busca de vocábulos com erros ortográficos.

Enciclopédias e glossários

- Encyclopedia Britannica Online
  Versão on-line da famosa enciclopédia com recursos de busca, links para assuntos relacionados e multimídia. Em inglês.
- Enciclopédia Verbo na Internet <www.editorialverbo.pt/enciclopedia/>
  O site dessa enciclopédia portuguesa requer a busca de verbetes por palavra-chave. Oferece diversos links agrupados nos temas países, personalidades, comunicação, esportes, ciência, música, pintores, museus, entre outros.
- Glossaries <www.xlation.com/glossaries/>
  Inclui lista com 1.683 glossários dos mais variados assuntos (história, arte, filosofia e matemática) em diversos idiomas. O usuário escolhe o tema no primeiro campo e o idioma no segundo.

Política e governo

- Portal Oficial do Governo Brasileiro
  A página oficial do governo brasileiro tem links para os principais órgãos do Executivo, do Legislativo e do Judiciário, além de abordar grandes temas nacionais: agricultura, assistência social, cultura, economia, educação, esporte, meio ambiente, reforma agrária, saúde, trabalho e emprego. O internauta encontra links para o *Diário Oficial da União* e para a Agência Brasil de Notícias, com notícias em tempo real.
- Political Resources on the Net
  Diretório de sites relacionados com a política e organizado por países, em inglês. Tem links para partidos, órgãos do governo, organizações sociais e veículos de comunicação em todo o mundo.
- Partidos Políticos <www.tse.gov.br/partidos/partido/index.html/>
  Relaciona links para todos os partidos políticos no país e permite a consulta aos textos da legislação eleitoral e partidária.

Economia e finanças

- Fortuna
  Sistema modularizado de informações qualitativas e quantitativas sobre o mercado financeiro nacional. As informações cobrem todo o espectro de ativos financeiros: ações, moedas, futuros e mercadorias, índices de ações nacionais e estrangeiros, indicadores econômicos, taxas de juros, poupança, e fundos de investimento.
- Banco Central do Brasil
  Informações econômicas e financeiras, legislação, normas e manuais sobre o sistema financeiro brasileiro estão disponíveis para consulta e download.
- Bolsa de Valores de São Paulo (Bovespa)
  O site oferece informações em tempo real sobre a cotação das ações no pregão diário.
- CEO Express
  Fonte de diversos links que levam a endereços com muitas in-

formações de negócios e investimentos. Tem links para revistas de negócios, jornais e notícias internacionais.
*   xe.com
    Específico para conversão de moedas, o site tem versões em
    inglês, francês e espanhol. As páginas são atualizadas minuto a
    minuto com a taxa de vários países e oferece, via e-mail, um
    serviço gratuito do valor diário de câmbio de moedas da esco-
    lha do usuário.

Bibliotecas

*   Biblioteca Nacional
    A Fundação Biblioteca Nacional oferece catálogos on-line de
    obras gerais, obras raras, iconografia, manuscritos e partituras
    de músicas. Livros relevantes de domínio público estão dispo-
    níveis para download gratuito.
*   Biblioteca do Congresso dos Estados Unidos
    A Biblioteca do Congresso norte-americano reúne em seu
    acervo mais de 18 milhões de livros, 2,5 milhões de grava-
    ções, 12 milhões de fotografias, 4,5 milhões de mapas e 54
    milhões de manuscritos.
    O seu catálogo on-line (http://catalog.loc.gov/) permite buscas
    por título, autor, assunto, número de ISBN e palavras-chave.

Bancos de dados

*   Instituto Brasileiro de Geografia e Estatística (IBGE)
    Completa fonte de indicadores e de estatísticas sociais, demo-
    gráficas, econômicas e geográficas. O site permite selecionar
    conteúdo para a sua personalização, tornando mais fácil ao
    usuário encontrar a informação e diminuindo o tempo dos
    próximos acessos ao site.
*   Departamento Intersindical de Estatísticas e Estudos Só-
    cio-Econômicos (Dieese)
    As páginas oferecem acesso a indicadores e análises do Pro-

grama de Pesquisas Temáticas (Protema), e das pesquisas permanentes realizadas pelo Dieese, como Índice de Custo de Vida (ICV) no Município de São Paulo, Pesquisa Nacional da Cesta Básica, Salário Mínimo Necessário, Pesquisa de Orçamento Familiar (POF), e Pesquisa de Emprego e Desemprego (PED) nas regiões metropolitanas de São Paulo, Brasília, Porto Alegre, Curitiba, Belo Horizonte, Belém e Salvador.

Guias e mapas

*   CEP.COM.BR
    Informa os códigos de endereçamento postal das cidades brasileiras e tem uma seção (www.cep.com.br/cep_exterior.asp) para busca de códigos de endereçamento de 60 países.
*   Auxílio à Lista
    Portal das listas telefônicas de todos os estados brasileiros. O site tem recurso para busca de números de telefones de assinantes das listas nacionais e links para listas telefônicas de outros países.
*   Expedia Travel
    Guia de viagens, em inglês, que localiza ruas em países da América do Norte. O site oferece ainda mapas de cidades da Europa e mapas topográficos do mundo inteiro.

Arte e cultura

*   Portal Literal
    Portal brasileiro sobre literatura. Publica entrevistas com escritores, agenda de lançamento de livros, resumos de livros recém-publicados e uma lista das obras mais vendidas, nos gêneros ficção, não-ficção e infanto-juvenil.
*   Brasiliana
    Banco de dados sobre a música clássica produzida no Brasil, com versões em inglês e em português. Cobre as origens da música erudita brasileira, a partir do século XVI, às tendências contemporâneas.
*   All Music Guide
    Dados sobre artistas de todos os estilos, em inglês, com um glos-

JORNALISMO NA INTERNET   109

sário de música muito útil. A busca de informação pode ser feita pelo nome do artista, do álbum, da canção e do estilo musical.

- Artcyclopedia
Enciclopédia sobre artes, em inglês, que oferece referências para sites da Web nos quais os trabalhos dos artistas possam ser vistos on-line. Artcyclopedia tem indexados 1.200 sites de pintores de todos os tempos e oferece mais de 32 mil links para cerca de 100 mil trabalhos produzidos por 7.500 artistas.

- ArteData
Recursos para pesquisa sobre a história da arte e da cultura no Brasil, sobretudo pintura e especialmente no período compreendido entre os anos de 1790 e 1930. A seção Publicações Digitais é a única que requer inscrição prévia, enquanto o acesso às demais é inteiramente livre.

- World Wide Art Resources
Portal sobre artes, em inglês, com informações sobre os grandes mestres da pintura e artistas contemporâneos, museus, galerias, história da arte, arte-educação, antiguidades, dança e teatro.

- Internet Movies Database
Banco de dados, em inglês, com 6,3 milhões de títulos de filmes, além de biografia e filmografia de atores e diretores. O sistema de busca permite localizar obras cinematográficas por título, ator, personagem, tramas e frases.

- Centro Cultural São Paulo <sampa3.prodam.sp.gov.br/ccsp/>
Exposições virtuais (pintura, xilogravuras, dança e TV), acervo (folclore, peças teatrais e gibiteca) e banco de dados para pesquisas (multimeios, dança, TV, livros e periódicos).

Ciência e tecnologia

- Programa de Informação e Comunicação para Ciência, Tecnologia e Inovação (Prossiga)
Divulga as mais variadas informações sobre ciência e tecnologia e facilita o acesso aos arquivos eletrônicos da produção científica nacional, disponibilizados na Internet. Entre seus recursos, destacam-se serviços de busca de nomes de

pesquisadores, ferramentas de garimpagem de e-mails, endereços e telefones de pessoas na Internet, além de tradutores e dicionários on-line.

- TCINet
Notícias com texto, áudio ou vídeo sobre temas ligados à tecnologia, computação e Internet. Apresenta seções sobre carreira profissional, dicionários e aulas on-line sobre Dreamweaver, Photoshop, Access, manutenção de hardware e configuração de softwares.

Comunidade de jornalistas

- Comunique-se
Lançado em setembro de 2001, o Comunique-se é apresentado como o "primeiro portal brasileiro totalmente voltado para profissionais de comunicação". Divulga notícias de bastidores do mercado jornalístico brasileiro, coloca em discussão aspectos práticos e éticos da profissão e tem um banco de empregos.
- Observatório da Imprensa
Entidade organizada pelo Laboratório de Estudos Avançados em Jornalismo (Labjor) da Universidade Estadual de Campinas (Unicamp), tem sua versão on-line sob a égide do Comitê Gestor da Internet no Brasil. O site acompanha e discute o desempenho da mídia brasileira e internacional, funcionando "como um fórum permanente onde os usuários da mídia – leitores, ouvintes e telespectadores –, organizados em associações desvinculadas do estabelecimento jornalístico, poderão manifestar-se e participar ativamente num processo no qual, até agora, desempenhavam o papel de agentes passivos" (Observatório da Imprensa, 2002).

Portais

- America Online Brasil
Notícias, bate-papo e conteúdo exclusivo para assinantes. Oferece 28 canais em seu serviço: AOL Hoje, Auto-Center,

Bate-Papo, Biblioteca, Carreiras, Cidades, Crianças, Dinheiro, Diversão, Downloads, Educação, Esportes, Games, Informática, Internacional, Mapas, Mulher, Música, Notícias, Páginas Pessoais, Ponto Jovem, Saúde, Shopping, Televisão, Trânsito, Vestibular, Viagens e Zona Livre.

* Brasil Online
  Acesso pago, notícias, chats e outros serviços. Os principais canais do BOL são: Astrologia, Busca, Cartões, Carros, Crianças, Culinária, Educação, Games, Mapas, Mulher, Saúde, Shopping, Vestibular e Viagem.
* Internet Group (IG)
  Acesso gratuito, e-mail, notícias no canal Último Segundo e bate-papo são os principais serviços do iG aos seus usuários.
* Globo.com
  Acesso pago, e-mail, bate-papo, notícias, shopping e diversos serviços são oferecidos aos seus usuários pelo portal Globo.com, que ainda mantém links para jornais, revistas, emissoras de rádio e canais de televisão das Organizações Globo.
* MSN Brasil
  Entre outros, o portal oferece canais de notícias, compras, download, horóscopo, mapas, astrologia, empregos, humor, inglês on-line, leilões e previsão do tempo.
* Terra
  Conteúdo livre e seções exclusivas para assinantes. O Terra oferece em seus canais serviços de busca, cartões, cinema, classificados, compras, culinária, diversão, empregos, fóruns, games, horóscopo, moda, música, tempo, turismo e vestibular.
* Universo Online (UOL)
  Maior serviço online e o maior provedor de Internet na América Latina, o UOL oferece 42 estações e mais de mil diferentes canais, com mais de 7 milhões de páginas de notícias, informação, entretenimento e serviços.

10

Presença do jornalismo na World Wide Web

Este capítulo identifica os formatos da informação e do conteúdo jornalístico na Web, empregados por um grande número de sites como chamariz para atrair e manter os usuários, e comenta os principais modelos de comercialização adotados nos sites de empresas de comunicação e de jornalismo.

Formatos do jornalismo digital

O recente surgimento e desenvolvimento da atividade jornalística na Internet, como adverte o jornalista Leão Serva (em Moherdaui, 2000: 11), "ainda espera um conjunto de procedimentos que consolide as diversas novidades impostas pelas características dos novos meios e, ao mesmo tempo, aponte aquilo que, por ser essencial à atividade jornalística, permanecerá nestes novos meios".

Entretanto, são essas mesmas características de um novo meio como a World Wide Web – uma síntese de todas as mídias, com as vantagens visuais da TV, a mobilidade do rádio, a capacidade de detalhamento e análise do jornal e da revista, e a interatividade da multimídia – que tornam promissor o jornalismo na Web e podem representar uma nova revolução para a atividade.

Qualquer que seja a sua denominação – jornalismo digital, jornalismo on-line ou webjornalismo –, o jornalismo marca sua presença na World Wide Web oferecendo informação e conteúdo, em especial nos sites de jornais e revistas impressas que migraram para a rede mundial, nos sites de agências de notícias, nos sites noticiosos especializados, nos portais e nos sites de instituições e empresas comerciais.

Sites de jornais e revistas

Quando a World Wide Web surgiu, em 1991, como a parte multimídia da Internet, os aficionados da rede mundial nem de longe puderam avaliar o impacto que a invenção iria causar na comunicação. Em um primeiro momento, os jornalistas, que utilizavam os computadores apenas para redigir e editar textos, começaram a usar os *browsers*, de maneira incipiente, como um novo recurso para o acesso a informações disponibilizadas em bancos de dados e em sites de todo o mundo.

Apesar de inspiradas no exemplo e no sucesso de versões on-line de revistas e jornais norte-americanos e ingleses, não demorou muito para que tradicionais empresas jornalísticas brasileiras ingressassem na World Wide Web.[1]

A primeira iniciativa partiu do Grupo O Estado de S. Paulo, que, em fevereiro de 1995, colocou a Agência Estado na rede mundial. No dia 28 de maio do mesmo ano, informa Moherdaui (2000: 22), coube ao *Jornal do Brasil* a primazia de ser o primeiro veículo a fazer uma cobertura completa no espaço virtual, seguido por outros títulos da grande imprensa, como *O Estado de S. Paulo, Folha de S. Paulo, O Globo, O Estado de Minas, Zero Hora, Diário de Pernambuco* e *Diário do Nordeste.*

---

1. Também milhares de emissoras de rádio de todo o mundo transmitem sua programação noticiosa pela Internet. O Sistema Globo de Rádio, por exemplo, mantém o portal de música e de notícias RadioClick.com.br (http://radioclick.globo.com), que permite ao internauta ouvir ao vivo diversas emissoras, entre elas a CBN (http://radioclick.globo.com/cbn), a maior rede de rádios *all news* do país. Alguns dos diversos países presentes na Internet e as respectivas emissoras noticiosas são: Estados Unidos, com a ABC Radio Networks (http://www.abcradio.com), Reino Unido, com a British Broadcasting Corporation (BBC) (http://www.bbc.co.uk), que oferece serviços noticiosos em 43 línguas; Alemanha, com a NDR4 (http://www.ndr4.de); França, com a Radio France (http://www.radiofrance.fr), Holanda, com a Radio Netherlands (http://www.rnw.nl); e Jamaica, com o site RJR Group Online (http://www.radiojamaica.com), que oferece acesso pago a diversas emissoras de rádio do país.

A entrada de jornais e revistas na Internet inaugura um novo veículo de comunicação que reúne características de todas as outras mídias e que tem como suporte as redes mundiais de computadores. O jornalismo digital representa uma revolução no modelo de produção e distribuição das notícias. O papel (átomos) vai cedendo lugar a impulsos eletrônicos (*bits*) que podem viajar a grandes velocidades pelas auto-estradas da informação. Estes *bits* podem ser atualizados instantaneamente na tela do computador na forma de textos, gráficos, imagens, animações, áudio e vídeo; recursos multimídia que estão ampliando as possibilidades da mídia impressa. (Manta, 2002)

Na medida em que a Internet representa um mercado em evolução devido ao crescimento exponencial da rede mundial, os grandes grupos editoriais e de comunicação brasileiros também marcam sua presença no mundo virtual, estes também interessados no elevado potencial de futura geração de receitas propiciadas pelo usuário da Internet, ávido fundamentalmente por conteúdo e informação.

Figura 3   A página principal de Época OnLine (http://www.epoca.com.br) traz links para a edição da semana da revista impressa e para o conteúdo complementar preparado pela equipe da publicação digital.

Pesquisa realizada pelo Ibope eRatings revelou que, em junho de 2002, a audiência total dos noticiários na Internet no Brasil cresceu cerca de 130% em um ano, batendo o crescimento total da audiência da rede mundial, no período de junho de 2001 a junho de 2002, em 23,2%. O público total de usuários de sites de notícias, estimado em 1,226 milhão um ano atrás, passou a 2,854 milhões hoje.[2]

As maiores revistas e jornais do Brasil enxergam na rede mundial uma forma adicional de comunicação com o público-alvo, pois "a linguagem eletrônica pode oferecer muito mais do que as páginas estáticas de uma revista ou de um jornal" (Campos, 2002: 12). Mesmo assim, a *Folha de S. Paulo*, a *Gazeta Mercantil*, o *Valor Econômico* e a *Veja* restringiram o conteúdo de suas publicações on-line apenas para assinantes da publicação (ver o Quadro 7).

O site da *Veja* (http://www.veja.com.br), por exemplo, maior revista semanal de informação brasileira em circulação, registrou 450 mil *unique visitors*, em maio de 2002, e um crescimento de cerca de 30% em audiência de um ano para outro. Entre outros motivos, a visita mais freqüente do leitor de *Veja* é estimulada pela seção Notícias Diárias, inaugurada no site em julho de 2000, permitindo a atualização da informação nos sete dias da semana, com uma média de 56 novos textos por dia sobre os mais variados assuntos.

Aproveitando as inovações proporcionadas pela Internet, *Veja on-line* explora a linguagem eletrônica em todas as suas possibilidades, com muita interatividade, vídeos, fotos e outros recursos adicionais que atraem o usuário para o site do título da Editora Abril (cf. Campos, 2002: 12).

---

2. O advento da World Wide Web reduziu a utilização dos meios de comunicação tradicionais entre os seus usuários. Segundo estudo do Qualibest realizado com internautas no período de 22 de agosto a 8 de setembro de 2002, a diminuição do uso dos jornais impressos foi de 33%; das revistas e da TV aberta, de 17% cada; e do rádio, de 13%. A TV paga é a que menos concorre com a Internet, pois apenas 3% dos internautas disseram que vêem menos TV por assinatura. Dos entrevistados, apenas 17% disseram não terem reduzido as atividades realizadas antes (cf. Bottoni, 2002: 45).

Quadro 7 Os veículos e a Internet

Revistas semanais	Conteúdo	Hospedagem
Veja	restrito a assinantes	UOL
Época	livre	Globo.com
IstoÉ	livre	Terra
Carta Capital	livre	Terra
Jornais	**Conteúdo**	**Hospedagem**
Folha de S. Paulo	restrito a assinantes	UOL
O Estado de S. Paulo	livre	Estado.com.br
Diário de S. Paulo	livre	Globo.com
Gazeta Mercantil	restrito a assinantes	InvestNews.Net
Valor Econômico	restrito a assinantes	Valor OnLine

Fonte: Melo, 2002: 44.

Sites de agências de notícias

Atuando em âmbito local, regional, nacional ou internacional, as agências de notícias são empresas especializadas de informação que elaboram e distribuem, regularmente e de forma ininterrupta, noticiário geral ou especializado, fotografias e *features*, destinados exclusivamente aos seus assinantes (órgãos de imprensa, instituições governamentais e privadas).

A primeira agência de notícias surgiu nos Estados Unidos em 1848, quando representantes de seis jornais resolveram "usar o telégrafo para unificar as coberturas fora da região. Afinal, a tecnologia era cara demais para um único jornal" (Pereira Júnior, 2000: 90). Nasceu então a Associated Press (AP), originalmente constituída em forma de cooperativa e que figura hoje entre as cinco agências de informação consideradas mundiais.

As grandes agências noticiosas dispõem de representações nos principais países e contam com um moderno aparelhamento técnico e uma gigantesca rede de correspondentes e informantes. Assim, elas se tornaram "as grandes provedoras de jornais, revistas, emissoras de rádio e de TV em todo o mundo [...], em condições de oferecer, a baixo custo, serviço informativo em grandes quantidades" (Rabaça & Barbosa, 2002: 13).

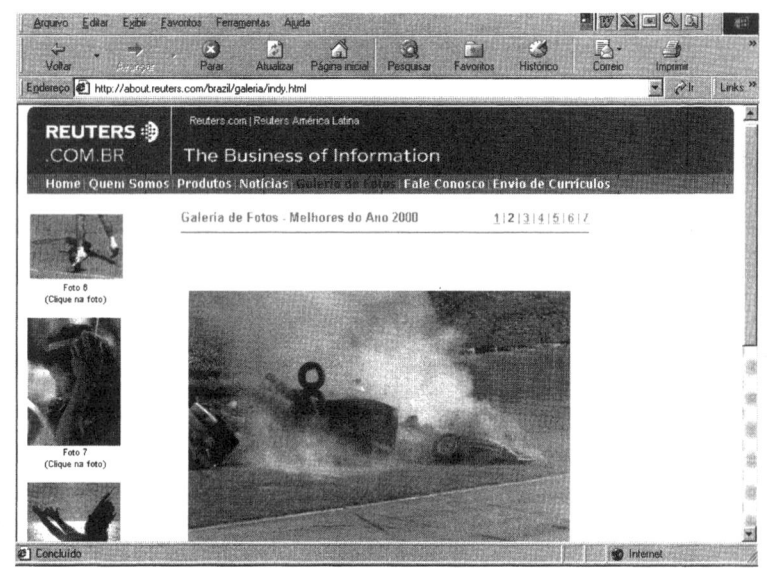

Figura 4   A Galeria de Fotos do site da Reuters Brasil publica as melhores fotografias distribuídas aos assinantes no ano 2000, um dos serviços da agência de notícias comercializado por venda avulsa (para empresas de comunicação, grupos de mídia e agências de publicidade) ou por assinatura mensal (para órgãos da mídia tradicional e New Media).

A Reuters Limited[3] (http://www.reuters.com), sediada em Londres, é hoje a maior agência internacional de notícias e televisão, empregando na área editorial 2.498 profissionais – entre jornalistas, fotógrafos e operadores de câmera – que atuam nos 184 escritórios da empresa instalados em 163 países.

---

3. A Reuters iniciou suas atividades na cidade de Londres, em outubro de 1851, quando o imigrante alemão Paul Julius Reuter "começou a fazer transmissões das cotações de mercado entre Londres e Paris, por meio do novo cabo [telegráfico] Calais-Dover" (Pereira Júnior, 2000: 91).

Além de notícias em formato de texto, gráficos, vídeo e fotos para as organizações de mídia e para centenas de Web sites, os serviços de informações da Reuters incluem informações financeiras em tempo real; capacidade transacional; ferramentas administrativas de risco, análise e comércio; informações financeiras arquivadas da Lipper; e base de dados histórica.

No mundo virtual, a empresa multinacional ainda mantém sites sediados em países como Áustria, Canadá, China, Egito, França, Alemanha, Grécia, Índia, Japão, Rússia e Espanha. O site da Reuters Brasil (http://www.reuters.com.br) oferece um canal de notícias e de informações financeiras em tempo real e promove a comercialização dos seus produtos e serviços para a mídia (revista, jornal, rádio, televisão e Internet) e para as instituições financeiras (Reuters Investor), entregues eletronicamente com som e imagem.

Sites noticiosos especializados

O jornalismo especializado – "aquela informação dirigida à cobertura de assuntos determinados e em função de certos públicos, dando à notícia um caráter específico" (Bahia, 1990: 215) – também está presente na Internet. Sites autônomos de jornalismo especializado oferecem aos internautas notícias atualizadas e amplas coberturas sobre campos e temas como administração, ciência, economia, negócios, política, propaganda, marketing e esportes em geral.

A partir de uma BBS que conectava interessados em discutir publicidade, a Blue Bus Publicações Eletrônicas lançou em 1997 o site especializado de notícias bluebus.com.br (http://www.bluebus.com.br), destinado a profissionais de agências de propaganda, de assessorias de imprensa, de veículos de comunicação e de empresas de Internet. Hoje, o slogan "Blue Bus todo mundo lê" indica que a publicação virtual ampliou sua base de leitores – pois cobre fatos e acontecimentos do mundo da propaganda, da mídia, do jornalismo, do *show business*, da política e da economia do Brasil e do mundo –, registrando usuários em empresas de diversos segmentos, órgãos e agências governamentais e instituições de ensino superior. Entre elas, AGF Brasil Seguros, Agência Nacional de Vigilância Sanitária (Anvisa), Banco Itaú, Grupo

Bayer Brasil, DaimlerChrysler, Embraer, Fundação Abrinq, Instituto Ayrton Senna, Lojas Americanas, Ministério da Educação, Universidade de Brasília (UnB) e Universidade Católica de Goiás.

Figura 5   Página interna do site especializado *bluebus.com.br* cobre o *show business* com matéria sobre o processo que a viúva de John Lennon moveu contra Frederic Seaman, ex-secretário do casal, para conseguir judicialmente a devolução de objetos pessoais do seu falecido marido.

Revistas eletrônicas

Alguns sites noticiosos procuram levar para a Web o formato de revista, conhecidas no mundo virtual como revistas eletrônicas (*e-zines*). A pioneira foi a norte-americana *Salon* (http://www.salon.com), criada em 1994 com investimentos financeiros da Apple Computer Corporation. A cobertura inicial de temas de cultura e de política foi sendo ampliada com seções de humor e de história em quadrinhos, além de artigos que tratam de temas relacionados com a vida sexual, a tecnologia e os negócios.

No Brasil, as revistas eletrônicas cobrem diversas especializações, como a divulgação científica e a cibercultura. *Cérebro e Mente* (http://www.epub.org.br/cm), por exemplo, é um título virtual de divulgação científica em neurociência editado desde 1997 pelo Núcleo de Informática Biomédica (NIB) da Universidade Estadual de Campinas (Unicamp). O objetivo do magazine eletrônico é difundir informações sobre neurociência para promover uma melhor compreensão dos processos mentais normais e patológicos que ocorrem no ser humano, em linguagem acessível para estudantes e para leigos.

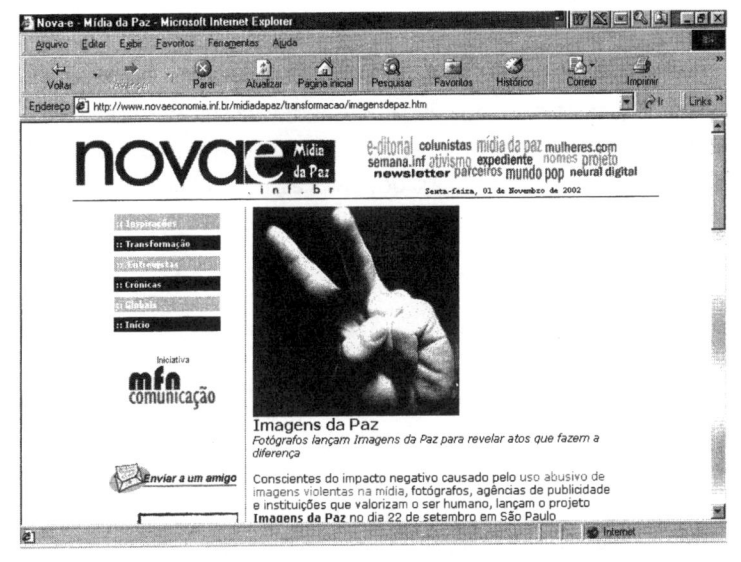

Figura 6 A seção Mídia da Paz (http://www.novaeconomia.inf.br/midiadapaz/transformacao/imagensdepaz.htm) do e-zine *NovaE* tem a missão de combater o uso abusivo de imagens violentas na mídia. Nesse sentido, o site divulga o lançamento do projeto Imagens da Paz, ocorrido no dia 22 de setembro de 2002, em São Paulo (SP), quando cerca de 40 fotógrafos registraram cenas e atos de paz gerados por uma série de atividades culturais, artísticas e educativas, especialmente dirigidas ao público jovem.

Por sua vez, a MFN Comunicação é *publisher* do e-zine *NovaE* (http://www.novaeconomia.inf.br), que destaca em seu site a proposta inovadora de ser uma revista pluralista na divulgação de idéias e conceitos a respeito de Internet, nova economia, cibercultura, mídia e comportamento,

> [...] contando com produção jornalística própria como entrevistas, reportagens, matérias especiais e um time de colaboradores e parceiros de primeira linha, que tem como recompensa estar participando dessa iniciativa, dentro de avançados conceitos colaborativos: uma inédita iniciativa de open source editorial, onde as idéias ganham novas cores que somadas a outras resultam em uma publicação de personalidade surpreendente. (Fernandes Neto, 2002)

Embora o site seja atualizado diariamente com novas crônicas, matérias, entrevistas e debates, a newsletter *NovaE* é enviada gratuitamente uma vez por semana para os seus assinantes, com uma edição extra distribuída sem dia estipulado, na ocasião em que surja algum fato ou conteúdo jornalístico considerado relevante para o momento.

Portais

O conceito de portal, relacionado com a Internet, nasceu no começo de 1998, para designar os sites de busca que, além dos diretórios de pesquisa, começaram a oferecer serviços de e-mail gratuito, bate-papo em tempo real e serviços noticiosos. Hoje os portais são entendidos como todo e qualquer site que sirva para a entrada dos usuários na World Wide Web, a primeira parada a partir da qual os internautas decidem os passos seguintes na rede mundial.

Lançado em abril de 1996, o UOL Brasil (http://www.uol.com.br) é um provedor de acesso e portal que mantém há vários anos a posição de primeiro colocado no *ranking* dos domínios mais visitados da Internet brasileira. A sua página principal tem como um dos pontos principais de atração de visitantes a oferta de notícias atualizadas 24 horas por dia, além de seu interior contar com as edições diárias de jornais brasileiros e internacionais, de revistas semanais e especializadas brasileiras, além de serviços noticiosos estrangeiros como Agence France Presse, BBC, Cox e Reuters.

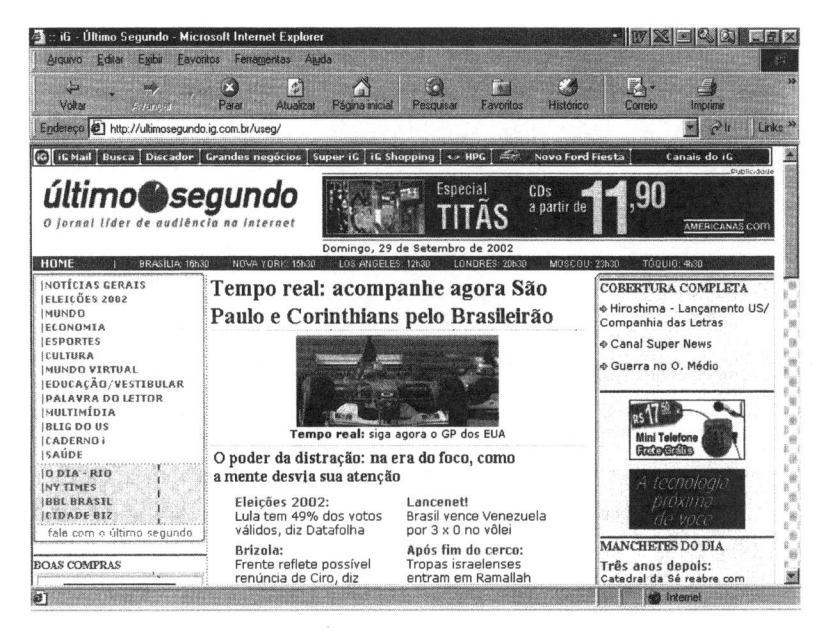

Figura 7 Segundo maior portal brasileiro em audiência, o Internet Group (IG) na seção Último Segundo (http://ultimosegundo.ig.com.br/useg/) publica notícias atualizadas diariamente e informações em tempo real, como na cobertura do Grande Prêmio de Fórmula 1 dos Estados Unidos e do jogo São Paulo e Corinthians pelo Campeonato Brasileiro de Futebol 2002.

Tabela 7 Audiência dos cinco maiores portais brasileiros (junho de 2002)

Posição	Portais	Audiência mensal com acesso domiciliar* (em mil)
1º	UOL (www.uol.com.br)	5.439
2º	IG (www.ig.com.br)	4.653
3º	Globo.com (www.globo.com)	4.195
4º	Yahoo! Brasil (www.yahoo.com.br)	3.964
5º	Terra Networks (www.terra.com.br)	3.394

(*) A pesquisa não computou acessos corporativos feitos a partir das empresas, das universidades, dos cyber cafés, entre outros.
Fonte: Ibope e-Ratings.

O conteúdo jornalístico é um grande chamariz na rede mundial. Todos os cinco domínios mais visitados da Internet brasileira oferecem notícias nas suas home pages, um recurso empregado (com sucesso) para atrair e manter seus visitantes e usuários. Além do UOL Brasil, os demais classificados, por ordem decrescente de audiência, são os portais Internet Group (IG), Globo.com, Yahoo! Brasil e Terra Networks (ver Tabela 7).

Sites de instituições e empresas comerciais

A forte influência que a mídia exerce sobre todos os outros setores da opinião pública – irradiando e inculcando neles suas atitudes e percepções a respeito da empresa e dos seus produtos e serviços – permite ainda dizer que os jornalistas são os mais multiplicadores dos públicos. O relacionamento com a mídia torna-se então fundamental para que as instituições e as empresas comerciais, industriais e de prestação de serviços procurem desenvolver e manter relações próximas com repórteres e editores visando assegurar uma cobertura positiva ou no mínimo justa por parte da imprensa.

Também os jornalistas buscam cada vez mais a Web como um local e uma fonte de informações corporativas e institucionais, de dados econômicos e financeiros, de biografias, de listas de endereço para contato com os responsáveis pela empresa e de fotos. Nesse sentido, os sites institucionais e corporativos empregam estratégias e os recursos on-line que podem ser úteis para motivar a visita freqüente ao site da empresa e ainda fazer os repórteres confiarem em uma informação objetiva e precisa.

Por esse motivo, inúmeros sites de empresas comerciais possuem seções dedicadas ao profissional de jornalismo, mantidas por suas assessorias de imprensa, em geral contendo notícias atuais; lista de contatos; posicionamentos da empresa; calendário de atividades; arquivo de imagens, áudio e vídeo; discursos; dados gerais da empresa; informação sobre produtos ou serviços; serviço de subscrição de informações; e recurso de busca de informações no site.

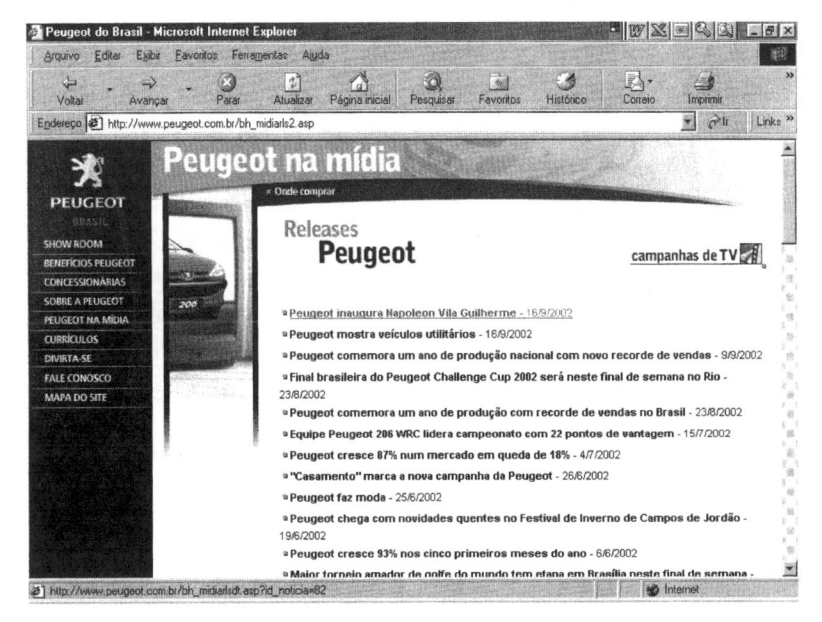

Figura 8   A Peugeot do Brasil (http://www.peugeot. com.br), montadora de automóveis, publica na seção Peugeot na Mídia diversos *releases* com assuntos e temas que podem interessar jornalistas e editores e propiciar a eventual cobertura de órgãos de imprensa.

Entidades de classe também estão presentes na Web publicando informações e defendendo pontos de vista do interesse de seus associados. Sucessora da Associação Brasileira da Indústria Farmacêutica (Abifarma), a Federação Brasileira da Indústria Farmacêutica (Febrafarma) mantém no seu site (http://www.abifarma.com.br) espaços para colocar ao alcance de editores e jornalistas dados e informações a respeito de questões e de assuntos do interesse da Federação e das suas entidades filiadas. Entre eles, a seção Agenda lista os eventos do setor farmacêutico que estão previstos dentro de um período de 30 dias, sendo bastante útil para que os editores programem uma eventual pauta de cobertura dos acontecimentos. A seção Notícias corresponde a um verdadeiro *clipping* da indústria farmacêutica, pois reproduz as notícias do setor que foram publicadas pelas agências noticiosas e pelos principais jornais e revistas brasileiras.

Já a seção Imprensa oferece duas páginas: "Imprensa", propriamente dita, e "Opinião". A primeira publica *press releases* a respeito de assuntos da indústria farmacêutica e setores de seu interesse, matérias que são produzidas pela Febrafarma, pelas entidades associadas e por laboratórios farmacêuticos. O espaço também é utilizado para a Federação firmar posição em relação a questões de interesse da área, na forma de notas à imprensa. A página "Opinião", como o próprio nome indica, disponibiliza matérias opinativas redigidas por membros da Federação, de entidades associadas, de representantes da indústria farmacêutica e de docentes e pesquisadores de instituições de ensino. Os temas são variados e os textos apresentam pontos de vista que podem ajudar os jornalistas a identificar outras fontes com informações que permitam a redação de matérias sobre assuntos em pauta da maneira mais isenta possível.

Comercialização no jornalismo on-line

A maioria das empresas jornalísticas com presença na Internet ainda não auferiu lucro em seus empreendimentos on-line, fato que é creditado aos investimentos muito recentes e à falta de um modelo definido de geração de receitas para os sites de publicações digitais na Web.

Alguns editores e dirigentes de grandes grupos editoriais sabem que o mercado de Internet está em processo de consolidação e que a longo prazo promete ser bastante lucrativo, mas ainda há muito o que experimentar até chegar a fórmulas definitivas de ganho real de capital com serviços online. Já se sabe, por exemplo, que os internautas não estão dispostos a pagar para acessar versões digitais de jornais e revistas na Web. A Internet notabilizou-se pelo seu caráter anárquico e democrático e a crença de que a informação deve ser livre ainda predomina entre muitos usuários. (Manta, 2002)

Do ponto de vista do *publisher*, a cobrança do conteúdo jornalístico na Internet revela um dilema antigo. Os veículos de comunicação – e inclusive os portais – precisam obter receitas e diminuir prejuízos em algumas de suas áreas de atuação, mas "o primeiro reflexo da cobrança pelo conteúdo pode ser a queda de audiência, o que pode melindrar anunciantes e resultar em perda de verba publicitária" (Melo, 2002: 44).

Modelos de comercialização na Internet

A resistência natural do internauta ao pagamento de conteúdo não impede que empresas de informação e jornalísticas adotem e desenvolvam modelos de comercialização na Internet para gerar receita. Os principais são os anúncios publicitários, os classificados on-line, a atuação como provedor de acesso e a cobrança de serviços especiais, assim descritos por Bezerra (2002a):

Anúncios Publicitários. O modelo que melhor se adaptou até agora ao mercado jornalístico na Internet foi a compensação de gastos com serviços online gratuitos através das receitas geradas pela veiculação de anúncios publicitários. Os banners animados, por exemplo, já representam a maioria das propagandas veiculadas em publicações digitais.
Classificados Online. Outra importante fonte de receitas das publicações digitais está nos serviços de classificados online. Assim como nos jornais impressos, o negócio de classificados também pode ser bastante lucrativo na Internet. Basta saber utilizá-lo.
Atuar como provedor de acesso. Atuar como provedor de acesso à Internet também é outra maneira de gerar mais receitas com empreendimentos online. Primeiro porque vai dar o suporte operacional necessário ao jornal online e segundo porque vai aumentar o faturamento da empresa com os usuários que contratarem o serviço.
Pagamento por serviços especiais. Existe também a possibilidade de o leitor pagar por serviços especiais oferecidos pelo Webjornal. Um sistema de busca, por exemplo. Não é preciso ter uma taxa para ser usado, mas apenas uma parte do conteúdo fica disponível. Se o leitor se interessar pelo assunto completo ele pagará uma certa quantia por isso. Outros serviços que estão se consolidando pelo sistema de cobrança na Web são os *clippings* personalizados e o acesso ao arquivo completo do webjornal.

11

Desenvolvendo sites de conteúdo na Web

Este capítulo aborda o processo de construção global de um website, destacando princípios gerais de criação e de planejamento que resultem em rapidez, confiabilidade, simplicidade e objetividade para o conteúdo jornalístico.

Estratégias e táticas na criação de sites

Um site de sucesso pode ser localizado exatamente na interseção de quatro valores estratégicos e de quatro valores táticos. Embora muitos deles reflitam com maior clareza um ou outro, Siegel (1997a: 160) sustenta que o site vencedor tem todos os oito valores em proporções equilibradas.

Os valores estratégicos presentes em um site de sucesso são a *identidade* (relacionada com os esforços de construção da marca), *impacto, audiência* e *competitividade*, todos eles importantes a longo prazo. O primeiro, a *identidade*, encontra-se nos elementos que não somente permitem reconhecer a empresa ou o *publisher*, mas deixam saber que o visitante está no seu site, não importando o ponto em que ele se encontra no momento.

O *impacto* é obtido ao se dar às pessoas algo que possam falar e comentar, pois se o site oferecer sempre novidades que tenham valor de notícia, novos visitantes estarão sempre sendo atraídos. A *audiência* pode ser entendida como um reflexo da capacidade de o site satisfazer ao target pretendido. Já a *competitividade* corresponde a características que mantêm o site ou o *publisher* na frente da concorrência, exigindo sua atenção constante para não correr o risco de ser novamente ultrapassado.

Já os valores táticos são imediatamente visíveis nos sites, como o *design*, *conteúdo*, a *produção* e a *utilidade*. O *design* tem o seu valor dado na medida em que o designer consiga transpor os objetivos para o plano visual. (Os princípios de design são discutidos no Capítulo 13, enquanto o Capítulo 14 trata da questão da tipologia digital.) O *conteúdo* é a matéria-prima do site e o resultado dos esforços dos editores, jornalistas e colaboradores. (A redação de conteúdo jornalístico para a Web é assunto do Capítulo 16.)

A *produção* vai se realizar quando a pessoa dela encarregada conhece e aplica com competência os princípios técnicos da linguagem HTML para a construção de um site. (As principais ferramentas de produção e suas características podem ser vistas no Quadro 8.) A *utilidade* decorre de o internauta poder fazer coisas dentro do site – como participar de enquetes on-line, ouvir áudio de entrevistas, preencher formulários –, de maneira rápida e de forma que resolva problemas.

Quadro 8   Principais softwares para a produção de sites

Produto	Características
GoLive 6.0	Software para criação e gerenciamento de conteúdo dinâmico para Web e dispositivos sem fio. Traz ferramentas de criação para Web e para bancos de dados dinâmicos, garantindo a transição rápida entre conceito e construção do site. Produzido pela Adobe (www.adobe.com.br).
Live Motion 2.0	Software para desenvolvimento de conteúdo interativo e dinâmico em vários formatos, incluindo Flash e QuickTime. Suporta ActionScript, combinado com ferramentas de depuração, codificação e desenvolvimento, permitindo criar conteúdo versátil e animado para a Web e outras mídias. Fabricado pela Adobe (www.adobe.com.br).

Quadro 8 (Cont.)

Produto	Características
Flash MX	É uma ferramenta com recursos para o desenvolvimento de aplicativos, multimídia e vídeo, possibilitando aos designers e desenvolvedores criar sofisticadas interfaces de usuário, publicidade on-line, cursos de aprendizagem eletrônica e *front-ends* de aplicativos empresariais. O produto é da Macromedia (www.macromedia.com.br).
Dreamweaver MX	Software para a criação de Websites e aplicativos para a Internet. Permite aos designers, desenvolvedores e programadores trabalhar em um mesmo ambiente integrado de desenvolvimento. Combina ferramentas visuais de layout com recursos para desenvolvimento de aplicativos para a Web do Dreamweaver UltraDev, além do amplo suporte à edição de código do Macromedia HomeSite. Fabricado pela Macromedia (www.macromedia.com.br).
Fireworks MX	Permite ao usuário criar gráficos e dar interatividade à Web, gerando desde botões gráficos simples a efeitos complexos de *rollover* e menus instantâneos. O Fireworks MX contém um conjunto completo de ferramentas gráficas que, além de um fluxo de trabalho, promove colaboração em equipe e otimiza a produtividade. Mais um produto da Macromedia (www.macromedia.com.br).
FreeHand	É a principal ferramenta de design da Macromedia para impressão. Na versão mais recente, ganhou integração com o Flash. O usuário poderá empregar o poder do FreeHand para criar suas ilustrações para impressão e depois usá-las na Web. Produzido pela Macromedia (www.macromedia.com.br).
FrontPage	Software para criação e administração de sites. É ideal para iniciantes que pretendem criar sites sem nenhum conhecimento de HTML. Fabricado pela Microsoft (www.microsoft.com.br).

Fonte: Adaptado de Moreira, 2002: 30.

Fases do processo criativo

No processo de criação de um site, Siegel (1997: 242) identificou três momentos distintos que são percorridos pelo designer: expansão, contração e pré-produção.

Após internalizar o *briefing* do cliente e imergir profundamente na cultura da empresa e do consumidor, o designer inicia a primeira fase do processo criativo. A *expansão* consiste então em a equipe criativa explorar livremente as possibilidades gerando idéias, esquemas e esboços, um verdadeiro *brainstorming*. Não deve haver limitações para a criatividade (quanto mais idéias, melhor) e nem a preocupação de escrever na linguagem HTML nessa fase.

Depois que surgirem alguns esboços com idéias promissoras, a atenção deve se voltar para as demais páginas. O designer cria para elas novos esquemas e esboços, enquanto, do ponto de vista técnico, deve começar a pensar na navegabilidade do site e no que pode ser feito com a tecnologia *push*, *streaming audio*, HTML dinâmico, Flash etc. Mas sem deixar totalmente de lado os aspectos criativos que envolvem a seleção de tipos e famílias, texturas e até mesmo emoções.

A segunda fase do processo criativo é a *contração*, na qual o designer seleciona as três melhores propostas e as submete a uma matriz com categorias ponderadas atribuindo notas de 0 a 10 – as categorias e os pesos podem ser exemplificados na Tabela 8 ou modificados e acrescidos de outros a juízo do designer – para a indicação do melhor projeto. É importante ressaltar que a qualidade da matriz tem relação direta com o acerto nos critérios e no esquema de pesos que forem adotados para ela.

A apresentação de um único projeto envolve os riscos decorrentes de a proposta ser recusada pelo cliente, motivo pelo qual muitos designers preferem apresentar as três propostas finalistas, fazendo com que ele participe do processo de escolha. Na verdade, é como se diz: mostrar uma única opção pode ser melhor para o *projeto*, ao passo que apresentar três sugestões pode ser melhor para o *cliente*.

A terceira fase, finalizando o processo criativo, é a *pré-produção*. As páginas são submetidas a um processo preparatório da produção propriamente dita, sendo verificados e resolvidos todo e qualquer problema que tenha sido verificado pela equipe criativa e pelo cliente. Os layouts das páginas são preparados com riqueza de detalhes e de informação para facilitar o trabalho de produção e permitir que ela transcorra dentro da normalidade. Toda a documentação produzida durante a pré-produção deve também ser colocada à disposição da equipe de produção.

Tabela 8 Matriz ponderada para escolha da melhor proposta de site

Categorias	Projeto 1	Projeto 2	Projeto 3
Apelo do projeto para a audiência target (peso 5)	10	3	8
Rapidez de carregamento (peso 1)	3	10	7
Funciona em todos os browsers? (peso 5)	8	6	8
Funciona em sistemas menos amigáveis? (peso 4)	5	3	7
Conteúdo informativo (peso 5)	6	7	10
Facilidade de navegação (peso 2)	9	6	7
Estimula o interesse pela navegação? (peso 3)	6	8	4
Combina segurança, qualidade e estilo? (peso 1,5%)	1	10	7
Facilidade de responder por e-mail (peso 2)	5	7	1
Total sem poderação	53	60	59
Total ponderado	190,5	167	203,5

Fonte: Adaptado de Siegel, 1997: 246.

Princípios de planejamento para sites noticiosos

O processo global de construção de um Website envolve a execução de cinco etapas, na prática em estágios nem sempre consecutivos: análise e planejamento, design, implementação, teste e suporte.

A primeira etapa – *análise e planejamento* – deve ser orientada por dez pontos básicos, assim descritos por Ward (2002: 169):

1. Pergunte a você mesmo se online é o meio correto para a sua mensagem;
2. Defina com quem você pretende se comunicar e o que você está tentando comunicar;

3. Defina sua missão e os objetivos para o seu site;
4. Considere qual é todo o conteúdo potencial do site;
5. Organize o conteúdo em seções;
6. Escolha uma estrutura para as suas seções;
7. Forneça aos usuários as ferramentas que permitam que eles encontrem o seu caminho em todas as seções;
8. Faça o site como um todo apresentar-se de maneira efetiva em termos visuais;
9. Assegure-se de que o site como um todo funciona corretamente no meio virtual;
10. Verifique o que os seus usuários pensam do site antes de colocar o endereço em funcionamento.

O *design* é a etapa correspondente ao desenvolvimento das estruturas e formas funcionais do site, do seu inter-relacionamento e dos seus aspectos visuais e comunicacionais. A *implementação*, no terceiro estágio, consiste em produzir o site e providenciar a sua publicação, por meio de um provedor, na rede mundial.

Na etapa de *teste* deve ser verificado o correto funcionamento das páginas do site e dos seus recursos, procedendo ao acertos dos erros que eventualmente se manifestem. O último estágio – *suporte* – consiste em garantir uma adequada manutenção do site e oferecer apoio constante para as necessidades de atualização técnica e de conteúdo.

Arquitetura da informação

A estrutura de um site, em termos de navegação, hierarquia do conteúdo e disposição dos elementos interativos, recebe o nome de Arquitetura da Informação (AI). Ela é a base sobre a qual serão construídos todos os demais elementos do site – como forma, função, metáforas, navegação e interface, interação, design – e tem como uma de suas principais funções "defender os interesses do usuário e evitar que ele experimente momentos de frustração ao navegar" (Dauch, 2000: 136).

A responsabilidade do arquiteto de informação é ampla e variada. Segundo Rosenfeld & Morville (1998: 11), as suas atribuições incluem:

1. definir a missão e a visão para o site;
2. determinar o conteúdo e a funcionalidade do site;

3. especificar como os usuários encontrarão a informação no site;
4. planejar minuciosamente como o site irá acomodar o crescimento futuro e eventuais mudanças.

Louis Rosenfeld e Peter Morville entendem que os designers colaboram de maneira mais direta na terceira tarefa, relativa ao modo de localização da informação, com os seguintes desdobramentos:

- projetando maneiras para agrupar o conteúdo do site;
- projetando um sistema de identificação para os diferentes grupos de conteúdo[1] do site;
- projetando sistemas de navegação para ajudar o usuário a mover-se em torno e através do conteúdo; e
- projetando sistemas de busca para o conteúdo do site. (cit. em Ward, 2002: 170).

A essência da Arquitetura da Informação é projetar a organização e o sistema de navegação com o propósito de ajudar os usuários a encontrar o que procuram. Entre suas principais características, a organização dada ao site deve:

Fornecer o que o usuário procura até no terceiro clique. Um site com boa arquitetura da informação terá como principal qualidade a característica de fornecer ao usuário o que ele está buscando no máximo em seu terceiro clique. O ideal é que se chegue à informação desejada já no segundo clique.
Prever um gerenciamento do conteúdo. Atualizações, histórico de arquivos, novas implementações, estatísticas de acessos, monitoramento dos visitantes, interações entre áreas do conteúdo e entre os usuários, manutenção de links etc. (Bezerra, 2002b)

Interface homem-máquina e usabilidade

O ambiente gráfico da World Wide Web também exige que o site apresente uma interface amigável, que permita ao usuário a manipulação

---

1. Nos sites jornalísticos, os conteúdos organizam-se nos mesmos moldes dos órgãos de imprensa escrita, ou seja, são agrupados nas diferentes editorias, como política, economia, artes, esportes, ciência, educação etc.

das ferramentas simples, diretas e agradáveis para um trabalho ou uma tarefa. As interfaces de sistemas digitais (chamadas de Graphic User Interface (GUI) designam as interfaces gráficas que estão presentes nas home pages, nos sistemas operacionais, nos CD-ROMs multimídia etc. A interface

é o ponto de contato de um ser humano com uma máquina. Se essa máquina for uma bicicleta, será o conjunto formado pelo seu banco, guidão, pedais e câmbio. No que nos diz respeito, é a "cara" dos Websites ou programas multimídia, o intérprete entre um computador (que entende de clics do mouse e impulsos elétricos) e seu usuário. É o ambiente gráfico do produto digital, o canal de comunicação do usuário final com o conteúdo de um sistema de computador. Em outras palavras, é onde tudo acontece. (Radfahrer, 1999: 92)

A combinação adequada entre a arquitetura da informação (a estrutura lógica) e a interface (significado visual) é determinante para a usabilidade (*usability*) do site,[2] ou seja, para criar no usuário uma experiência de navegação agradável, com o perdão da rima, até mesmo inesquecível. No entendimento mais amplo de Mercovich (2002), "definimos usabilidade de um sistema ou ferramenta como uma medida de sua *utilidade, facilidade de uso, facilidade de aprendizagem* e *apreciação* para uma tarefa, um usuário e um determinado contexto".

---

2. O problema de usabilidade não afeta só as páginas dos sites, mas também os softwares. Todo usuário de computador já recebeu mensagens como "este programa executou uma operação ilegal e será fechado", "exceção fatal 0E" ou "o sistema está perigosamente sem recursos", que indicam problemas em softwares que hoje deveriam ser menos complexos. Muitos problemas não são resolvidos na fase de desenvolvimento do produto, como foi o caso do Windows 95. A Microsoft identificou nos protótipos deste sistema operacional 551 problemas, dos quais 58% tornavam as tarefas impossíveis ou muito mais complicadas. Por falta de tempo ou de tecnologia, o Windows 95 chegou ao mercado sem que 19% dos problemas fossem totalmente resolvidos (cf. Coronato, 2000: 77).

Quadro 9 Conceitos de utilidade, facilidade de uso, facilidade de aprendizagem e apreciação

Utilidade	**A utilidade é a capacidade que tem uma ferramenta para ajudar a realizar tarefas específicas.** Ainda que a afirmação pareça óbvia, é importante observar que uma ferramenta muito usável para uma tarefa pode ter pouca utilidade para outra, ainda mais se se tratar de uma tarefa similar mas não idêntica. Um martelo e uma clava são muito similares, mas cada um deles é adequado para uma tarefa e pouco indicado para outras.
Facilidade de uso	**A facilidade de uso está em relação direta com a eficiência ou a efetividade, medida como velocidade ou quantidade de possíveis erros.** Uma ferramenta muito fácil de usar permitirá a seu usuário efetuar mais operações por unidade de tempo (ou menor tempo para a mesma operação) e diminuirá a probabilidade de que ocorram erros. Nenhuma ferramenta ou sistema é perfeito, porém uma alta probabilidade de erro pode inclusive levar a uma impossibilidade de uso por falta de qualificação [...]. Um caso especial dessas necessidades extremas são as ferramentas de missões críticas, por exemplo, o diagnóstico médico e a navegação aérea. São áreas que tipicamente devem exigir altíssimos graus de eficiência e precisão. Uma falha nesse tipo de aplicação pode ter sérias conseqüências.
Facilidade de aprendizagem	**A facilidade de aprendizagem é uma medida de tempo exigida para trabalhar com certo grau de eficiência no uso da ferramenta, e para alcançar certo grau de retenção desses conhecimentos no caso de decorrer certo tempo sem o uso da ferramenta ou do sistema.** Se bem que a facilidade de aprendizagem possa ter uma relação direta com a usabilidade, falando estritamente isso não é assim. A facilidade de aprendizagem deveria ser uma medida relativa, já que existem sistemas muitos complexos, que não podem ser aprendidos rapidamente. Que um software para controle e monitoramento de máquinas de produção requeira seis meses de aprendizagem para um usuário típico não significa que ele seja pouco usável. Dada a complexidade do tema, dificilmente poderia aprender em menos tempo.

Quadro 9   (Cont.)

Facilidade de aprendizagem	Portanto, o importante é comparar as várias possíveis interfaces e verificar qual a que requer menos tempo e/ou permite menor retenção. Se a versão seguinte, sem aumento na complexidade do serviço, tomar oito meses de aprendizagem, aí sim estaríamos diante de um problema de usabilidade.
Apreciação	É uma medida das percepções, opiniões, dos sentimentos e das atitudes gerados no usuário pela ferramenta ou pelo sistema; uma medida, pode-se dizer, de sua sedução ou de um gosto apurado. A apreciação é uma medida menos objetiva do que as anteriores, mas, sem dúvida, não menos importante. O importante dessa medida não é considerá-la de forma absoluta, mas sim, outra vez, compará-la e analisá-la de maneira relativa. Essa comparação pode ser feita em relação à competência, à versão anterior do mesmo produto ou diante das outras possibilidades que estejam sendo levadas em conta. Outro ponto importante a respeito da apreciação é tratar de analisar até onde ela influencia as demais medidas. Um usuário que não goste de uma interface pode cometer erros, ou levar mais tempo em aprendê-la. Devemos aprender a separar as medidas estritas daquelas que possam apresentar desvios em razão de uma apreciação negativa.

Fonte: Mercovich, 2002.

A usabilidade de um site pode ser conhecida por vários métodos. Os mais comuns são a *avaliação heurística* e o *teste de usabilidade*. Eles não são excludentes, sustenta Mercovich (2002), mas devem ser aplicados de maneira complementar, já que "estudos recentes na área de interfaces homem-computador indicam que os testes de usabilidade mostram onde estão os problemas, enquanto a análise heurística é mais eficiente para propor possíveis soluções".

A avaliação heurística, segundo seu criador, Jakob Nielsen[3] (cit. em Mercovich, 2002), "é um nome genérico de um grupo de méto-

---

3. Engenheiro, dirigente da consultoria norte-americana Nielsen Norman Group e renomado especialista em usabilidade na Internet, Jakob Nielsen é um crítico feroz do design sem funcionalidade e defensor da praticidade máxima. Em julho de 2000, ele provocou reações iradas de todos os projetistas de sites ao defender, no artigo "End of Webdesign" (O fim do Webdesign), que a simplicidade e o conservadorismo são os únicos meios para um site garantir sucesso na rede mundial (cf. Coronato, 2000: 78).

dos baseados em avaliadores especialistas que inspecionam ou examinam aspectos relacionados com a usabilidade de uma interface de usuário". Entre outros elementos, a técnica envolve a observação da coerência na apresentação da informação, a visualização das ações e da interação com o sistema, os métodos de entrada/saída de informação e o respeito pela ergonomia.

O teste de usabilidade, por sua vez, é aplicado em usuários verdadeiros que cumprem tarefas reais guiados por um critério de pesquisa e, assim, fornecem uma medida concreta e objetiva da usabilidade de uma ferramenta, um sistema ou um site. O arquiteto de informação observa como o usuário age para cumprir a meta, construindo com os resultados um parâmetro de qualidade que segue cinco fundamentos: facilidade de aprendizagem, eficiência de uso, familiaridade de acordo com a experiência de uso, quantidade de erros e satisfação pessoal (cf. Dauch, 2000: 137).

O experimento pode envolver um grupo de apenas cinco usuários, com a duração de dois a três dias, ou ser realizado em grande escala, mobilizando laboratórios, equipamentos especiais, dezenas de usuários e uma grande equipe de observadores durante várias semanas.

12

Elementos de usabilidade para sites

Este capítulo sugere regras e comenta os principais valores e aspectos funcionais da usabilidade, de grande importância para que o site de conteúdo jornalístico atinja os objetivos pretendidos pelo *publisher* e garanta a plena satisfação do usuário.

Regras gerais de usabilidade do site

Como vimos no Capítulo 11, a usabilidade diz respeito a técnicas e processos que ajudam os seres humanos a realizar tarefas em um computador no ambiente gráfico da Web. Nesse sentido, Martín (2002) estabeleceu o que denominou de "regras de ouro" sobre usabilidade, das quais reproduzimos em seguida aquelas aplicáveis a sites de informação e de conteúdo jornalístico.

Na Internet, o usuário é quem manda. Isto quer dizer que sem usuários o site deixa de existir. É preciso cuidar para que o navegante encontre nas suas páginas o que pede, do contrário ele o deixará só.

Na Internet, a qualidade se baseia em rapidez e confiabilidade. Na Internet a página deve ser direta e mais rápida do que bonita, mais confiável do que moderna, mais simples do que complexa.

Segurança. Se no mundo real às vezes custamos a confiar no banco da esquina, imagine como as pessoas se sentem na Internet quando chegam ao seu site. Procure fazer com que tudo funcione como um relógio para que as pessoas possam confiar no seu site.

A confiança é algo que custa muito a se adquirir e pode ser perdida apenas com um mal link. Isto quer dizer que em um ambiente de concorrência como o da Internet não se pode perder nem um único visitante devido a um link malfeito. É melhor começar com algo simples e, depois de ter o feedback dos usuários, ir aos poucos tornando as páginas mais complexas. *Se você quiser fazer uma página decente, trate de simplificar, reduzir e otimizar.* As pessoas podem ter dificuldades em apreender o seu site por mais que você insista. Assim, pelo menos faça com que ele seja simples, utilizando todos os elementos possíveis para que o usuário sinta-se confortável e não se perca cada vez que necessite encontrar algo no site. *Ponha as conclusões no princípio.* O usuário irá se sentir mais confortável se vir as metas declaradas logo no início. Desta forma ele não terá que buscar o que necessita e perderá menos tempo para completar suas tarefas. Se o internauta completar sua tarefa em menos tempo ele se sentirá bem e, quem sabe, irá ocupar-se em explorar o site e talvez até mesmo o recomende a um amigo. *Bons conteúdos.* Escrever bem para a Internet é uma arte. Mas seguindo duas regras básicas – (1) colocar as conclusões no começo e (2) escrever apenas 25%[1] de texto em relação ao que é normalmente escrito em papel – é possível ir muito longe. A leitura na tela é cansativa e mais difícil; por isso, reduza e simplifique tudo que for possível no texto on-line.

Fatores de usabilidade do site

Os valores e aspectos funcionais da usabilidade são importantes para que o site atinja os objetivos pretendidos pelo *publisher* e, de outro lado, resultem em plena satisfação do usuário. Entre eles destacamos a navegação, a interatividade, a estruturação das páginas, o uso correto da tecnologia e o estudo da audiência e do comportamento do internauta.

---

1. O estudo da Sun Microsystems, já mencionado no Capítulo 5, constatou que a leitura é 25% mais lenta na tela do monitor. Entretanto, além da menor velocidade de leitura é preciso considerar o maior conforto do usuário, recomendando então que os textos on-line sejam 50% mais curtos em relação ao tamanho que ocupariam no papel.

Navegação no rumo certo

Como sabemos, a navegação pode ser entendida como um sub-conjunto da Arquitetura de Informação, relacionando-se fortemente com os grupos de conteúdo e a estrutura do site. Nesse sentido:

Navegação são os meios que você oferece para seus usuários localizarem sua posição dentro do seu site e encontrarem seu caminho ao longo da estrutura, tanto adiante como para trás novamente. Ela lhes dá algo em que se firmar e, se você fizer certo, aumentará tanto a sua confiança no site como sua habilidade em usá-lo. (Ward, 2002: 170)

A navegação mantém ainda uma relação direta com a interface gráfica. Os dois são elementos geralmente inseparáveis, como Robin Williams e John Tollett mostram de maneira clara: "se as pessoas dizem 'A interface é ótima', isso provavelmente significa que é fácil de navegar; se as pessoas dizem 'É tão fácil de navegar', elas provavelmente sentem-se confortáveis com a interface" (cit. em Ward, 2002: 168).

A navegação não pode ser esquecida no processo de design: se o site não tiver um sistema de navegação preciso e conciso, ele vai falhar miseravelmente. Mesmo o site dotado de um bom visual não será levado a sério caso o visitante não consiga navegar com sucesso em todo ele, sem ficar confuso ou sentir-se perdido.

A barra de navegação é o recurso mais comum para orientar e localizar o usuário dentro do site. Posicionada em geral no alto da página ou no lado esquerdo, ela é facilmente localizada e compreendida pelo internauta, oferecendo todas as ferramentas básicas do site e com links para as suas principais seções e canais. Nos sites de jornais e revistas, as barras de navegação estão presentes em cada página e oferecem ligações para as diversas editorias – como Economia, Política, Esporte, Ciência, Educação, Brasil, Mundo –, ajudando o usuário a decidir o seu caminho na busca de notícia e informação do seu interesse.

Um bom design de navegação deve prever uma lista das principais seções que possam ser alcançadas da home page[2] ou de qualquer outra página. A principal medida para assegurar que o site tenha um bom sistema de navegação é criar um diagrama de fluxo, o denominado *mapa do site*, que mostra todas as seções principais e secundárias e como elas são ligadas com a home page e com as demais páginas. No conceito de Guizzo (2000: 40), o diagrama "consiste em representar de forma organizada todas as páginas do site. Esta representação pode ser de forma gráfica ou simplesmente uma lista hierarquizada das diversas seções e suas respectivas páginas do site".

O mapa é um recurso muito utilizado para mostrar ao visitante o roteiro que ele pode seguir pelo site. Mais do que um diagrama esquemático puramente técnico, o mapa do site constitui em si mesmo mais uma ferramenta de comunicação com o navegante. O usuário que deseja localizar alguma informação pode acessar diretamente o mapa e obter uma visão completa da estrutura do site. As páginas ou seções do mapa do site devem ser clicáveis para que os links possibilitem ao internauta um acesso direto.

Também as ferramentas gráficas de navegação auxiliam grandemente o internauta a sentir-se seguro e aumentam a probabilidade do seu retorno. Por exemplo, botões de retorno de página ou ícones de volta para a home page colocados em cada uma das páginas do site são de grande valia.

Interatividade com o usuário

A interatividade, como vimos no Capítulo 4, é uma característica que distingue a Internet da mídia tradicional. Em maior ou menor nível, o correio eletrônico, os grupos de discussão, as listas de distribuição,

---

2. Alguns sites comerciais utilizam, antes da home page, uma *página de entrada*, cuja principal característica é não ter link para a estrutura do site. Podem existir links apenas para a página principal ou para que o usuário faça opções por outro idioma ou diferentes versões do site (HTML ou Flash, por exemplo). A solução é plenamente dispensável nos sites noticiosos pelo tempo que leva para carregar e redirecionar o visitante para a home page, além do fato de que, por sua natureza, a página de entrada não acrescenta ao usuário qualquer conteúdo.

os chats e a Web proporcionam formas variadas de interação entre leitores, jornalistas e órgãos de comunicação. Manta (2002) chama a atenção para o fato de que o jornalismo digital conseguiu a junção entre comunicação massiva e interatividade:

> Há até pouco tempo, a dissociação entre massivo e interativo era clara no âmbito da comunicação. Uma coisa *ou* outra. O telefone é interativo, mas não massivo, na medida em que é apenas uma extensão tecnológica do diálogo entre dois interlocutores; a televisão, o rádio, as mídias impressas são massivas, porém não interativas. O jornalismo na Internet é, no entanto, massivo e interativo.

O modelo de mão dupla da comunicação de massa – por exemplo, do jornalista para o usuário e vice-versa – deve ter como sucessor o modelo de três vias, envolvendo a contribuição de usuários para usuários tanto quanto para o jornalista. Essa triangulação pode ser multiplicada *ad infinitum*, como o modelo de uma estrutura molecular.

Os sites noticiosos devem explorar ao máximo o potencial interativo da Web. Enquetes e fóruns de discussão são os recursos mais comuns para estimular a participação do leitor e, adicionalmente, conquistar sua fidelidade. Nas eleições presidenciais de 2002, o momento da indefinição dos candidatos para o segundo turno foi um dos motivos para que os sites promovessem enquetes com a pergunta: "Quem você acha que irá para o segundo turno?". Assuntos polêmicos que geram discussão são os mais adequados para enquetes on-line, que não têm o mesmo rigor científico das pesquisas de opinião.

No dia 11 de setembro de 2002, primeiro aniversário dos ataques terroristas contra Nova York e Washington, fóruns de discussão estimulavam a reflexão do usuário e pediam a sua opinião perguntando: "De que forma os atentados terroristas de 11 de setembro mudaram o mundo?". Os temas em destaque na mídia são os mais suscetíveis para aproveitamento nos fóruns de discussão dos Webjornais, que substituem, de forma mais dinâmica e interativa, as tradicionais seções de Cartas do Leitor das publicações impressas.

A exigência legal de o expediente ser publicado em todas as edições de jornais e revistas foi influenciada na rede mundial pela natureza interativa do meio. Os sites noticiosos complementam o quadro de informações com o endereço eletrônico dos diretores, do editor-chefe e de outros profissionais importantes na publicação para que o usuário interaja com os jornalistas. O internauta pode até mesmo exercitar a interação com outros usuários quando o site oferecer recurso para o envio da notícia ou informação via correio eletrônico, completando o modelo de três vias, em que a triangulação é possível de ser multiplicada *ad infinitum*.

Outra abertura para a participação do usuário está presente nas edições on-line do jornal *O Estado de S. Paulo* (http://www.estadao.com.br). Links em diversas páginas do site permitem que o usuário acesse e preencha um formulário levantando dúvidas, fazendo sugestões ou comentando serviços e matérias, transmitido depois via e-mail.

Até mesmo os textos opinativos da página editorial – escritos de maneira impessoal e publicados sem assinatura para expressar o ponto de vista do veículo sobre assuntos ou acontecimentos locais, nacionais ou internacionais de maior relevância – deixaram de ser definitivos. O leitor pode enviar suas sugestões e seus comentários, funcionando o canal como um termômetro que oferece aos diretores e editorialistas do jornal digital um valioso retorno da repercussão das posições e opiniões assumidas pelo veículo.

Estrutura das páginas

Todos os sites da Web são organizados a partir da home page (ou página principal), que funciona como um ponto de entrada para o usuário acessar o conjunto total de páginas que estão disponíveis para o usuário. Elemento de grande importância na estrutura de um site, a página principal tem ainda a função de atrair, de imediato, o interesse do internauta.

Uma pesquisa da Universidade de Minnesota revela que, se um site não capturar a atenção do visitante em oito segundos, ele foge e dificilmente terá outra oportunidade para voltar. (Gurovitz e Lopes, 1997)

A primeira coisa a ser vista pelo usuário que acessa um endereço Web é o topo da home page, que deve permitir a rápida identificação do site, por meio do título ou do logotipo do Webjornal. Esses elementos precisam ser visualmente atrativos e não podem demorar para serem carregados.[3]

A distribuição dos elementos da página principal deve observar a mesma regra adotada nos jornais impressos: as informações mais importantes são colocadas na metade superior, que é a parte que a maioria dos leitores lê primeiro. "Muitas pessoas", explica Guizzo (2000:38), "não fazem uso da barra de rolagem e só vêem as informações que aparecem na tela quando a página é carregada." Esse espaço deve ser ocupado nos jornais on-line pelas manchetes e notícias mais recentes e importantes, pelos links mais procurados e pelos canais e editorias da publicação eletrônica, como economia, esportes, finanças, saúde, política e meteorologia.

Da mesma forma que a home page é um ponto de entrada, cada uma das demais páginas deve ser entendida como um ponto de partida para a subseqüente, sem deixar de conter links de retorno para a página principal. Por outro lado, essas páginas precisam ser dotadas de um padrão gráfico que promova a unidade e, por extensão, a identidade visual do jornal digital.

Enquanto as informações nos jornais impressos são organizadas em cadernos, no jornal online o conteúdo é organizado em páginas eletrônicas. As páginas são ligadas entre si, por um recurso chamado *link* ou *hiperlink* – que pode ser traduzido como elo, ligação – e isso permite que o internauta possa "folheá-las" ou navegá-las a partir de seu computador. O conceito de link, contudo, não se restringe apenas à navegação entre páginas. Ele é mais amplo: é a possibilidade de interligar qualquer "documento" (arquivo) da web, sejam estes animações, vídeos, sons, gráficos, fotos ou páginas HTML (virtuais). (Marangoni, Pereira & Silva, 2002: 61)

---

3. A página principal não deve submeter o internauta a minutos torturantes de espera para ser totalmente baixada no *browser*. Um teste prático recomendado é experimentar acessar a home page a partir de uma conexão de 28,8 Kbps ou 33,6 Kbps para sentir a velocidade e o tempo que a página principal leva para ser carregada.

Um link pode exercer uma ou mais funções e, assim, pertencer a mais de uma das categorias seguintes: de navegação, interno, externo, associativo e embutido.

Link de navegação. Um vínculo que provê um caminho para que os usuários possam viajar pela Web. Por sua natureza, todos os links são de navegação, mesmo que eles tenham outras funções.

Link interno. Vínculo que permite que o usuário navegue dentro de um site, podendo se apresentar como:

- links de navegação que guiam o usuário dentro do site, como o botão *Home*;
- Links que conduzem o usuário para outras seções da mesma história ou para recursos adicionais como arquivos de áudio ou de imagem; e
- Links que levam as pessoas para histórias similares dentro do mesmo site ou no arquivo do próprio site.

Link externo. Vínculos que dirigem o internauta para outros sites da Web. Os links externos devem ser periodicamente checados porque os outros sites podem mudar seu conteúdo. O vínculo pode também tornar-se um link *quebrado*, conduzindo o navegante para páginas Web que não mais existem ou foram transferidas para outro endereço.

Link associativo. Um vínculo que o usuário utiliza com o propósito de obter mais informações, em vez de simplesmente permitir a navegação. Os links associativos possibilitam aos navegantes um conhecimento mais amplo a respeito da política de privacidade de um site, do andamento dos negócios e das atividades recentes de uma empresa (geralmente na forma de *press releases*), da opinião autorizada de um especialista sobre determinada questão. Na home page dos Webjornais, por exemplo, cada resumo do noticiário do dia pode oferecer um link associativo – *Leia mais* ou *Saiba mais* – que leva o leitor para a página com o texto completo da reportagem.

Link embutido. Vínculo que está inserto ou marcado diretamente em uma palavra ou em uma frase do texto, diferenciando-se dos links oferecidos na barra de navegação. Os links embutidos pedem um cuidado especial do redator: as palavras que foram escolhidas para a inserção do vínculo devem ser mencionadas no título da página para a qual foi feita a ligação. Por exemplo:

Use _verbos de ação_ quando escrever o seu currículo

deve levar a uma nova página cujo título inclua o termo "verbos de ação", evitando o risco de criar no usuário a sensação de estar perdido. Nesse caso, a redação de título sugerida por Hammerich & Harrison (2002: 185) é a seguinte:

Verbos de ação para o seu currículo

O conceito de links está baseado no mesmo modelo adotado pelo pensamento humano, pois pensar em alguma coisa nos leva a pensar em outra, e assim por diante. Entretanto, o exercício da imaginação apresenta limitações no plano individual, já que é difícil pensar em coisas fora de nossa experiência ou do nosso conhecimento. Na Web, com o emprego de links,[4]

você pode eliminar as limitações da experiência pessoal e do conhecimento e, assim, conectar o seu leitor a um quadro de referências construído a partir do conhecimento e das experiências de um número incontável de outras pessoas. (Ward, 2002: 141)

Como nos jornais e nas revistas impressas, os Webjornais também devem possuir elementos estruturais em todas as suas páginas, que permitam uma boa organização e denotem consistência de uma página para outra. Portanto, as páginas não devem ser desenvolvidas de uma maneira intuitiva, pois existe o risco de que o usuário as

---

4. Os links devem ser utilizados com certas precauções, como assegurar-se de que não haverá excessiva demora no carregamento da página lincada, de que não existam links quebrados ou de que o material indicado seja irrelevante. Já um grande erro é o uso excessivo de links dentro de um texto, como adverte Rodrigues (2000: 28): "Não faça de um texto Web uma estrada repleta de atalhos, saídas e paradas. Isso irá transformar algumas linhas em um verdadeiro labirinto, no qual o visitante irá se perder e talvez nunca mais volte. Não porque ele não saiba como voltar, mas porque todo ser humano perde a paciência em algum momento".

veja do mesmo modo. Isso significa que páginas com um padrão uniforme de design por todo o site fazem com que o usuário saiba o que o espera em cada página. Por exemplo, certos ícones de navegação sempre podem estar na mesma posição relativa em cada página, enquanto as mesmas cores podem ser utilizadas para representar elementos como títulos e links.

Todas as páginas internas devem ainda possuir um título próprio – aquele texto que aparece na barra superior do *browser* quando a página é carregada –, por três importantes motivos (cf. Guizzo:2000: 40-1). Em primeiro lugar, o título pode fornecer informações importantes sobre a estrutura hierárquica do site e indicar ao navegante em que ponto ele se encontra. Os títulos devem ser descritivos para que desempenhem bem a segunda função, que é a de servir como referência para que os mecanismos de busca cadastrem as páginas em suas bases de dados. O terceiro motivo pelo qual os títulos são importantes é que a lista de favoritos (*Bookmark* ou *Favoritos*) do *browser* grava, além dos endereços, os títulos das páginas que o usuário quer ter na sua barra de links para facilitar visitas posteriores.

Adequação da tecnologia

O uso correto e atualizado da tecnologia existente é uma regra a ser respeitada na Web. Como resultado do constante desenvolvimento tecnológico, os sites noticiosos incorporam recursos como animações e trechos de áudio e de vídeo em reportagens, entrevistas e comentários que complementam as informações do texto e tornam o site mais interativo.

Clips de vídeo se adaptam bem ao formato das publicações digitais na Web e ampliam as possibilidades de utilização da nova mídia pelo jornalismo. As críticas de cinema, por exemplo, tornam-se mais ricas quando acompanhadas de *trailers* ou trechos dos filmes comentados. Jornalistas especializados em música podem complementar suas matérias com vídeo-clips. As reportagens sobre esportes ganham um novo incremento com as imagens dos melhores momentos de uma partida. As colunas sobre moda podem ser gravadas em vídeo com registros dos desfiles e outros eventos [...]. (Manta, 2002)

Entretanto, o uso intensivo da tecnologia de ponta pode criar um indesejável efeito colateral: a restrição ou limitação da audiência do site. Quanto mais nova for a tecnologia implementada, menor será a base instalada de usuários. Além disso, a tecnologia de ponta sempre exige computadores mais poderosos, aplicativos especializados, velocidade de comunicação e novos hardwares (como sofisticadas placas de vídeo e de som), o que também limita significativamente a audiência.

As baixas velocidades de transmissão na Internet poderão ser superadas em breve com a renovação tecnológica da rede, pela utilização da fibra óptica, das redes de TV a cabo e mesmo dos satélites de baixa órbita. Hoje, apesar de as novas e promissoras tecnologias de acesso à Internet em desenvolvimento ou experimentação oferecerem velocidades de maior magnitude, na prática a velocidade de conexão depende de variáveis como a qualidade de equipamento do usuário, o número de pessoas conectadas com o provedor, o tamanho do link do provedor com a Internet, a distância entre a casa do usuário e o primeiro ponto de contato com a rede de telefonia, e a atividade desenvolvida pelo internauta naquele momento.

Tabela 9   Tempo de resposta dos computadores e a reação de seus operadores

Tempo de espera	Reação
0,1"	Máquina e cérebro no mesmo compasso.
	Sensação de reação instantânea.
1"	Limite para que o usuário desvie seu fluxo de atenção, mesmo que note o lapso.
2" a 3"	Recomenda-se mostrar ao usuário que ele deve esperar.
5"	Recomenda-se mostrar barra de progresso, mostrando quanto falta para a conclusão.
10"	Limite para manter a atenção localizada.
	O usuário vai querer fazer outras tarefas.

Fonte: Radfahrer, 1999: 134.

A transmissão de programas de TV via Internet, por exemplo, exige muito mais recursos do que simplesmente ler ou enviar uma mensagem de correio eletrônico. Mesmo arquivos de áudio ou de vídeo de menor peso podem demorar para ser carregados em conexões mais lentas e levar o usuário a desistir antes que o material seja completamente armazenado em seu computador. O tempo de espera é determinante para a resposta do usuário, pois nas mídias digitais, ao contrário de outros veículos, "o internauta está completamente concentrado na frente do monitor, por isso é tão exigente e impaciente" (Radfahrer, 1999: 135).

Estudo da audiência e do comportamento do internauta

Os responsáveis pelo site devem explorar ao máximo as possibilidades que a Internet oferece, em tempo real, para o levantamento, a análise e o controle de dados relacionados com o acesso do leitor e o seu comportamento enquanto navega pelas páginas do Webjornal.

A base de medição está na informação capturada pelo computador que hospeda um site Web – o servidor. Quando uma pessoa visita um site e pede um documento, o pedido é gravado pelo servidor em arquivos log, um para cada site hospedado naquele servidor. Embora não forneçam dados demográficos, os registros rastreiam o comportamento do internauta no site e oferecem informações básicas fundamentais para efetuar ajustes e correções técnicas, operacionais e de conteúdo no jornal on-line, a saber:

- *Número de visitas*: dá uma visão geral da quantidade de visitantes no site.
- *Páginas vistas por visita* e *tempo da visita*: permite avaliar como os usuários interagem com o conteúdo do site.
- *Distinção entre primeira visita* e *visitantes habituais*: o número de visitantes que acessam repetidas vezes o site é um firme indicador da fidelidade do usuário.
- *Tempo e horários de uso mais comuns*: permite saber o momento em que o site precisa ser atualizado e mesmo reformulado pelo pouco tempo de permanência do internauta, ou a melhor hora para realizar a manutenção do equipamento (naturalmente, vai ser aquela em que o tráfego de visitantes é menor).
- *Páginas mais populares* e *menos visitadas*: constituem um modo prático de identificar o conteúdo de maior interesse dos inter-

nautas e prover o seu constante desenvolvimento, bem como conhecer as páginas cujo conteúdo não atrai o visitante.

- *Caminho seguido dentro do site*: alguns softwares de análise interpretam os dados do arquivo log para determinar o caminho seguido pelos internautas dentro do site, informação que é muito valiosa no esforço de determinar mudanças que melhorem as condições de navegabilidade.

- *Taxa de click through*: fornece dados aos anunciantes das páginas do site que geram os maiores índices de resposta aos banners, da mesma maneira que mostram o desempenho de cada anúncio. A informação é também importante para a área comercial do Webjornal fornecer e usar como argumento de venda na prospeção de novos anunciantes.

- *Browser usado*: conhecer os navegadores mais utilizados pelos internautas ajuda o desenvolvedor do site a criar um design mais adequado às características deles, além de auxiliar a decisão do emprego de recursos multimídia que sejam compatíveis com os *browsers*.

- *URL de referência*: mostra de onde vem o usuário, sendo assim um bom indicador da eficácia de eventuais links, bem como revelando outras fontes de tráfego alto para a eventual exposição de *banners*.

- *Domínio do usuário*: ao revelar se os usuários são comerciais, educacionais ou pessoais, o nome de domínio pode indicar se o site está alcançando a audiência certa.

- *Plataforma do computador do usuário*: a informação é valiosa principalmente para os fabricantes e vendedores de hardware e software.

- *Páginas de entrada do site*: durante a navegação, o usuário nem sempre entra em um site pela home page. Assim, uma página de entrada deve merecer um tratamento especial para atrair e manter o interesse do internauta.

- *Páginas de saída do site*: a identificação de uma página em que habitualmente o usuário deixa um site é motivo para ela ser redesenhada de maneira que garanta sua permanência.

Princípios de design para a World Wide Web

Este capítulo faz um exame mais aprofundado dos princípios básicos do design gráfico e de como eles se aplicam na Web, amplamente caracterizada por sua linguagem multimídia e interativa, para garantir o desenvolvimento de um site diferenciado, funcional e de sucesso.

Elementos de design

O design na Web requer os mesmos altos níveis de talento, experiência e técnica exigidos pelas demais formas de arte eletrônica. Muitos dos princípios que os designers usaram nos meios tradicionais, sejam impressos ou eletrônicos, continuam sendo válidos na Web. Ainda é preciso captar a atenção do olhar do visitante e criar uma composição correta entre elementos como tipos, fontes e ilustrações.

Entretanto, a Web é construída sobre bases técnicas diferenciadas que se apóiam fundamentalmente na linguagem HTML e na exposição seqüencial das páginas na tela do monitor. Para ter sucesso na tarefa do desenvolvimento visual de um site, cada um desses elementos devem ser considerados: espaço em branco, combinação de cores, texturas, seqüência, proximidade e alinhamento, balanço, contraste entre os elementos e unidade da página.

Espaço em branco

O espaço em branco é, por definição, determinada área em uma peça impressa – como cartazes, anúncios, folhetos – que não tenha texto, imagens ou outro elemento de design. O espaço em branco é a área em torno desses elementos, a região de um desenho que está vazia. Os espaços em branco em um layout não são áreas perdidas ou desperdiçadas, garante Radfaher (1999: 46), porque funcionam "para equilibrar espaços, reforçar a unidade de grupos e aumentar o contraste".

O balanço adequado entre conteúdo *versus* espaço em branco é crucial em qualquer peça gráfica. Alguns designers freqüentemente ignoram esse elemento ou não sabem usá-lo efetivamente. As conseqüências são trágicas: sem um bom balanço, os olhos ficam confusos, não há uma progressão visual para seguir e o leitor perde o interesse.

A recomendação prática é evitar a estratégia de colocar o máximo de informação possível em uma página, um procedimento que, na verdade, contradiz todas as regras convencionais de design. Portanto, os espaços em branco devem ser parte integrante do design de uma página Web e empregados para permitir a leitura mais fácil e a melhor compreensão do texto ou ainda indicar ao internauta onde começa e onde termina uma seção.

Combinação de cores

Além das palavras e das imagens, a cor é um importante elemento funcional. Ela pode intensificar tanto o texto como a imagem, emprestando-lhes alguma característica especial ou funcionando mesmo como um elemento formativo por si mesma. Contrariamente ao apelo intelectual da palavra, a cor é fundamentalmente emoção e, nesse sentido, ela pode ser imprescindível.

A cor exerce uma influência decisiva não apenas em nossos olhos, mas em todos os outros sentidos. Seus efeitos psicológicos, combinados com o conhecimento do simbolismo ancestral a que estão ligadas, tornam as cores um importante fator em qualquer apelo visual dirigido ao ser humano (cf. Wills, 1971: 46).

Quadro 10   Sensações psicológicas das cores

Cores	Sensações
Vermelho	Dinamismo, força, baixeza, energia, revolta, movimento, barbarismo, coragem, furor, esplendor, intensidade, paixão, vulgaridade, poderio, vigor, glória, calor, violência, excitação, ira.
Laranja	Força, luminosidade, dureza, euforia, energia, alegria, advertência, tentação.
Amarelo	Iluminação, conforto, alerta, gozo, ciúme, orgulho, esperança.
Verde	Adolescência, bem-estar, paz, saúde, ideal, abundância, tranqüilidade, segurança, natureza, equilíbrio, esperança, serenidade, suavidade, crença.
Azul	Espaço, viagem, verdade, sentido, intelectualidade, paz, advertência, precaução, serenidade, infinito, meditação.
Roxo	Fantasia, mistério, profundidade, eletricidade, dignidade, justiça, egoísmo, grandeza, misticismo, espiritualidade, delicadeza, calma.
Marrom	Pesar, melancolia.
Púrpura	Estima, valor, dignidade.

Fonte: Adaptado de Farina, 1975: 75-6.

A combinação de cores deve ser cuidadosa. Elas não apenas precisam combinar entre si dentro de um mesmo espaço, como devem também criar um estado de espírito ou efeito visual. As cores corretas podem então transmitir sentimentos de excitação, urgência, calidez, contentamento, ou destacar intencionalmente certos elementos em relação a outros que estão presentes no conjunto.

A escolha das cores é feita, em geral, com base em uma grande gama de matizes. Mas, na Web, a seleção é uma questão mais complicada: é impossível garantir que determinada cor apareça exatamente como é na tela do usuário.

A cor selecionada pode mesmo ser visualizada totalmente diferente daquela que foi projetada, dependendo do monitor, que pode trabalhar com mais vermelho, ser mais brilhante ou dispor de um baixo nível de contraste. Um gradiente de cores de um belíssimo pôr-do-sol pode aparecer no monitor como uma única cor, ou, pior, como um mero borrão.

Cada monitor tem suas próprias configurações de resolução de tela, determinando os modos de exibição de páginas possíveis: 640 x 480 pixels, 800 x 600 pixels e 1.024 x 768 pixels. Todas elas implicam diferenças na fidelidade da reprodução de cores e na qualidade da imagem. Areal (1999) destaca que no Brasil, no começo de 1999, a resolução predominante nos monitores de vídeo era de 800 x 600 pixels, que deve ser considerada base para fazer a página. Os monitores de 640 x 480 pixels continuam sendo utilizados por cerca de 25% dos internautas, e os de 1.024 x 768 pixels por apenas 10% dos usuários.

Depois de lembrar que o website não é um anúncio publicitário, Cesar (2000: 206-7) formula regras práticas e bem-humoradas para a combinação de cores na Internet, das quais destacamos:

1. Não carregue o site com cores demais. Sua criação não é para o carnaval. Uma cor pode brigar com a outra e as informações importantes podem ser esmagadas pelas cores.
2. Dê importância aos contrastes. Cores escuras sobre um fundo preto pode ser desastroso. Quer tentar? Tudo bem. Mas é necessário muita habilidade para acertar isso.
3. Seja harmonioso com as cores das fotos e as cores do logotipo do cliente.
4. As cores do vídeo, você já sabe, são em RGB. No sistema RGB as cores são mais vivas, mais luminosas do que as cores para padrões gráficos, por isso, combine-as de maneira que não vibrem. Evite, por exemplo, a combinação do cian (azul) com o vermelho.
5. Como estamos falando de Internet, usar a cor nesse meio significa criar páginas mais rápidas ou mais lentas de serem abertas. Isso mesmo, a cor pode alterar a velocidade do site. Vale a pena conversar com os especialistas no assunto antes de sair enchendo a página de cor.
6. Criar uma página é criar um organismo vivo. As coisas acontecem na Internet. E é, sem sombra de dúvida, o lugar onde o cliente mais pode divulgar suas idéias, seus produtos e

cativar os clientes. Por isso, um site tem muitas páginas. É como uma revista. Dividida por assuntos, possibilita ao consumidor, no caso o internauta, escolher o que deseja ver. Muito bem, o que ajuda na diferenciação dos assuntos são as cores. Vale usar cores diferentes para cada assunto. Basta tomar o cuidado de combiná-las e tudo dará certo.

7. Público jovem responde melhor às cores vivas, fortes. Não tenha medo de usar o amarelo, o cian, o verde-limão, o roxo, o laranja. Público sofisticado, por sua vez, prefere cores discretas como o preto, o azul-escuro, o verde-escuro, o cinza.

A combinação de cores não deve ser gratuita, mas sim empregada para dar sentido às páginas do site. Combinações como a monocromática, que é a mistura de diferentes tons de uma mesma cor, produz resultados suaves e delicados, ideais para sites com temas sóbrios. Já a combinação de cores complementares, como roxo e laranja ou azul e amarelo, é mais alegre e adequada para temas jovens e irreverentes.

Lahr (1999: 154) lembra que "algumas home pages usam um fundo de cor neutra (branco, por exemplo), que ressalta as imagens e deixa os textos mais legíveis. Outros preferem um fundo preto, que também ajuda a destacar as imagens e produz um aspecto mais misterioso". No caso de páginas com imagens, o uso de cores deve ser ainda mais criterioso, para evitar que as imagens desapareçam no fundo da página.

A cor é também um recurso muito importante em um texto. Uma simples palavra colorida, de acordo com a sua posição e com o contraste que provoca em relação ao resto do texto, pode chamar mais a atenção do leitor. Entretanto, nas páginas do site, cores em palavras do texto "devem ser usadas com cuidado e de forma bastante explícita, já que também são sinais de links de hipertexto" (Radfahrer, 1999: 106).

Texturas

Além das cores sólidas, as texturas são utilizadas como fundo de uma página para criar um visual único e diferenciado. Os designers ainda podem utilizar texturas, com bons resultados, para realçar determinado elemento de uma página ou para transmitir uma impressão de profundidade e relevo a determinado objeto.

O cuidado básico é evitar texturas mais elaboradas pelas limitações da resolução dos monitores de vídeo. A exemplo da cor, é difícil na Web ter uma idéia de como a textura vai aparecer na tela do usuário. Outro eventual problema que pode surgir é a fraca legibilidade do texto. Em geral, as letras pretas sobre uma cor uniforme são fáceis de ler, mas um texto em preto sobre um fundo de muitas texturas pode dar a impressão de que as letras estão quebradas ou a composição mostra-se mesmo totalmente incompreensível.

Seqüência

Os anúncios de mídia impressa observam um especial cuidado com a disposição do texto e das imagens, arranjando-os então de uma maneira que leve os olhos a percorrer um caminho determinado (e desejado pelo designer). Cada elemento cumpre o importante papel de criar uma impressão, um sentimento ou uma idéia.

O designer da Web deve também saber distribuir os diferentes elementos da página de uma forma que capte a atenção dos olhos e dirija o olhar do visitante para o elemento correto em uma seqüência determinada.

Portanto, a seqüência diz respeito à condução do leitor pelos elementos da página. Como os olhos movimentam-se habitualmente da esquerda para a direita e de cima para baixo, o designer pode dispor os elementos para que eles comecem se fixando no ângulo superior esquerdo e desçam progressivamente em diagonal da esquerda para a direita e de cima para baixo. No movimento em "Z", a maneira mais comum de controlar e conduzir os olhos, os elementos são colocados no caminho do que pode ser considerado o movimento normal da vista.

Mas os olhos também movem-se naturalmente no sentido dos grandes para os elementos menores, dos elementos pretos para os mais claros ou mais luminosos, da cor para a ausência de cor, das formas usuais para as não-usuais. Sabendo disso, o designer pode iniciar a movimentação do olhar a partir de qualquer lugar e depois controlar a seqüência de outra maneira: abrindo novos caminhos e demarcando-os com clareza, para que os olhos não se percam.

Proximidade e alinhamento

Todos os elementos que têm algo em comum devem estar juntos no layout, para que o leitor os reconheça como um grupo. Caso contrário, quando as coisas que pertencem a um mesmo grupo estão separadas, o leitor pode ter a impressão de desorganização e bagunça. A regra é dada por um dos princípios da *gestalt*: nós reconhecemos e agrupamos elementos que estejam próximos uns dos outros. Esse agrupamento dos elementos contribui para que o internauta relacione as coisas entre si e, assim, dê sentido a elas. Os riscos da grande quantidade de elementos soltos e sem relação com os outros elementos do texto são grandes:

Isto costuma dar um enorme trabalho e desconforto ao leitor, que fica tentando procurar os elementos em comum. Esse esforço todo faz com que ele não goste ou desista do layout, mesmo que não saiba explicar o porquê. Já um layout que tenha seus elementos alinhados permite que se possa ver os espaços em branco e agrupá-los, isolá-los ou continuá-los. E o leitor passa a ter para identificar na tela dois ou três grupos, e não mais uma porção de pequenos elementos isolados. (Radfahrer, 1999: 44)

Ao estabelecer uma relação entre os elementos nos grupos e entre os grupos, o agrupamento possibilita ainda mostrar a hierarquia no layout e sugerir uma ordem de leitura. Portanto, a mensagem é mais bem transmitida e o acesso à informação é facilitado, pois o leitor se sente mais confortável.

Balanço

Entendido como a distribuição do peso ótico pelo espaço, o balanço pode ser *formal* (simétrico) ou *informal* (assimétrico). No balanço formal, cada elemento que vai em um lado da página é repetido do outro, seja na horizontal ou na vertical. No balanço informal isso não ocorre: os vários elementos da página se põem com pesos desiguais de um e de outro lado, sem ferir a ponderação do conjunto, pois essas partes desiguais são, na verdade, equivalentes entre si (ver Figura 9).

Figura 9   Balanço simétrico e assimétrico
Fonte: Hurbult, 1980: 87

Os antigos egípcios, gregos e romanos inspiraram-se no ideal clássico da simetria, criando estilos fortemente baseados no equilíbrio da forma. Suas edificações eram monolíticas, com portas centralizadas, que determinavam uma forma baseada em um eixo central, com igual equilíbrio dos elementos em ambos os lados.

No estilo simétrico, o equilíbrio formal é fácil de ser obtido, pois o centro da página serve de eixo para que a área seja dividida uniformemente em dois lados. Apesar da existência de um padrão invariável, Hurlburt (1980: 55) lembra que a simetria é um conceito criador que já produziu obras de rara beleza, e muitas de suas premissas estéticas continuam influenciando o design contemporâneo.

Já a assimetria era usada há séculos na arquitetura e no design de interiores do Japão. As construções eram feitas a partir de sistemas modulares, cujo módulo básico era o *tatame*, uma esteira que media cerca de 183 cm x 91 cm. Esses objetos permitiam então vários padrões e arranjos quando colocados lado a lado, padrões que determinavam as dimensões do espaço interno e influenciaram mesmo as proporções de todo o design.

Apenas no século XX o mundo ocidental começou a apreciar a assimetria como uma alternativa no design gráfico e arquitetônico. A livre assimetria presente nos projetos do arquiteto norte-americano Frank Lloyd Wright e nos trabalhos de importantes movimentos artísticos – como o De Stijl, na Holanda, e a Escola Bauhaus, na Alemanha – abriu a oportunidade para o desenvolvimento de uma moderna concepção de forma.

No estilo assimétrico, as múltiplas tensões causadas pela inexistência de um centro definido requerem uma considerável habilidade do designer. Se na corda bamba o acrobata mantém o equilíbrio com a ajuda de uma sombrinha ou de uma vara, o designer deve contar em especial com a sua sensibilidade e estar muito familiarizado com as regras da forma e da organização do espaço para combinar de maneira satisfatória os elementos de um layout assimétrico.

Contraste entre os elementos

Toda página bem construída é um arranjo de harmonias e contrastes entre suas partes. Para vencer a indiferença, a tensão provocada pelos elementos verbais – títulos, subtítulos, textos, enfim, palavras – deve ainda ser completada com o excitamento visual produzido pela imagem.

O contraste é vital para conformar de maneira visual as intenções do designer. A antiga sensação de repouso e as formas balanceadas perderam muito de sua importância nos dias atuais, em que a tensão é fortemente insinuada para suscitar extremos suportáveis de excitação. É por isso que a melhor relação entre os elementos de um layout é dada pela categoria *contrastante* em vez da *concordante* ou *conflitante*, como explica Radfaher (1999:46):

[A categoria concordante] acontece quando não há contraste algum entre dois elementos em uma página, e seu resultado é normalmente insosso: margens do mesmo tamanho, título e texto feitos na mesma letra e quase o mesmo corpo, dando a impressão de "apostilão".
Uma relação conflitante é ainda pior: é quando o designer resolve inovar, mas não ousa muito. Surgem dela pequenas diferenças de tipo, corpo e estilo de texto, imagens com pequenas variações no estilo,

tamanho e moldura, pequenas variações de posição etc. As similaridades dificultam a leitura, porque as atrações visuais não são as mesmas (concordantes) nem são diferentes (contrastantes). Por isso elas entram em conflito, causando um resultado desequilibrado e estranho, desagradável de se ler.

Um layout contrastante, por sua vez, atrai a visão na hora, e cria uma real curiosidade e interesse. Ele pode variar muito o tamanho, peso, estilo, forma e cor. Quanto maior a quantidade ou intensidade dos contrastes, mais interessante poderá ser. Só é importante ter coragem: não se pode ser tímido e avançar meio sinal. Meio contraste tem nome, e seu nome é conflito.

Muitos conceitos ou sensações – como de movimento ou descanso, uniformidade ou variedade – podem ser representados em desenhos. Na Figura 10, a linha horizontal no diagrama "a" simboliza o repouso e, por extensão, uma sucessão regular e uniforme de linhas horizontais – tanto de ilustrações como de texto – causa um efeito de quietude, se forem suficientemente extensos e claramente espaçados. Já a linha vertical do diagrama "b" remete para o alto, simbolizando assim crescimento e vida.

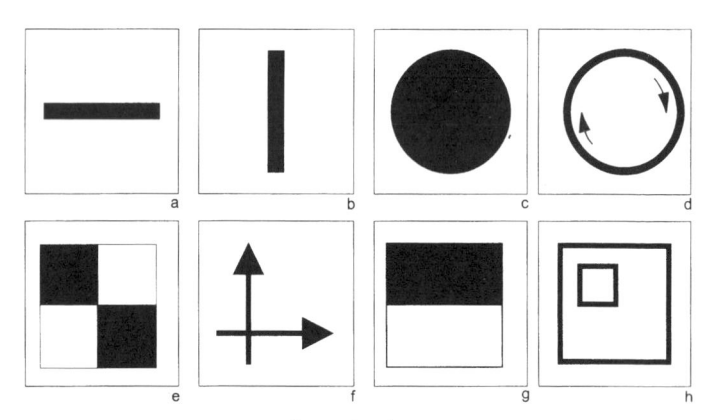

Figura 10 Contrastes provocados pelas formas geométricas
Fonte: Wills, 1971: 56.

O círculo sólido do diagrama "c" é um formato que transmite naturalmente calma e quietude, enquanto o círculo do diagrama "d" representa a forma mais simples de movimento contínuo. A uniformidade é a sensação transmitida pelo diagrama "e", constituído de campos de tamanhos iguais que tendem, em seu conjunto, à monotonia e até mesmo ao tédio.

Os contrastes podem ser obtidos de várias maneiras, mas podem ser reduzidos a algumas formas básicas. A primeira, no diagrama "f", é dada pela oposição da direção, com as duas setas apontando para diferentes caminhos. Outra solução muito atraente é o uso do branco e do preto, como mostrado no diagrama "g", que oferece uma oposição muito forte.

Qualquer combinação de cores pode ser capaz de produzir efeitos de contraste, tanto cromático como de valor. Eles podem ser obtidos pela justaposição de cores complementares, que não combinam, e pela oposição entre cores neutras e cores de alta intensidade, ou entre cores frias (azul e verde) e cores quentes (vermelho e amarelo).

O diagrama "h" mostra a terceira forma básica, o chamado contraste de escalas, ou seja, imagens grandes ao lado de imagens reduzidas. A uniformidade é desprezada e os objetos bastante ampliados parecem ainda maiores quando colocados ao lado de uma pequena imagem. Em uma fotografia, por exemplo, o objeto focalizado de muito perto ganha um fortíssimo contraste em relação à paisagem distante de fundo.

O intenso impacto visual resultante da combinação de áreas diferentes em conteúdo e peso permite também visualizar claramente que as áreas em branco têm a mesma função e significado das áreas impressas. O espaço em branco, adverte Wills (1971: 57), não é simplesmente o que foi deixado de fora, mas é o elemento visual que se contrapõe e contrasta para valorizar tanto a ilustração quanto o texto.

Unidade da página

Um dos mais importantes princípios de design, a *unidade* deve ser o resultado natural da composição de todas as partes, de maneira que, visualmente, essas partes constituam um todo agradável e eficiente.

O modo mais comum de resolver o problema da unidade em uma peça gráfica está no emprego de molduras e barras decorativas, solução muito adotada na mídia impressa tradicional para a separação entre um anúncio e os demais presentes na página, ou para distinguir uma peça publicitária do conteúdo editorial – como notícias, reportagens e demais gêneros da informação jornalística.

Na Web, as molduras e barras decorativas estão muito longe de serem a melhor solução. A tela do monitor corresponde ao espaço disponível e claramente definido para a distribuição dos elementos da página. Em nome da sua unidade, o designer deve então conseguir que os elementos da composição apareçam ao serem observados como um conjunto orgânico, constituindo-se em um todo harmonioso sobre o qual a vista corre facilmente.

Design nos sites de última geração

A evolução dos *browsers* e das páginas da Web não guarda uma relação direta com a designação dos sites em sucessivas gerações. Depois de afirmar que os requisitos para a classificação estão mais relacionados ao design do que propriamente à tecnologia, Barreto (1999) reconhece e enumera as características dos Websites de primeira, segunda e terceira geração.

Sites de primeira geração

A primeira geração de sites da Web privilegiava apenas o conteúdo e não a forma, era estritamente linear e tinha um mínimo de funcionalidade. A criação dos sites era basicamente da responsabilidade de cientistas que desejavam compartilhar suas idéias com outros colegas e sofriam a limitação imposta por modems lentos e monitores monocromáticos. Os gráficos e textos eram apresentados sempre de cima para baixo e da esquerda para a direita. Os recursos mais comuns adotados para a separação dos parágrafos foram o uso de saltos de linhas, os marcadores e as linhas horizontais.

Sites de segunda geração

O *browser* Netscape Navigator, que dominava sozinho a Web no início de 1995, lançou diversas extensões à linguagem HTML, as quais permitiram o uso de ícones, imagens de fundo, botões com borda, tabelas e gráficos separados. A estrutura deixa então de ser linear para ser apresentada de forma hierárquica, quase sempre por meio de menus com vários níveis.

A maior diferença da segunda geração para a primeira foi a substituição de palavras por elementos gráficos. As funções passam a ser representadas por ícones, surgem imagens de fundo ao invés dos antigos fundos cinzas, os gráficos coloridos e animados substituem as antigas figuras. Cria-se o conceito de "home-page": uma página cheia de desenhos 3D, janelas e botões, que serve de menu para acessar o restante de um site. (Barreto, 1999)

Na época em que a legibilidade deixou de ser importante, a grande quantidade de truques técnicos era requisito fundamental para um site ser considerado bom.

Sites de terceira geração

A terceira geração de sites não é diferenciada pelos recursos tecnológicos, mas sim pelo design. O conteúdo volta a merecer um lugar de destaque, sem que a forma seja deixada de lado. Portanto, a preocupação está tanto na funcionalidade quanto na beleza estética do site, evidenciada no layout preciso, na harmonia entre as cores, na escolha do tipo de letra adequado, no uso correto dos gráficos e, naturalmente, no cuidado com o tempo que será necessário para carregar cada página.

O site de terceira geração é resultado de um trabalho árduo e minucioso. A sua criação, prescreve Barreto (1999), exige a dedicação de uma equipe que precisa trabalhar unida para fazer cada página ser bonita e o site como um todo funcionar proporcionando uma boa e agradável experiência para o usuário.

Tipologia digital

Este capítulo discorre sobre os principais termos e recursos da tipografia, como os tipos de fontes, as famílias, as medidas tipográficas, os tipos de composição e o espaçamento entre caracteres. Ao final, trata o texto como importante elemento gráfico em razão de sua contribuição para a legibilidade e a harmonia total dos elementos presentes nas páginas de um site.

Tipos e recursos tipográficos

A terminologia usada na composição tem origem no tipo de metal, desenvolvido pelo ourives alemão Johannes Gutenberg, cuja obra-prima é uma tiragem de 200 exemplares da *Bíblia*, compostos graficamente em 1455. Embora a invenção do tipo móvel de metal seja na verdade atribuída ao chinês Pi Sheng, em 1040, Gutenberg criou o primeiro sistema ocidental de tipos móveis que continuou praticamente o mesmo por longos 350 anos.

Os caracteres – letras, números e sinais de pontuação – recebem o nome de tipos. As letras em maiúsculo são denominadas caixa-alta, e as minúsculas, caixa-baixa.[1] Um alfabeto inteiro, de um só desenho,

---

1. As letras minúsculas, conta Radfahrer (1999: 104), "foram desenvolvidas entre os séculos VI e VIII para facilitar a escrita à mão: o império de Carlos Magno estava se expandindo e era necessário aumentar o número de Bíblias. Para escrever cada vez mais rápido, os monges foram adaptando os formatos das letras, criando desenhos menores ao longo do texto. Essas letras *minor* (menos importantes) eram chamadas de *minuscule*, deixando as *Majuscule* (de *major*) para os nomes próprios".

com caixas-alta e baixa, números e sinais de pontuação, é chamado *fonte*.[2] Quando agrupados, dentro de um mesmo desenho, caracteres de todos os tamanhos (corpos) e estilos (redondo, itálico ou grifo, negrito ou bold etc.), são chamados *família* de tipos.

Os sistemas básicos de medida em tipografia utilizados no Brasil são dois: o Didot e o anglo-americano. O sistema Didot tem como unidades básicas o *cícero* e o *ponto*. Há 12 pontos em um cícero, que equivale a 4,512 milímetros.

O sistema anglo-americano tem como unidades a *paica* e o *ponto*. Há também 12 pontos em uma paica, e 6 paicas em uma polegada. Cada paica tem, portanto, 4,218 milímetros. Uma paica equivale a 11,22 pontos no sistema Didot.

O tipo é medido em pontos, sendo denominada *corpo* a dimensão pela qual os medimos e os especificamos. Portanto, os tipos aparecem em diversos corpos, e os mais usados vão de 5 a 72 pontos.

A adoção de determinado estilo na composição de um texto reflete uma alteração do ritmo ou volume com que as palavras são lidas, como mostra Radfahrer (1999: 10):

> Assim, um texto **em negrito** chama a atenção para uma palavra em uma frase, como se ela fosse falada mais alto. [...] O negrito retarda a leitura e faz com que as palavras se destaquem, por isso deve ser usado com cuidado. Ele funciona como uma espécie de afirmação e sua aplicação é ideal em palavras isoladas em uma frase, como em: "todos os bancários disseram que iriam entrar **em greve** se não fossem atendidos". Uma frase inteira em negrito acaba soando como uma ordem, um parágrafo ou texto inteiro em negrito perde seu valor retórico.

> [No texto em itálico], a inclinação do eixo das letras faz com que se mude a velocidade de leitura, como um automóvel que sai do asfalto para entrar em uma estrada de terra e depois voltar ao asfalto. Isso significa uma mudança de velocidade e tom de voz e é usado com freqüên-

---

2. Fonte vem do latim *fundere* (fundir), a técnica empregada para fazer tipos de metal.

cia em citações de palavras em outras línguas ou quando se quer um tom irônico, como em "Ele foi *com a Cris* ao cinema". Experimente trocar o itálico para cada palavra dessa frase e veja como a ironia muda (ele foi, foi mesmo, foi com a Cris, foi ao cinema).

Espaçamento entre letras e entrelinhamento

Os softwares gráficos possibilitam diversas combinações no espaçamento entre palavras e entre letras, tornando-as mais próximas ou distantes entre si. Os exemplos a seguir mostram o espaçamento normal entre as letras e a mesma palavra condensada e expandida em 1, 2 e 3 pontos.

Tipografia	(Condensado 3 pontos)
Tipografia	(Condensado 2 pontos)
Tipografia	(Condensado 1 ponto)
Tipografia	(Normal)
Tipografia	(Expandido 1 ponto)
Tipografia	(Expandido 2 pontos)
Tipografia	(Expandido 3 pontos)

Os excessos na condensação e na expansão dos caracteres devem ser evitados para não quebrar o delicado equilíbrio na relação entre os pesos dos traços horizontais e verticais das letras. Quanto maior a distorção, maior o perigo de degradação do original, resultando em caracteres desequilibrados e de proporções chocantes.

As letras separadas mudam o ritmo de leitura e o reconhecimento de palavras e, assim, são "o equivalente de uma palavra soletrada. Se for usada com minúsculas, o efeito é ainda pior, pois seu desenho original não prevê tamanha separação" (Radfahrer, 1999: 106).

Também é possível variar o entrelinhamento, ou seja, o espaço em branco entre linhas consecutivas. A composição feita sem espaçamento é chamada *composição cerrada* ou *cheia*. Se uma composição é feita em corpo 10 com 1 ponto de entrelinhamento, diz-se "10 sobre 11", que se indica "10/11". Assim, o primeiro número indica o corpo; o segundo, o corpo mais o entrelinhamento.

Formas de composição

Já a disposição das linhas de composição de uma página obedece a critérios estéticos e funcionais, podendo ser organizada de cinco maneiras: justificada, alinhada à esquerda, alinhada à direita, centralizada e assimétrica, como a seguir.

Há cinco maneiras básicas para arrumar as linhas de composição numa página. Na composição justificada (corrido ou blocado), todas as linhas têm a mesma medida e o texto é alinhado tanto à esquerda quanto à direita.

Há cinco maneiras básicas para arrumar as linhas de
composição numa página. Na composição
não-justificada irregular à direita, as linhas têm
diferentes comprimentos e estão alinhadas apenas à esquerda.

Há cinco maneiras básicas para arrumar as linhas
composição numa página. Na composição
não-justificada irregular à esquerda,
as linhas são alinhadas à direita e são irregulares à esquerda.

Há cinco maneiras básicas para arrumar as linhas de
composição numa página.
Na composição centralizada, as linhas estão justificadas
no meio e não nas margens.

Há cinco maneiras básicas para arrumar as linhas
de composição numa página. Na composição assimétrica,
o arranjo das linhas não obedece a qualquer
padrão previsível. (Vostoupal e Paulon, orgs., 1982: 4)

Textos com composição alinhada à esquerda são os mais fáceis de ser lidos, como explica Radfahrer (1999: 107): "nossos olhos marcam uma margem, lêem a linha inteira de texto e pulam até a linha de baixo". Já a composição centralizada costuma ser estática e deve ser evitada para textos corridos, pois a falta de uma margem de apoio faz com que o leitor não saiba onde começa a linha e, assim, a leitura torna-se difícil ou até mesmo impossível.

A composição alinhada à direita cria um contraste bastante radical e costuma chamar muito a atenção do leitor. Entretanto, para textos longos, a leitura se torna tão difícil quanto a composição centralizada, pela falta de uma referência de onde começa a linha. Por sua vez, a composição justificada (ou blocada) é muito usada em layouts clássicos. Radfahrer (1999: 107) recomenda que não sejam usados textos justificados em colunas estreitas, "pois podem criar 'rios' de espaços em branco entre as palavras, dificultando a leitura".

Categorias dos tipos

A forma das letras está grandemente ligada com a história das ferramentas e dos instrumentos de escrita. Usando os métodos tradicionais de desenhar, perfurar e cortar, os antigos calígrafos experimentavam naturais restrições na construção e no desenho dos caracteres. O alfabeto grego, por exemplo, completado no século VI a.C., era um alfabeto com letras claras, de formato definido, sem nenhuma presença das serifas, os pequenos filetes desenhados nas extremidades das hastes dos caracteres.

Posteriormente, no século II d.C., as inscrições encontradas na Coluna de Trajano, em Roma, revelaram o uso de letras que possuíam serifas. A presença desses finos entalhes pode ser resultado de traços a pincel para desenhar as letras no mármore antes de cinzelá-las ou, ainda, serem atribuídas ao próprio cinzel, como marcas do início e do final das incisões.

Hoje, os recursos de composição mais simples e de fácil execução facilitam a criação de infindáveis desenhos de letras, desenvolvidos para transmitir determinada sensação ou impacto. A ampla diversidade de desenhos dos tipos – e suas variações muito sutis – resulta em naturais dificuldades na escolha da letra adequada para os propósitos de comunicação estabelecidos pelo designer.

Entretanto, a maior parte dos caracteres pode ser agrupada em cinco grandes grupos de famílias de letras facilmente compreensíveis:

romano, egípcia, sans serif ou grotesca, manuscrita e fantasia. A letra "n" é representada a seguir de acordo com cada um dos grupos estabelecidos.

| Romano | Egípcia | Sans Serif (Grotesca) | Manuscrita | Fantasia |

Essas famílias de letras fundamentais apresentam características que podem ser descritas segundo generalizações do desenho de cada um dos seus grupos – romano, egípcia, sans serif (ou grotesca), manuscrita e fantasia.

Romano – As suas modalidades são o Romano Antigo e o Romano Moderno. No Antigo, que teve inspiração nas inscrições da Coluna de Trajano, destacam-se o vigor e a força do seu traçado, bem como a largura de suas linhas, relativamente uniformes. A serifa surge do corpo da letra numa curva simples e graciosa. As letras, de traço fino e médio, são fáceis de ler, tornando-as adequadas para livros e outros suportes em que aparecem textos extensos. Por sua vez, o Romano Moderno designa um estilo de tipos com serifas finas e construção ondulada. Os tipos apresentam clara distinção entre as hastes finas e as mais largas. Nas letras redondas, o peso é distribuído simetricamente. É indicada para textos curtos, como aqueles encontrados em anúncios e folhetos.

Egípcia – O traçado diferencial dessa família está na intensidade das letras, na graça de sua espessura e na pequena diferença entre os traços horizontais e verticais. Os caracteres, de base quadrada, não causam bom efeito em um texto longo, mas são altamente indicadas para a publicidade, na qual o efeito que as letras causam é da maior importância.

Sans Serif (ou Grotesca) – Os traços dos caracteres costumam ter espessura uniforme. A simplicidade do seu traçado permite a existência

de grandes variações em uma família, indo da mais fina à mais escura.
A categoria oferece as mais amplas possibilidades de uso, sendo empregada em qualquer situação (exceto nos textos muito grandes, em que o traçado marcadamente vertical pode causar cansaço na vista).

Manuscrita – Letra que imita a escrita caligráfica e manual, não é adequada para a composição de textos, pois o desenho dos caracteres tem sua origem nos traços do pincel e da pena. A aparência das letras permite seu emprego em certos casos, como nos títulos ou nas pequenas notas em um texto de mala-direta, com o propósito de torná-la mais pessoal ou dotada de um toque personalizado.

Fantasia – Agrupa um número considerável de famílias de tipos, geralmente de construção elaborada e muitas vezes temáticos: o tipo Néon Lights imita os tubos de néon, o Algerian sugere ser feito de troncos de madeira, o Desdemona lembra o antigo alfabeto grego. Assim, as suas possibilidades de uso são bastante limitadas.

Embora seja postergada a segundo plano por muitos designers, a tipografia é um dos principais elementos de uma página. As palavras, explica Hurlburt (1980: 98), são mais do que algo a ser pesado, especificado e medido, sem nenhuma consideração com o significado de sua mensagem. A seleção e a combinação correta dos tipos asseguram boa legibilidade e têm até mesmo um valor simbólico, pois influenciam decisivamente na transmissão de valores e significados.

Tipologia na World Wide Web

As transformações experimentadas pela indústria gráfica nos últimos dez anos mostram que a tipografia adquiriu autonomia em relação ao suporte tradicional, o papel, mas está sendo desafiada pelas demandas trazidas pelos documentos eletrônicos e pelas telas de computador, em questões como o design de tipos, legibilidade e mesmo o design gráfico em geral (cf. Farias, 1998: 33). Assim, é crescente a necessidade por tipos mais adequados ao desenvolvimento de tecnologias digitais de comunicação, como CD-ROM e Internet, que não sejam simples adaptações de modelos tradicionais.

Melhores fontes para a Web

Os atuais recursos de composição permitem a criação de infindáveis desenhos de letras, mas a tipologia digital requer que as fontes atendam a exigências específicas de legibilidade, de tempo e de eficiência na leitura de textos que serão mostrados na tela do monitor. Machado (2001: 180-1) aponta outras razões técnicas que restringem o uso de muitas fontes de texto em um site:

> [...] não adianta montar páginas com fontes fantásticas porque é quase certo que quem vai visitá-las não tem em sua máquina aqueles tipos de letras, isto é, não vai ver nada delas. Além disso, nunca se sabe qual plataforma de hardware e de software o visitante vai utilizar para entrar num site. Essa limitação marca a experiência do webdesigner, que precisa reduzir os textos online ao mínimo de fontes comuns a todos os internautas.

Muitos sites comerciais transformam as fontes especiais com que a empresa identifica os seus produtos e marcas em imagens no formato GIF. Esse recurso deve ser usado com moderação, pois o excesso de imagens torna a página pesada e difícil de ser carregada. O uso de imagens para garantir a exibição de fontes é válido para páginas de sites institucionais e descrições técnicas de produtos que não terão alterações por longo tempo, sugere Machado (2001: 181), mas não serve para sites de atualizações freqüentes, como os sites de notícias.

Hoje, a preferência de tipos para uso on-line recai em poucas fontes, algumas desenhadas para uso específico em computadores e outras originalmente projetadas como tipos para impressão. As serifadas são: Century Schoolbook (Schoolbook), Courier New (Courier), Georgia e Times New Roman (Times). Entre as fontes sem serifa figuram: Arial, Comic Sans MS (Comic), Tahoma e Verdana.

Fontes para impressão, como a Times New Roman, foram criadas visando tanto legibilidade como economia de espaço. Por sua vez, embora sua aparência seja bastante similar à Times New Roman, a fonte Georgia foi desenhada especialmente para a tela do monitor. As diferenças da Georgia estão nas letras maiúsculas mais arejadas e na maior altura do dorso das minúsculas, como no "x".

Quadro 11 Fontes mais comuns na Web

Fontes com serifa	Fontes sem serifa
Century Schoolbook	Arial
ABCDEFGHIJKLMNOPQRSTUVXY Zabcdefghijklmnopqrstuvxyz	ABCDEFGHIJKLMNOPQRSTUVXY abcdefghijklmnopqrstuvxyz
Courier New	Comic Sans MS
ABCDEFGHIJKLMNOPQRSTUVXYZ abcdefghijklmnopqrstuvxyz	ABCDEFGHIJKLMNOPQRSTUVXY abcdefghijklmnopqrstuvxyz
Georgia	Tahoma
ABCDEFGHIJKLMNOPQRSTUVXY abcdefghijklmnopqrstuvxyz	ABCDEFGHIJKLMNOPQRSTUVXYZ abcdefghijklmnopqrstuvxyz
Times New Roman	Verdana
ABCDEFGHIJKLMNOPQRSTUVXYZ abcdefghijklmnopqrstuvxyz	ABCDEFGHIJKLMNOPQRSTUVXYZ abcdefghijklmnopqrstuvxyz

Em um estudo comparativo do uso das fontes Times, Georgia e Verdana na tela dos computadores, a Georgia foi percebida pelos usuários como mais fácil para ser lida, mais definida e ainda mais legível do que a Times New Roman (cf. Bernard e outros, 2002). Outra fonte com serifa muito usada é a Century Schoolbook, desenhada para o máximo de legibilidade e por isso também utilizada em textos e livros infantis. A Courier New, por sua vez, foi originalmente projetada como tipo de letra para máquina de escrever e tornou-se a fonte de tipos de tamanho único mais utilizada na Web.

Bastante similares, a Tahoma e a Verdana foram desenvolvidas para a tela do computador e apresentam como principais características o maior espaçamento entre as letras e uma grande altura do seu dorso. Bernard e outros (2002) ainda assinalam "que foi feito um grande esforço para tornar as letras minúsculas 'j', 'l' e 'i' mais diferenciadas no monitor". Mesmo assim a Arial é a fonte sem serifa mais popular e amplamente disseminada na Web.

Outra fonte sem serifa utilizada é a Comic Sans MS, a preferida do público mais jovem da Internet. Sua denominação vem do fato de ter sido criada para textos das tiras de histórias em quadrinhos (*comics*).

Pesquisadores do Departamento de Psicologia da Wichita State University, nos Estados Unidos, estudaram o desempenho das fontes mais comuns na Web, comparando os corpos 10, 12 e 14 da Century Schoolbook, da Courier New, da Georgia, da Times New Roman, da Arial, da Comic Sans MS, da Tahoma e da Verdana. As principais observações relativas aos tipos examinados são as seguintes:

Primeira: não foi detectada nenhuma diferença significante na eficiência de leitura entre os tipos de fontes de qualquer tamanho. Porém, houve diferenças significantes no tempo de leitura. Geralmente, a Times e a Arial eram lidas mais rapidamente que a Courier, Schoolbook e Georgia. Fontes no corpo 12 foram lidas mais rapidamente que as fontes no corpo 10. Ademais, foi descoberta uma interação entre tipo versus tamanho da fonte para a percepção da legibilidade das fontes. Porém, em geral, a Arial, a Courier e a Georgia foram percebidas como as mais legíveis. Em relação à atratividade das fontes, a Georgia foi percebida como sendo mais atraente do que a Arial, a Courier e a Comic, enquanto a Times foi considerada como mais atrativa do que a Courier. Isto contrasta com a preferência geral de participantes por um tipo de fonte em particular. Acima de tudo, a Verdana foi a fonte de maior preferência, enquanto a Times foi a de menor preferência. Deste modo, isto significa que as fontes com serifa Georgia e Times são consideradas mais atrativas, mas elas geralmente são as menos preferidas. Das fontes estudadas, a Verdana parece ser a melhor escolha. Além de ser aquela que a maioria preferiu, ela foi lida de maneira fácil e rápida, sendo ainda percebida como legível. Da mesma maneira que outros estudos que examinam o desempenho de leitura, deve-se ter precaução em generalizar estes resultados para outros tipos de fontes. Muitos fatores deveriam ser levados em conta, como as características individuais do texto e o seu tamanho, a linha e o espaçamento dos caracteres, os ajustes do computador, como também as características do usuário. (Bernard e outros, 2002)

Preservando a originalidade e a visibilidade dos tipos

Apesar da revolução tecnológica que a Internet está provocando, a tipologia continua a ser um problema. Em nome da segurança de que o texto na Web seja visto e lido pelo internauta, muitas vezes o designer restringe a originalidade escolhendo os tipos Times New Roman e Arial, que são fontes-padrão disponíveis em qualquer computador. Cesar (2000: 181-3) tem outra posição, mais ousada, garantindo que é possível definir e trabalhar com outros tipos caso sejam obedecidas seis recomendações básicas:

1. Trabalhe os títulos, as capitulares, os subtítulos e as partes do texto que você deseja diferenciar como se fossem uma imagem. Quero dizer que se deve usar a tipologia de forma gráfica, em GIF. Assim, sendo uma imagem, o texto aparecerá exatamente como você quer.

2. Para textos corridos, o mais correto é usar as fontes padrão – mesmo que seja Times ou Arial – ou optar por fontes criadas pela Microsoft especialmente para a internet. O bom é que qualquer um pode baixar gratuitamente. Além disso, para quem usa o Internet Explorer essas fontes já estão instaladas.

3. Outro recurso é usar uma fonte onde o sistema permita que a fonte escolhida seja anexada ao código HTML da página. Assim, ao abrir a página, as fontes serão baixadas automaticamente. Mas não se preocupe em como fazer isso. Afinal, você não conhece a linguagem HTML e a grande maioria dos diretores de arte também não. O caminho é deixar que o pessoal especializado que vai colocar a página no ar se preocupe com isso.

4. Outro bom conselho é não escolher fontes serifadas para textos muito pequenos. Ao contrário das mídias impressas, fontes serifadas no vídeo perdem um pouco a legibilidade. Prefira fontes sem serifa. Se escolher fonte serifada, use a Georgia. [...]

5. Evite usar fontes itálicas. São menores, mais comprimidas. Podem prejudicar a leitura.

6. Finalmente, pense na tipologia como um elemento de interatividade. O texto pode ser tridimensional, ter movimento, piscar, voar, ir aparecendo, sumir. As alternativas são muitas. Mas para que sejam adequados e funcionais, os textos – jamais se esqueça – precisam ser lidos. Portanto, simplifique.

Entretanto, os sites de conteúdo jornalístico devem respeitar uma das principais regras de design, de não utilizar muitas fontes numa mesma página. Na verdade, o uso de dois tipos de letras apenas "é o suficiente para criar toda uma variedade de títulos, subtítulos e textos que dão conta da maioria dos trabalhos" (Guizzo, 2000: 41). Nesse caso, outra dica importante consiste em adotar fontes sem serifa (Arial, Tahoma ou Verdana) para os títulos e usar tipos de letras com serifa (Schoolbook, Courier, Georgia ou Times) para textos longos, uma garantia de maior legibilidade.

Natureza do texto jornalístico digital

Este capítulo identifica os tipos de conteúdo na nova mídia digital e aborda a natureza diferenciada do webjornalismo, identificando os principais fatores que influenciam a redação jornalística para a World Wide Web.

Linguagem e tipos de conteúdo na Web

A história é antiga e se repete por ocasião do nascimento de cada nova mídia. O rádio, o cinema e a televisão, cada um no seu tempo, surgiram com conteúdos que reproduziam as mídias que os precederam. À medida que eles foram amadurecendo, os conteúdos tornaram-se aos poucos mais adequados ao formato do novo meio. Finalmente foram desenvolvidas formas próprias, como a linguagem radiofônica, a linguagem cinematográfica e a linguagem televisiva, que exploram melhor as características de cada meio e pe˙   .m tirar o máximo proveito das suas potencialidades.

A Internet ainda não é muito diferente. Na sua parte multimídia, a World Wide Web oferece amplas possibilidades para o emprego de áudio e de imagens, mas são fundamentalmente as palavras que continuam prevalecendo.[1] É o processo de desenvolvimento natural da nova mídia que deverá permitir (esperamos que seja em breve) a realização da tarefa mais difícil: "aliar texto, design e tecnologia, e tratá-los como um componente único – a informação" (Rodrigues, 2000: 5).

Classes de conteúdo nos sites

Os diversos conteúdos existentes em um Web site são classificados por Ward (2002: 192) em quatro tipos principais: estático, dinâmico, funcional e interativo.

O conteúdo *estático* é qualquer informação que não está sujeita a mudança, ou pode sofrer uma atualização esporádica e eventual. Por exemplo, o expediente do webjornal ou a política de privacidade adotada pelo site, em documento virtual que publica as regras de proteção de dados pessoais porventura recebidos de seus usuários.

O conteúdo *dinâmico* está presente na seção de últimas notícias, atualizadas muitas vezes quase minuto a minuto; nas notícias, reportagens e artigos publicados diariamente; nos links e nas referências disponibilizados no site para os seus usuários.

O conteúdo *funcional* é dado principalmente por menus e barras de navegação. No caso dos webjornais, os sites ainda facilitam a busca de informação oferecendo ao usuário uma lista de manchetes daquela edição on-line e um índice geral das notícias publicadas no site naquele dia ou em edições anteriores.

O conteúdo *interativo* estimula a interação com os usuários, por meio da lista de endereços de correio eletrônico que facilitam ao leitor manter contato com o *publisher*, editor ou os repórteres de uma publicação virtual. Outros elementos interativos são os *scripts* e os formulá-

---

1. Em maio de 2000, o The Poynter Institute for Media Studies e a Stanford University publicaram um estudo sobre como as pessoas lêem notícias na Internet. Os entrevistados tiveram um equipamento atado à cabeça para medir o movimento dos olhos e o tempo de fixação do olhar em sites de jornais norte-americanos. A conclusão da pesquisa "Eyes on the news" foi taxativa: "texto atrai mais atenção do que imagens. Das três primeiras fixações de olhar das cobaias, somente 22% foram em imagens; 78% focaram o texto" (Dauch, 2000a: 138).

rios, em geral utilizados para cadastrar usuários, receber suas sugestões, promover enquetes e abrir fóruns de debates sobre fatos do momento.

Determinantes do texto jornalístico na Web

O texto para a nova mídia digital – e, em especial, a informação e o conteúdo jornalísticos – deve ser bem estudado e pensado, pois escrever para o mundo on-line é diferente de escrever para a página impressa. Como o jornalista tem na escrita a principal maneira de contar suas histórias, ele não pode ignorar os fatores que condicionam a redação jornalística para a Web.

Rodrigues (2000: 8) defende que "escrever para a Web é nada mais do que espelhar a internet em todos os seus atributos".[2] Portanto, entre os fatores apontados no Capítulo 5 como elementos que tornam a Internet bastante distinta dos meios de comunicação tradicionais, vamos relembrar e aprofundar aqueles que exercem uma influência direta no texto jornalístico digital. São eles: a menor velocidade de leitura na tela do monitor, a não-linearidade e a tipologia do leitor da Web.

Maior lentidão da leitura na tela do monitor

A primeira questão está relacionada com a fisiologia da visão humana. A luz do monitor do computador faz com que o leitor pisque menos os olhos, o que pode resultar em fadiga visual. A tela do monitor também está fixa em uma mesa e os olhos são forçados a se ajustarem ao tamanho do tipo de letra do texto que está sendo visualizado. Essas condições adversas levam a pessoa a ler 25% mais devagar

---

2. Ao discutir a redação para a World Wide Web, Rodrigues (2000: 5) emprega o termo *webwriting*, definindo-o "como um conjunto de técnicas para a distribuição de conteúdo em ambientes digitais". Portanto, o conceito diz respeito ao conteúdo "que qualquer website, de qualquer gênero e propósito, oferece a seus usuários". Nesse sentido, webwriting "não trata pura e simplesmente de palavras, mas de tudo o que se 'lê', mesmo que seja uma imagem ou um som portadores de mensagem" (Spera, 2002: 40).

na tela do monitor e, assim, o texto preparado para a Internet deve ser cerca de 50% mais curto do que aquele escrito para papel.

A preparação de um texto claro, conciso e objetivo exige do redator que cada palavra tenha uma coisa a dizer. Ward (2002: 16) faz seis recomendações para a redação de um texto enxuto:

* Não use mais palavras do que você precisa;
* Evite palavras longas se existirem outras mais curtas;
* Evite palavras de significado complexo se houver outras alternativas;
* Sempre que possível, use palavras com um significado concreto e não abstrato;
* Seja específico em vez de usar generalidades; e
* Dê às palavras o seu significado correto.

Outro teste proposto por De Wolk (2001: 90) serve para mostrar um cuidado especial que o redator deve tomar com o texto escrito para a Web, que, por sua natureza, é simplesmente uma configuração de luz mostrada pelo monitor:

> Escreva umas poucas centenas de palavras no seu computador sem usar os recursos de ortografia e de gramática do programa de processador de texto. Quando estiver terminado, edite na tela. Corrija todo os erros que você vir. Agora imprima uma cópia e leia novamente o texto. Com certeza você irá encontrar mais erros. Como você pode cometer estes enganos tão óbvios? Simples. No papel, as letras são escuras, dotadas de profundidade e com excelente resolução. A única luz é refletida fora do papel, e não vem do outro lado.

O texto na Web não tem fronteiras de espaço, mas os leitores têm sua atenção limitada por diversos fatores. Mesmo depois de observar todas as regras expostas, o redator deve mais uma vez ler atentamente o texto e seguir as recomendações finais de Rich (2002):

* Corte palavras e conjunções desnecessárias, eliminando também adjetivos que não sejam necessários.

- Conte o número de linhas em cada seção de sua história. A tela do computador comporta geralmente 29 linhas de texto. Use este número como um guia para ver onde podem ser colocados subtítulos.
- Corra os olhos pela história. O seu olhar focaliza subtópicos ou outros pontos de entrada para o texto? Se a resposta for negativa, crie estes elementos de atração.
- Cheque os finais e as transições para novas telas. A história estimula os leitores a continuarem a navegação em outra tela ou seguirem para outra página da Web?

Diferenciação entre página Web e tela Web

Os redatores ainda devem trabalhar tendo presentes os conceitos de página Web[3] e de tela Web. Embora muitas pessoas usem esses termos indistintamente, o fato é que eles pedem diferentes estratégias de redação e de edição. Hammerich & Harrinson (2002: 204) esclarecem a diferença:

"Os leitores autodirigidos podem entrar em seu site em qualquer ponto, e irão ler o conteúdo usando equipamento próprio. Portanto,
- Você precisa escrever/editar para uma página Web que apresenta-se como única, completamente separada do resto do site.
- Você precisa escrever/editar para tela Web cujo espaço é flexível, dependendo da resolução do monitor de cada usuário."

Esse duplo desafio é exclusivo da Web. Nas demais mídias o suporte de apresentação do conteúdo é fixo, mesmo no caso da televisão: todos os telespectadores vêem a mesma imagem, apesar dos diferentes tamanhos da tela de TV em suas casas. As duas características próprias da Web – não ser dotada de um suporte espacial fixo e per-

---

3. A denominação "página Web" é uma metáfora criada com base na mídia impressa; portanto, é ilusória. A página impressa pode ter diversos formatos (altura e largura), mas tem limites de tamanho. Por sua vez, uma página Web pode ter grandes dimensões em sua largura e altura, por causa das possibilidades de rolagem da tela da esquerda para a direita e de cima para baixo.

mitir que os usuários acessem as páginas de maneira não previsível – exigem que o redator desenvolva um conteúdo coerente e adequado tanto para a página Web como para o monitor, cujo espaço de visão não é possível de ser conhecido.

Não-linearidade da Web

No jornal impresso, no rádio e na TV, as notícias e as reportagens (e mesmo todo o conteúdo neles apresentado) têm começo, meio e fim. Essa é a seqüência formal de uma construção linear: a história é escrita ou gravada para ser consumida exatamente nessa ordem. Entretanto, como visto no Capítulo 5, a informação na World Wide Web é não-linear, permitindo que o internauta navegue pela estrutura de hipertexto sem uma seqüência predeterminada, saltando de um ponto para outro, de uma página para outra, de um site para outro.

A abordagem mais simples do hipertexto é descrevê-lo como um texto estruturado em rede, em oposição a um texto linear. O hipertexto é constituído por "nós" (elementos de informação, parágrafos, páginas, imagens, seqüências musicais etc.) e elos entre esses nós – referências, notas, ponteiros, botões indicando a passagem de um nó a outro. (Moherdaui, 2000: 35).

Portanto, toda história que contenha links para outras páginas da Web ou para tópicos dentro da mesma página modifica substancialmente a relação redator–leitor. Nessa situação, explica Rich (2002a), "o redator renuncia ao controle da informação em favor do leitor".

O hipertexto pode ainda ser usado de forma complementar, por exemplo, para facilitar a suíte. Uma notícia pode explorar as relações com fatos passados e já publicados oferecendo links para reportagens anteriores sobre o mesmo tema ou para informações de fundo.

O hipertexto pode suscitar incontáveis combinações para o leitor e demandar um trabalho de exaustiva pesquisa para o seu criador. Por essas razões, Radfahrer (1999: 115) enumera cinco regras curtas que facilitam a construção de modelos simples de hipertexto:

- escreva pequenos textos, independentes entre si, mas com elementos em comum;
- marque todas as palavras de cada texto que possam servir de conexão com outros textos;
- crie tabelas de conexão, marcando, para cada texto, quais são os textos que levam a ele e quais são os que saem dele;
- organize as ligações, evitando "afunilamentos": textos com muitos pontos de entrada ou de saída; e
- estruture esses textos em uma hiper-retórica, dando ao visitante a falsa impressão de controle sobre os links, enquanto o leva para o ponto desejado.

A notícia produzida para a Web com estrutura narrativa não-linear deve ser planejada antecipadamente por uma equipe de profissionais – redator, editor, produtor multimídia, Web designer –, com o uso adequado de ferramentas que facilitem a navegação, evitando confundir o leitor com excesso de links. Por sua vez, o visual das páginas do sistema de hipertexto deve contribuir para o estímulo da curiosidade do navegante em desvendar o conteúdo de um site – como nas revistas, que empregam fotos, olhos, legenda e capitulares para cativar o seu leitor –, sem que ele se desvie da linha mestra da comunicação.

Redação de frases com links

Como vimos, os links ligam entre si as páginas que estão em um mesmo site ou remetem o usuário para páginas e documentos em outro site. Emprestam ainda profundidade à informação e servem para oferecer dados complementares e explicar o significado de abreviaturas e de termos técnicos. Na prática, para facilitar a navegação, os vínculos precisam mostrar claramente ao usuário para onde eles estão indo e por que eles devem ir.

Pesquisadores da interface homem-computador, Jose Borges, Israel Morales e Nestor Rodriguez estudaram a habilidade de usuários em prever o conteúdo de 50 links selecionados aleatoriamente de 10 sites comerciais da Web a partir dos títulos dos vínculos. Eles descobriram que em 25% dos casos, aproximadamente, os nomes dos links sugeriram uma idéia errada do conteúdo de uma página. (Hammerich & Harrison, 2002: 182)

A indicação exclusiva de figuras ou imagens como links deve ser evitada, pois o usuário vai parar para pensar se aquilo é um link e se ele quer seguir o caminho que está sugerido. Os poucos segundos de tempo que o navegante leva para decidir podem resultar na sua perda. Por sua vez, pesquisas recentes mostram que links que incluam palavras são muito mais efetivos do que os que usam apenas gráficos. As palavras devem ser sempre utilizadas porque emprestam força e clareza a um link. A sua posição em uma frase tem ainda a vantagem de indicar ao usuário para que tipo de conteúdo a ligação vai levar.

Por exemplo, a frase

<u>Veja os resultados do XXIII Festival de Cannes</u>

Não é muito precisa, pois pode levar a qualquer tipo de informação (uma tabela, com os nomes dos vencedores, as peças premiadas, o evento de premiação etc.). Se a posição do link for melhor colocada, poderemos ter:

<u>Veja</u> os resultados do XXIII Festival de Cannes
Veja os <u>resultados</u> do XXIII Festival de Cannes
Veja os resultados do <u>XXIII</u> Festival de Cannes
Veja os resultados do XXIII <u>Festival de Cannes</u>

Ou mesmo:

Veja os resultados do XXIII <u>Festival</u> de Cannes
Veja os resultados do XXIII Festival de <u>Cannes</u>

O que já dá uma idéia bem mais clara do que espera o visitante (imagens dos resultados, lista dos resultados, histórico, descrição do evento, características do festival, a cidade), evitando que se carregue uma página à toa. (Radfahrer, 1999: 107)

Os links são geralmente em cores e sublinhados, destacando-se então do texto e atraindo o olhar do usuário. Por esse motivo, sempre que possível, o link deve ser colocado no final da sentença ou de um parágrafo, o que vai permitir que o vínculo atue como um importante ponto de ênfase. Além disso, lembra Price (2002: 126), "um link é uma forte sugestão para a ação. Tenha certeza de que o leitor pode vê-lo colocando o vínculo no final da sentença ou do parágrafo".

O leitor é favorecido quando a frase do link permite uma clara compreensão sobre o assunto para o qual ele estará sendo direcionado. Portanto, é melhor usar:

Informações sobre como fazer buscas estão disponíveis

em vez de:

Para informações sobre como fazer buscas, escolha este link.

Outra solução que deve ser evitada é usar uma ou mais palavras com indicação de vínculos, mencionando ainda na frase a palavra "links". Por exemplo:

Aqui estão os links para uma página de créditos e dos detalhes técnicos.

O ideal é construir a página HTML de uma maneira que ela possa ser lida mesmo que o usuário não siga nenhum dos links contidos nas frases. Assim, a leitura pode prosseguir sem interrupções, caso o internauta não queira seguir os caminhos indicados pelos vínculos, como no exemplo seguinte:

Nossos agradecimentos vão para várias pessoas pelas suas contribuições.
Detalhes técnicos deste sistema estão disponíveis.

Mesmo bastante disseminada, Clique aqui[4] é uma indicação de vínculo a ser evitada pelo seu desgaste natural. Funciona apenas para mostrar que o redator não teve suficiente habilidade para escrever uma frase que incentive e desperte a curiosidade do leitor em acompanhar a próxima parte da história que está sendo contada, como é feito na mídia tradicional:

---

4. O criador da World Wide Web, Tim Berners-Lee, tem um particular desprezo por expressões como "Clique aqui". De maneira irônica, ele apela aos redatores Web: "Quero insistir para ter certeza que, ao construir sua página HTML, você faça com que 'aquela-coisa-que-você-clica' seja, na verdade, algum tipo de título" (cit. em Price, 2002: 142).

Os programas de radiojornalismo têm algo a ensinar: no final de um bloco de notícias, exatamente antes dos comerciais, os ouvintes são convidados a permanecer sintonizados na emissora para ouvir outras interessantes e importantes histórias. A interrupção da ação ao final do capítulo de um livro, a conclusão de uma parte de um filme ou de um segmento do show mostrados na TV, são equivalentes ao final de uma página Web que requer um clique. Faça o link trabalhar para você. (De Wolk, 2001: 115)

A forma de marcar um vínculo depende das situações que os usuários vão encontrar depois de clicar no link. No exemplo seguinte, a indicação longa e imprevisível deixa dúvidas: os usuários serão "linkados" a pessoas, a opiniões ou ao processo?

<u>Os desenvolvedores de conteúdo precisam dialogar com as outras pessoas da equipe de produção, já que suas opiniões podem afetar o processo.</u>

Hammerich e Harrison (2002: 183) sugerem três formas para a marcação dos vínculos caso a intenção do redator seja informar os usuários sobre o *processo* de desenvolvimento de conteúdo. A primeira pressupõe que as informações estejam disponíveis um uma única página. A solução é simples:

Os desenvolvedores de conteúdo precisam dialogar com as outras pessoas da equipe de produção, já que suas opiniões podem afetar <u>o processo</u>.

Em outra situação o texto precisa ser ligado a diferentes páginas sobre o processo. A solução pede que sejam criados links para os variados aspectos que envolvem o processo de desenvolvimento de conteúdo:

Os desenvolvedores de conteúdo precisam dialogar com as outras pessoas da equipe de produção, já que suas opiniões podem afetar o processo:

- <u>Entendendo</u> melhor o conceito

- Aconselhando-se sobre arquitetura de informação e design de navegação
- Redação / edição
- Editando o texto da versão de teste

Quando o texto precisa estabelecer um vínculo para um formato diferente da página Web – podem ser arquivos de vídeo, de áudio ou outro conteúdo produzido com o software Adobe Acrobat Reader, por exemplo –, o link deve informar claramente a condição, pela necessidade de dispor dos *plug-ins* adequados no *browser*.

Os desenvolvedores de conteúdo precisam dialogar com as outras pessoas da equipe de produção, já que suas opiniões podem afetar o processo (arquivo .pdf).

Para melhor orientar o internauta, o link pode ser acompanhado de informações mais completas, como tamanho do arquivo, tipo de mídia, tempo de download e versão do software necessário.

Os desenvolvedores de conteúdo precisam dialogar com as outras pessoas da equipe de produção, já que suas opiniões podem afetar o processo. (2,5 MB, arquivo PDF, 38 minutos a 56K, requer Acrobat Reader 4.0 ou superior)

Tipos de leitores na Web

Em um conhecido estudo para verificar padrões de leitura dos internautas, Jakob Nielsen (2002) destacou, como principal achado, que as pessoas raramente lêem palavra por palavra as páginas da Web:

Em vez disso, os usuários corriam os olhos nas páginas, selecionando palavras isoladas e sentenças. [...] John Morkes e eu descobrimos que 79% dos participantes do teste sempre percorriam rapidamente com o olhar as novas páginas do site em que entravam; apenas 16% leram palavra por palavra.

Portanto, o principal tipo de audiência na Web são os leitores considerados *scanners*, que se limitam a fazer uma leitura por varrimento visual, em busca de palavras ou frases que façam parte do seu quadro de interesse. Uma tipologia de leitores mais completa é proposta por Hammerich & Harrison (2002: 40-1), cuja classificação está inspirada nas atividades ou ações tomadas pelos usuários na leitura de material impresso: superficial (*skimming*, no original em inglês), por varrimento, intensiva e extensiva.[5]

Leitura superficial. Os leitores movem rapidamente seus olhos sobre a tela do computador para verificar se o material é relevante para suas necessidades. Similar ao que acontece com um texto impresso, quando um leitor corre primeiro os seus olhos no documento para retirar dele o que é essencial.

Leitura por varrimento. Se o texto da Web preenche suas necessidades, os leitores vão rapidamente focalizar partes específicas de informação e podem depois fazer a rolagem da tela.

Leitura intensiva. Como no documento impresso, os leitores param, por haverem decidido que o texto é relevante, e lêem uma pequena quantidade de conteúdo para obter uma informação mais aprofundada.

Leitura extensiva. A grande maioria dos usuários não gosta da leitura extensiva on-line e prefere imprimir o texto para ler, por razões como o fato de a leitura na tela ser mais lenta e a baixa resolução do monitor provocar fadiga visual. Alguns usuários ainda têm restrições de tempo por causa do custo da ligação telefônica com o provedor ou por estar acessando a Internet em computador de uma biblioteca pública.

---

5. Moherdaui (2000: 56) conduziu em São Paulo uma pesquisa de comportamento do leitor da Web, em agosto de 1999, cuja amostra foi composta de 301 estudantes de cursos de Comunicação Social. Reconhecendo que os resultados do estudo não podem ser extrapolados para o público em geral, ela identificou "três tipos de audiência na Internet: leitores considerados *scanners*, que só vão passar os olhos pelo texto, procurando divertimento e surpresas; os que preferem recursos multimídia a textos; e os que procuram informações específicas – que normalmente lêem longos textos na tela do computador".

O redator Web e a titulação na publicação on-line

Este capítulo aborda os pontos que devem orientar o processo de redação para a Web e traça um perfil das funções e das qualificações necessárias para o redator e o editor. Em seguida, enumera regras específicas de titulação para que o conteúdo jornalístico desperte a atenção do leitor e mantenha seu interesse ao longo do texto.

Orientação do redator para a Web

Para que as páginas Web sejam efetivas no seu todo, Landsberger (2002) sugere que o redator e o editor tenham em mente e respeitem os seguintes pontos:

- O tópico, sua idéia principal e sua conclusão devem estar visíveis e ser facilmente localizados.
- As idéias regem a estrutura: idéias principais ficam no topo da tela, informações secundárias e de apoio debaixo delas.
- A estrutura do conteúdo e o website devem ser prontamente reconhecidos pelos seus visitantes.
- Construções simples são melhores. Limite-se a uma idéia para cada grupo de palavras, seja uma oração, uma frase ou um parágrafo.
- Evite termos técnicos, a menos que você tenha clara e intencionalmente esse propósito e uma definição esteja disponível.

- Dados, detalhes e informações complexas são assuntos para páginas subseqüentes e devem ser colocados logicamente.
- O conteúdo de cada página subseqüente deve ficar aparente por seu vínculo e ser consistente com a precedente.
- Informação detalhada pode ser acessada por meio de links para impressão.
- Elimine o supérfluo.
- Cheque a ortografia e faça provas impressas de suas páginas para revisar.
- Mantenha o foco na sua mensagem. Estimule a participação do usuário com um "mailto:" para receber comentários, sugestões e perguntas que aumentem a efetividade do seu Website.
- Na formatação,
  - cada página deve estar consistente com o design do site
  - use uma tabela ou coluna para centralizar o seu texto no monitor e criar margens na esquerda e na direita
  - deixe espaço em branco entre os parágrafos para aumentar a legibilidade do texto
- O uso de imagens deve (a escolha é sua):
  - reforçar o texto
  - tornar o texto mais elaborado
  - destacar o texto
  - substituir texto
  - mas NÃO deve ser sem sentido e um fator de distração do leitor.

Perfil do redator e do editor de Websites

A principal função do redator e do editor de Web, diretamente relacionada com a atividade jornalística, é a de criar, coordenar, escrever e editar histórias que estarão disponíveis on-line. O redator desenvolve idéias a serem transformadas em histórias, consulta suas fontes e coleta informações que são necessárias para o desenvolvimento da matéria, redige notícias e reportagens e, muitas vezes, atua também como seu próprio editor.

As atividades do redator e do editor Web são mais numerosas e variadas em relação aos profissionais de jornalismo que atuam em outros meios. Elas incluem:

desenvolver relacionamentos permanentes com colaboradores, com as fontes e com os públicos interno e externo para garantir que um conteúdo atual e relevante seja apresentado no site; conduzir revisões e auditorias de conteúdo regulares para assegurar a inovação, a interatividade, a qualidade e a relevância necessária para conseguir um alto volume de visitas de usuários; e manter um conhecimento avançado dos conceitos de New Media, seja para o site ou para aplicação em novos projetos editoriais. (Hammerich & Harrison, 2002: 24)

Nas equipes profissionais que atuam nos sites jornalísticos de maior porte, o redator e o editor[1] participam e colaboram na execução de um amplo conjunto de tarefas ao longo de todo o processo de pesquisa, de produção, de design e de desenvolvimento da tecnologia a ser adotada (ver Quadro 12).

Quadro 12   Principais tarefas do redator e do editor de Web no processo de desenvolvimento do conteúdo jornalístico

Fases do processo	Tarefas do redator e do editor
Pesquisa	• Levantar informação impressa relevante produzida por especialistas em conteúdo.
	• Coletar outros dados por meio de entrevistas com especialistas em conteúdo e demais fontes.
	• Navegar em sites similares para estimular novas idéias sobre arquitetura da informação, navegação, design, estilo de redação e outras.

---

1. Hammerich & Harrison (2002: 27) ainda apontam qualidades e habilidades que o redator e o editor devem possuir para o trabalho em equipe: "ouvir e compreender as necessidades e os interesses dos outros, expressar com cordialidade seus pontos de vista, expor claramente problemas e soluções, ter em mente os objetivos da equipe, adaptar-se fácil e rapidamente às mudanças, trabalhar sobre pressão, trabalhar com uma variedade de personalidades e de temperamentos, reconhecer seus enganos e manter o senso de humor".

Quadro 12   Principais tarefas do redator e do editor de Web no processo
de desenvolvimento do conteúdo jornalístico (*cont.*)

Fases do processo	Tarefas do redator e do editor
Organização da informação	• Sintetizar e organizar a informação em grupos lógicos. • Cotejar as necessidades do cliente ou do gerente do projeto com as necessidades próprias da audiência. • Considerar os vários caminhos que os usuários podem percorrer quando navegam o site e assegurar que o conteúdo permaneça coerente. • Estruturar as informações de maneira lógica em cada um dos diferentes níveis do site.
Redação	• Antecipar e redigir os textos de modo que atenda às necessidades do usuário e responda a questões específicas que ele tenha ou possa levantar. • Expressar idéias complexas em linguagem acessível. • Escrever textos claros e concisos. • Criar títulos e resumos curtos e explicativos. • Saber quando é preciso usar listas com marcadores. • Escrever textos com impacto e força.
Edição	• Criar um manual de estilo e de redação ou adaptar o manual existente para a Web. • Corrigir ambigüidades existentes em qualquer nível do texto: seção, parágrafo, sentença, palavra. • Apontar possíveis inconsistências em fatos, nomes, grafia de palavras e em outros elementos. • Conferir todas as tabelas, quadros e figuras para verificar a exatidão em relação ao conteúdo do texto. • Reorganizar o conteúdo escrito para maior clareza. • Melhorar o fluxo e a coerência do texto. • Editar parágrafos e sentenças para maior clareza.
Edição do texto	• Assegurar-se de que cada nível de titulação tenha uma apresentação consistente por todo o documento. • Verificar se todos os tópicos ou títulos figuram no sumário ou na lista de conteúdo. • Apontar inconsistências em estilos de fontes, cores e tamanhos.

Quadro 12 Principais tarefas do redator e do editor de Web no processo de desenvolvimento do conteúdo jornalístico (*cont.*)

Fases do processo	Tarefas do redator e do editor
Edição do texto (*cont.*)	• Examinar a consistência das notas de rodapé e das referências bibliográficas. • Corrigir a gramática e a pontuação dos textos. • Ajudar na tradução de textos, se houver necessidade, cuidando para que somente o material já editado seja encaminhado para o tradutor.
Provas e revisão	• Verificar possíveis problemas que ocorram no texto em razão de erros ou omissões cometidas na produção. • Examinar o texto em busca de erros, omissões ou inconsistências resultantes do processo de edição. • Identificar e corrigir as situações em que uma linha de texto fica quebrada, dificultando o encadeamento de um fluxo de significação. • Assegurar-se de que todas as correções apontadas foram feitas corretamente.
Design	• Visualizar como o texto e os gráficos podem funcionar no conjunto. • Avaliar o uso de fontes (tipos e estilos) e de cores para garantir uma maior facilidade de leitura. • Reconhecer quando o design prejudica ou valoriza o texto. • Identificar quando um elemento visual pode ser mais efetivo do que o texto. • Sugerir gráficos, figuras e imagens para fortalecer ou mesmo substituir um texto.
Tecnologia	• Compreender os termos e os conceitos técnicos básicos. • Conhecer a capacidade e as limitações de softwares que envolvam programação. • Saber como a arquitetura da informação afeta a navegação e vice-versa. • Entender como as diferentes tecnologias afetam a usabilidade. • Manter-se atualizado com os avanços tecnológicos das novas mídias.

Regras de titulação de conteúdo jornalístico

O redator deve respeitar um conjunto de regras simples, mas importantes para que a objetividade e a clareza estejam presentes em cada elemento da titulação – título, antetítulo e subtítulo.

Titulação na publicação on-line

No jornalismo digital, a titulação tem a mesma função que desempenha nos jornais e nas revistas impressos, apesar das regras específicas que podem existir dependendo da linha seguida pelo veículo ou da programação visual adotada. Assim, os títulos, subtítulos e entretítulos de uma publicação on-line devem ser redigidos de modo que indiquem resumidamente o assunto da matéria, chamem a atenção do leitor e mantenham o seu interesse ao longo do texto.

O título cumpre uma responsabilidade adicional no jornalismo online. Ele propicia uma direção e um importante contexto para aqueles leitores que acessaram uma parte individual da história, separada do resto da cobertura (por exemplo, se ele clicou um link para uma determinada seção a partir de outro site ou de um mecanismo de busca). (Ward, 2002: 116)

Os usuários fazem a rolagem das páginas em busca da informação e muitas vezes sentem-se (ou ficam mesmo) perdidos. Os entretítulos ajudam o leitor a demarcar o seu caminho e constituem uma maneira fácil de mostrar como os diferentes blocos de um texto articulam-se entre si, já que "estudos de compreensão da leitura indicam que você deve usar alguma coisa para sinalizar a transição de um tópico para o próximo" (Price, 2002: 119-20).

A redação de títulos nos textos noticiosos deve observar regras simples. A objetividade e a clareza devem ser levadas ao extremo, recomenda Visone (2000: 18), pois "jogos de palavras, piadinhas e brincadeiras nos títulos e textos não funcionam. É preciso dizer logo a notícia".

O título deve conter verbo, de preferência na voz ativa, e no tempo presente. A exceção ocorre quando o texto se refere a fatos distantes no futuro ou no passado.

O título deve dispensar o uso de pontuação (ponto, dois-pontos, ponto de interrogação, exclamação, reticências, parênteses etc.) e as siglas devem ser usadas com muita parcimônia, pois elas podem ser desconhecidas do leitor.

Como manter o interesse do leitor

O redator dispõe de diversos artifícios para manter alto o interesse do leitor, como utilizar no título uma declaração do entrevistado ou de personalidade notória, levantar questões, fazer afirmações pouco usuais, trabalhar com comparação e contraste, ou fazer uma promessa de conflito. Os exemplos seguintes, extraídos de Kilian (2001: 23), aplicam-se tanto para links que estimulem um salto a outra página como para títulos e subtítulos que predisponham o usuário a continuar a leitura de uma matéria mais extensa, que exija a rolagem da tela.

- Declarações de entrevistados ou de pessoas notórias
  "Enquanto há morte, há esperança."
  A frase de Benjamim Disraeli ainda é atual.

- Levantar questões
  O que torna bom um plano de negócios?
  Seis empreendedores oferecem conselhos práticos.

- Afirmações incomuns
  Você NÃO precisa de nossos serviços se...
  Marque 8 respostas certas em 10 no nosso teste e seu negócio familiar certamente deverá prosperar.

- Comparação ou contraste
  O desempenho acadêmico de meninos e de meninas na escola secundária.
  Achados surpreendentes indicam que os rapazes estão ficando para trás na maioria das matérias.

- Promessa de conflito
  Por que os defensores da escola privada estão errados.
  Um olhar crítico para uma tendência disseminada mas pouco compreendida.

Outros recursos hoje existentes permitem que os vínculos em uma página somente mudem de cor ou sejam sublinhados quando o usuário passa o mouse por cima da palavra ou do texto de um link. Na sua forma mais tradicional, os vínculos são indicados com o uso de cores e do sublinhado em palavra ou texto que conduz o usuário para outra destinação.

Os links têm dois estados: sem clicar, quando é empregada a cor azul com o sublinhado, e o clicado, em que é normal o uso da cor violeta (código #CC33CC). Caso se queira utilizar outras cores, Martín (2002) recomenda a seleção de "uma cor saturada para o estado sem clicar e outra menos saturada para o estado clicado [...]", escolhidas dentro de um sistema de cor que seja similar ou padrão.

Figuração da notícia na página principal

A primeira página dos sites noticiosos destaca os principais fatos e acontecimentos nas suas manchetes e oferece links para as diferentes seções da edição on-line, como Cultura, Política, Opinião, Economia, Esportes, Tecnologia da Informação, Ciência, Turismo e Últimas Notícias. As principais formas de figuração na página principal são: títulos simples, títulos com resumo em uma frase e títulos com resumo em um parágrafo

Título simples. A forma mais simples de apresentação da notícia é feita apenas com um antetítulo e o título da matéria. Geralmente o antetítulo é colocado antes do título e consiste em uma única palavra com a função de indicar o assunto, a pessoa focalizada ou a editoria correspondente. Pode ainda ter a função de localizar a posição geográfica e temporal da notícia.

O modelo de título simples, bastante sintético, permite listar diversas matérias para a apreciação do leitor, ocupando um espaço menor, como na *Folha Online* (3/11/2002):

Energia
Horário de verão começa no Brasil; não esqueça de adiantar o relógio

Iraque
País se prepara para ataque imediato dos EUA, diz Saddam

Itália
Crianças mortas em terremoto são enterradas

Oriente Médio
Irã detém filho de Bin Laden, diz "Financial Times"

Iraque 2
Maioria dos americanos apóia ação militar para derrubar
Saddam

Seqüestro
Morre um dos 20 reféns mantidos em hospital no Camboja

Como os sites de notícias são atualizados quase minuto a minuto, os jornais digitais devem informar a hora de publicação das notícias. Na homepage de *O Globo Online*, a coluna Plantão cobre os últimos fatos e acontecimentos do dia, destacando os horários de inserção das notícias com um corpo maior e o uso de cores. O exemplo é da edição do dia 3/11/2002:

15h21m – Esportes
Campeonato Estadual: Fla vence o Botafogo

15h20m – Brasileirão 2002
Figueirense joga para evitar rebaixamento

15h15m – Esportes
Começa a decisão de duplas em Paris

15h14m – Eleição - SC
Luiz Henrique explica na TV como vai governar Santa Catarina

15h11m – Esportes
Stock Car: Cacá Bueno vence em Londrina

Os links existentes cumprem uma dupla função. No primeiro caso, o vínculo do antetítulo ("**Esportes**") conduz o leitor para o canal de esportes, onde estão listadas outras notícias recentes que cobrem as mais variadas modalidades esportivas, enquanto o link do título ("**Campeonato Estadual: Fla vence o Botafogo**") leva o usuário para a leitura da íntegra da matéria, em página onde existem recursos para a sua impressão ou para o seu envio por e-mail .

Títulos com resumo em uma frase. As notícias de maior destaque adotam a estrutura básica de um título acompanhado de uma frase (curta, de preferência) com o sumário da história. Os seus objetivos são oferecer uma primeira informação ao leitor, delinear os contornos da notícia e dar ao navegante a certeza de que, por meio de seus links, ele estará indo exatamente para onde quer ir, como no exemplo tirado da versão on-line de *O Estado de S. Paulo* (3/11/2002):

NY é candidata aos Jogos Olímpicos de 2012
As rivais de Nova York serão Madri ou Sevilha, Rio de Janeiro, Paris, Estocolmo, Londres. Toronto, Roma, Moscou e uma cidade alemã, que será escolhida entre Dusseldorf, Frankfurt, Leipzig e Hamburgo.

Os resumos devem ser redigidos cuidadosamente, evitando repetir as informações do título ou os primeiros parágrafos da notícia. O risco natural é o leitor perder o interesse inicial duramente conquistado e sair em busca de informação em outra página ou – o que é pior – no site do webjornal concorrente.

O princípio da interatividade deve ser explorado sempre que possível. *O Globo Online* (3/11/2002), no resumo de notícia da Editoria de Cultura, estimula a ação do usuário, ou seja, com um clique ele pode acessar sugestões de restaurantes da cidade do Rio de Janeiro especializados nas iguarias portuguesas. No final, o ícone da câmera fotográfica e o texto do link podem despertar no leitor a vontade de visitar uma galeria de fotos de pratos de bacalhau e de doces típicos de Portugal.

Coisa de novela

A culinária portuguesa está em alta na novela "Sabor da Paixão" e em vários bares e restaurantes da cidade. Confira o roteiro de bolinhos e bacalhoadas.

 Para comer com os olhos

Títulos com resumo em um parágrafo. Os sumários de um parágrafo são mais elaborados do que a versão em uma frase. Wallace (2002) defende que o propósito do resumo de um parágrafo não é simplesmente atrair ou persuadir o leitor a continuar lendo a história:

Ele deve formar nas pessoas uma percepção acerca da informação em poucas sentenças, que devem ainda ser curtas. Esta é uma excelente oportunidade para criar impacto nas pessoas cujo interesse no assunto seja pequeno.

Na cobertura do conflito entre os Estados Unidos e o Iraque, *Veja OnLine* (4/11/2002) usou um resumo de duas frases para passar ao leitor uma percepção mais completa da situação e da disposição dos líderes dos dois países:

Saddam diz que seu país está preparado para a guerra
03.Nov.2002
O presidente iraquiano afirmou em entrevista ao jornal egípcio Elosboa que está pronto para um ataque americano: "Nos preparamos como se a guerra fosse acontecer em uma hora", disse. Do outro lado do Atlântico, os americanos continuam firmes em sua determinação de desarmar o Iraque à força caso a ONU não seja mais "eficaz" em suas missões.

Explorando outros ângulos da história

A notícia pode ainda ser acompanhada de chamadas para outros ângulos do fato. Os reajustes dos preços dos derivados de petróleo com vigência a partir do dia 4/11/2002, por exemplo, foram anunciados na versão digital de *O Estado de S. Paulo* (1º/11/2002) com a inclusão de duas chamadas que informavam situações específicas que ocorriam na cidade do Rio de Janeiro e no Distrito Federal, de interesse do leitor local:

Gasolina sobe 12,09%, o diesel, 20,5%,
e o gás de cozinha, 22,8%
Essas são as elevações médias para os distribuidores. Segundo a Petrobras, para o consumidor não deve passar de 9% para a gasolina, 17% para o diesel e 12% para o GLP.

» Postos do Rio já cobram mais pela gasolina
» Aumento dos combustíveis já começou no DF

O potencial multimídia da Web não deve ser esquecido. A página principal de *Época OnLine* torna disponível ao usuário recursos de áudio e de vídeo que ilustram assuntos atuais e de grande interesse, muitos envolvendo questões polêmicas. Os textos deixam claro aos eventuais interessados o conteúdo de cada gravação, como na edição de 3/11/2002:

ÁUDIO

* Ouça entrevista com o professor Ari Ferreira de Abreu, da UFSC. Ele defende a idéia de que o horário de verão, que começa neste domingo, não economiza, mas transfere o consumo de energia.
* Ouça entrevista com Paulo Coelho, o mais novo imortal da Academia Brasileira de Letras.

VÍDEO

* Um dia depois de inaugurada na praia de Copacabana, a estátua de Carlos Drummond de Andrade aparece pichada.
* Assista à reportagem do Jornal Hoje sobre o terremoto que atingiu seis cidades do sul da Itália.

Redação de corpo de texto para a Web

Este capítulo comenta a estrutura do texto digital e enumera regras específicas de redação para que o corpo de texto das publicações on-line seja verdadeiramente informativo, coerente e atrativo para o usuário.

Planejando a notícia digital

Parte mais desenvolvida de uma notícia, o corpo de texto deve ser planejado segundo um adequado conhecimento da estrutura da notícia on-line e, depois, precisa ser redigido respeitando técnicas e características próprias do texto digital.

Estrutura da notícia on-line

A interface de interação do leitor é a tela do computador, cujo espaço visual é limitado e permite a movimentação só em dois sentidos: para baixo ou para cima, por meio da rolagem da tela. Assim:

O ideal é fragmentar as reportagens maiores em textos mais condensados, divididos em vários documentos ligados entre si por links. Esta organização permite que uma matéria seja editada em partes complementares, por camadas de aprofundamento ou interesse.[1] O primeiro documento conteria as informações principais e os seguintes, dados mais detalhados, incluindo estatísticas, mapas, gráficos, imagens, animações e trechos de áudio e vídeo. (Manta, 2002)

Na forma não-linear, as notícias requerem enormes desafios para seu planejamento. A história deve ser separada em suas partes, obedecendo ao roteiro proposto por Rich (2002):

* O pano de fundo da história pede, por si mesmo, o estabelecimento de links com outras páginas da Web?
* O pano de fundo ou elementos relacionados devem ser apresentados como uma linha de tempo ou visualmente, em substituição ao texto?
* Elementos multimídia, como áudio e vídeo, devem fazer parte da matéria?
* A história presta-se para discussão ou para outros elementos interativos que poderão envolver os leitores?
* De quais elementos visuais a história necessita: mapas, fotos etc.?
* Quem deve ser envolvido desde cedo no processo: editores Web, designers e especialistas multimídia?

Em seguida, uma etapa crucial na organização da história é a sua reconstrução, na qual é delineado um *storyboard*,[2] conforme diagrama

---

1. Nos Websites, a organização das matérias em camadas ou na forma de pirâmide invertida são as mais comuns. Menos empregadas, outras estruturas são a narrativa seriada; as reportagens em blocos vinculados a diferentes páginas, cada um ocupando o tamanho da tela do computador (poucas histórias são passíveis desse tratamento, pois ao pular algumas telas o leitor perde a compreensão dos fatos ou assuntos nela tratados); e as matérias produzidas para serem lidas mediante rolagem da tela, no caso de histórias que exigem uma apresentação mais linear para sua compreensão.
2. O *storyboard* é entendido como uma "seqüência de desenhos que indicam e orientam, visualmente, determinadas tomadas descritas no roteiro de um filme, anúncio ou programa a ser realizado" (Rabaça & Barbosa, 2002: 694). No jornalismo, o *storyboard* designa a "seqüência de desenhos que, ilustrando matéria jornalística, apresentam detalhes e momentos sucessivos do fato noticiado ou de uma versão do acontecimento" (p. 694). Por analogia, Carole Rich (2002) emprega a mesma denominação para designar o diagrama que orienta a organização da informação na World Wide Web.

mostrado na Figura 11. Semelhante a um organograma organizacional, o *storyboard* permite visualizar as seqüências e as relações entre cada parte da história.

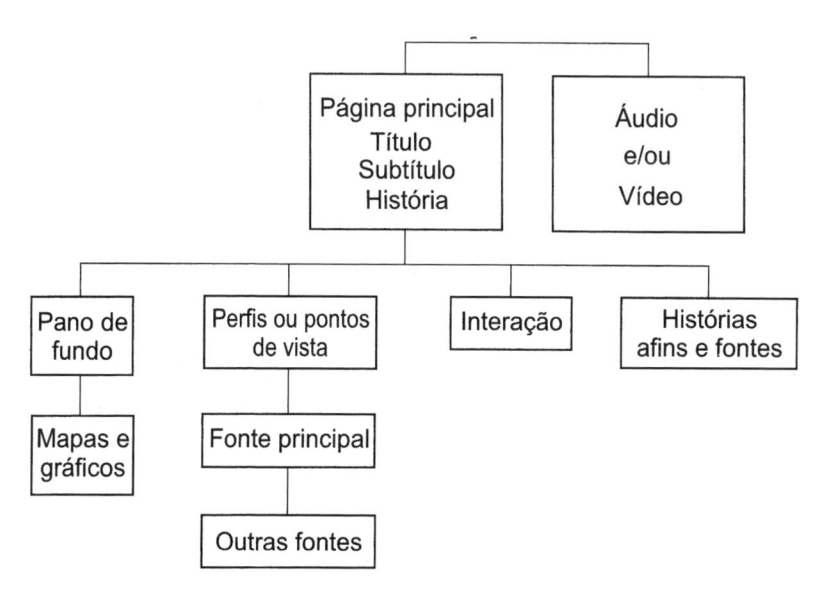

Figura 11   *Storyboard* para a organização da informação na Web
Fonte: Rich, 2002.

Regras de redação do corpo de texto digital

A informação e o conteúdo jornalístico para a Web devem ser redigidos com um corpo de texto que observe regras para a garantia da concisão e da correta apresentação dos dados.

De novo a pirâmide invertida

A técnica da pirâmide invertida consiste em dispor as informações de um texto jornalístico por ordem decrescente de importância. O redator inicia o parágrafo de abertura contendo um resumo da história, uma conclusão ou os fatos principais (o lide, que no texto informativo deve responder às questões básicas: *o quê, quem, quando, onde, como* e *por quê*), seguido do corpo da notícia, com informações organizadas em ordem decrescente.

Típica do jornalismo impresso, a pirâmide invertida virou padrão no jornalismo do século XX, apesar de muitos estudiosos afirmarem que o formato tem limitações e mostra sinais de cansaço.[3] Entretanto, Nielsen (2002a) sustenta que

> Na Web, a pirâmide invertida torna-se mesmo mais importante desde que passamos a saber, por diversos estudos, que os usuários não gostam de rolar as páginas e, assim, irão com maior freqüência ler apenas o topo de um artigo. [...] Dessa maneira, nós podemos esperar que os redatores Web dividam seus textos em peças menores e coerentes para evitar as longas rolagens de páginas. Cada página deveria ser estruturada no formato da pirâmide invertida, mas o trabalho como um todo deveria parecer mais com um conjunto de pirâmides flutuando no ciberespaço em vez de assemelhar-se a um "artigo" tradicional.

---

3. Para Pereira Júnior (2000), o formato da pirâmide invertida é resultado de três eventos diversos. Um é tecnológico: o advento e a popularização do telégrafo acarretou sérios problemas devido a constantes interrupções na transmissão, obrigando as agências noticiosas da época "a mudar o tradicional método cronológico de narrar os fatos e começarem a concentrar os elementos mais importantes no primeiro parágrafo. Se apenas a abertura do texto chegasse aos clientes, os editores teriam suficiente informação para terminar a história" (p. 90). O segundo evento é profissional: as agências noticiosas empregaram mão-de-obra não-especializada – professores, intelectuais e religiosos – até as primeiras décadas do século XX e procuraram facilitar e padronizar o trabalho dos leigos. "Cada correspondente tinha que enviar ao menos um sumário inicial das notícias, preenchendo as perguntas: Quê? Quem? Quando? Como? Por quê? Onde? Qualquer um poderia escrever para jornais desse jeito" (p. 91). O terceiro evento é histórico. O interesse dos norte-americanos pelas notícias da Guerra Civil Americana (1860-1870) e pela guerra hispano-americana dobrou a tiragem dos jornais e aumentou o número de dias de circulação. O formato da pirâmide invertida facilitava a produção do jornal, especialmente na diagramação e na paginação – caso houvesse excesso de texto, bastava suprimir as linhas de baixo para cima, sem prejudicar o sentido do texto. Para uma crítica dessa técnica, ver Pereira Júnior, Luiz Costa. "A crise e a história da pirâmide invertida". *Anuário de Jornalismo*, São Paulo, ano II, nº 2, 2000, pp. 84-93.

A Editoria de Economia de *O Globo On line* resumiu no parágrafo de abertura da notícia "Opep, Iraque e Venezuela mantêm petróleo em alta" (14/12/2002) as informações mais fundamentais para a compreensão dos fatos:

LONDRES. Os preços do petróleo continuaram subindo ontem, um dia depois de a Organização dos Países Exportadores de Petróleo (Opep) ter decidido reduzir sua produção, e pressionados ainda pela crise política na Venezuela e o risco de guerra no Oriente Médio. No mercado londrino, o preço do barril do Brent subiu 1,5% para US$ 26,68. Já na Bolsa Mercantil de Nova York, o barril do cru leve americano avançou 1,6% a US$ 28,45.

– Tememos a decisão da Opep como pano de fundo, as repercussões da greve geral na Venezuela no curto prazo e a questão do Iraque, que voltou hoje ao primeiro plano – avalia David Thomas, analista do Commerzbank.

A Opep, reunida na quinta-feira, aprovou a proposta da Arábia Saudita de reduzir em 1,7 milhão (5,3%) de barris diários a produção mundial. Por sua vez, a greve na Venezuela, que completa hoje 13 dias, já afeta a produção do país, quarto maior produtor mundial.

Concisão do texto é fundamental

A concisão do texto é uma qualidade obrigatória em qualquer tipo de conteúdo publicado na Web. Um teste de concisão para a Web conduzido por Jakob Nielsen, com a colaboração de John Morkes, tomou um modelo de parágrafo como controle do experimento com a atribuição de 0% em termos de melhoria da usabilidade. Em seguida, os pesquisadores alteraram o parágrafo de quatro diferentes maneiras para verificar a possibilidade de a usabilidade do texto ser ampliada por meio de maior concisão na narrativa, do emprego de uma linguagem promocional e do uso de listas e marcadores. Os resultados mostrados na Tabela 1 indicam que páginas Web devem empregar texto esquadrinhável, usando

* palavras-chave realçadas (links de hipertexto servem como forma de realce; variações no tipo de letras e na cor são outras)
* subtítulos expressivos
* listas com marcadores
* uma idéia por parágrafo (os usuários irão saltar qualquer idéia adicional se eles não forem atraídos pelas primeiras palavras do parágrafo)
* o estilo da pirâmide invertida, começando com a conclusão
* metade da quantidade de palavras existentes na escrita convencional. (Nielsen, 2000)

Tabela 10   Níveis de usabilidade em diferentes tipos de texto

Tipos de texto	Modelo de parágrafo	Melhoria da usabilidade em relação ao modelo de controle
Texto promocional como encontrado em sites comerciais	Nebraska está plena de atrações reconhecidas internacionalmente, que atraem grandes multidões de pessoas todos os anos, sem falta. Em 1996, alguns dos locais mais populares foram o Parque Estadual de Forte Robinson (355.000 visitas), o Monumento Nacional de Scotts Bluff (132.166), o Museu e Parque Estadual de Arbor Lodge (100.000), Carhenge (86.598), o Museu do Pioneiro da Pradaria (60.002), e o Parque Histórico e Rancho Estadual Búfalo Bill (28.446).	0% (por definição)
Texto conciso (menos 50% de palavras)	Em 1996, seis das mais procuradas atrações em Nebraska foram o Parque Estadual de Forte Robinson, o Monumento Nacional de Scotts Bluff, o Museu e Parque Estadual de Arbor Lodge, Carhenge, o Museu do Pioneiro da Pradaria, e o Parque Histórico e Rancho Estadual Búfalo Bill.	58% melhor

Tabela 10 Níveis de usabilidade em diferentes tipos de texto (*cont.*)

Tipos de texto	Modelo de parágrafo	Melhoria da usabilidade em relação ao modelo de controle
Texto esquadrinhável (mesmo número de palavras mas com marcadores)	Nebraska está plena de atrações reconhecidas internacionalmente, que atraem grandes multidões de pessoas todos os anos, sem falta. Em 1996, alguns dos locais mais populares foram: • Parque Estadual de Forte Robinson (355.000 visitas) • Monumento Nacional de Scotts Bluff (132.166) • Museu e Parque Estadual de Arbor Lodge (100.000) • Carhenge (86.598) • Museu do Pioneiro da Pradaria (60.002) • Parque Histórico e Rancho Estadual Búfalo Bill (28.446)	47% melhor
Texto objetivo (usando palavras neutras e sem marcadores)	Nebraska tem diversas atrações. Em 1996, alguns dos locais mais populares foram o Parque Estadual de Forte Robinson (355.000 visitas), o Monumento Nacional de Scotts Bluff (132.166), o Museu e Parque Estadual de Arbor Lodge (100.000), Carhenge (86.598), o Museu do Pioneiro da Pradaria (60.002), e o Parque Histórico e Rancho Estadual Búfalo Bill (28.446).	27% melhor
Versão mista (concisa, esquadrinhável e objetiva)	Em 1996, seis dos locais mais visitados em Nebraska foram: • Parque Estadual de Forte Robinson • Monumento Nacional de Scotts Bluff • Museu e Parque Estadual de Arbor Lodge • Carhenge • Museu do Pioneiro da Pradaria • Parque Histórico e Rancho Estadual Búfalo Bill	124% melhor

Fonte: Adaptado de Nielsen, 2000.

Frases, parágrafos e blocos devem ser curtos

A necessidade de concisão da informação tornou-se um verdadeiro fenômeno dos tempos modernos. Na Web, as frases devem ser curtas e os parágrafos devem ter no máximo cinco ou seis linhas para uma leitura mais fácil e agradável. Kilian (1999: 8) sugere que "as matérias sejam divididas em segmentos de texto que não ultrapassem 100 palavras (freqüentemente, até menos), de maneira que cada palavra existente no bloco esteja visível na tela do monitor".

Texto curto não é sinônimo de informação superficial ou incompleta, pois o jornalista pode usar o hipertexto, o grande diferencial da Web, cujos vínculos permitem que o usuário torne a notícia mais completa, na medida da sua necessidade ou interesse. Entretanto, caso a quantidade de informação exija a rolagem da tela, a leitura pode ser mais agradável com um pequeno ajuste no layout do texto, complementa Kilian (1999: 10):

Se você dispuser o seu texto em uma coluna que ocupe a metade da largura da tela, cada linha terá na sua extensão apenas 10 ou 12 palavras. Muitas pessoas acham esta largura bastante confortável para a leitura do texto, apesar de, naturalmente, poder resultar em mais tela para ser rolada. [...] Como regra geral, você deve usar o duplo espaço entre parágrafos, que torna a indentação desnecessária e abre um espaço em branco entre os parágrafos, tornando a leitura mais fácil. Sem este recurso, os leitores podem ficar perdidos no meio da massa de texto.

Melhorando a apresentação de dados

O usuário que pretenda fazer uma comparação entre os dados apresentados no texto de uma notícia enfrentará sérias dificuldades. "Uma sentença convencional", argumenta Edward Tufte, "é a maneira mais pobre de mostrar mais do que dois números, porque ela impede naturalmente a comparação entre os dados" (cit. em Price, 2002: 104). Vejamos essa dificuldade no exemplo seguinte, adaptado do mesmo autor (p. 105):

A quantidade de aço transportado nos Estados Unidos subiu dramaticamente durante os primeiros cinco anos desta década, então sofreu declínio ao longo dos últimos três anos, conforme cálculos do Instituto Americano do Aço. O aço usado para automóveis subiu de 14.610.000 toneladas, em 1990, para 20.123.000 em 1995. Se a tendência continuar, irão diminuir para 14.475.000 toneladas em 1998, um número que é inferior ao de 1990. De maneira semelhante, o aço para construção subiu de 9.664.000 toneladas, em 1990, para 11.836.000 toneladas, em 1995, e depois diminuiu abaixo dos níveis obtidos em 1990, se consideradas as estimativas para 1998. Outros setores do mercado mostraram 1998 ligeiramente à frente de 1990, mas ainda substancialmente atrás de 1995. Por exemplo, fabricantes ferroviários de vagões de carga e de vagões de passageiros compraram 2.525.000 toneladas de aço em 1990, depois adquiriram 3.805.000 toneladas em 1995, mas apenas 3.098.000 em 1998. O único setor mostrando um avanço superior sobre os níveis de remessa de 1995 é o do crescente número de distribuidores de aço, que compraram 11.125.000 toneladas em 1990, aumentaram para 14.813.000 toneladas em 1995, e alcançaram 16.025.000 toneladas em 1998.

A melhor solução para ajudar o usuário a visualizar os dados e tornar o texto mais simples consiste em remover os números, agrupando e apresentando os dados em tabelas ou gráficos, que têm ainda a vantagem de serem mais atrativos. O exemplo seguinte, também adaptado de Price (2002: 105), mostra a grande economia de palavras obtida com a eliminação dos dados (68 palavras contra 187, na tradução para o português) e sugere um link para o usuário consultar, em outra página, a tabela de dados:

A quantidade de aço transportado nos Estados Unidos subiu dramaticamente de 1990 a 1995, caindo então, na maioria dos setores do mercado, para níveis abaixo daqueles verificados em 1990 (em autos e em construção). Ou, pelo menos, para níveis inferiores daqueles obtidos em 1995 (vagões ferroviários). O único grupo que continuou a aumentar a quantidade de remessas acima dos altos valores de 1995 foram os distribuidores de aço. (Veja tabela comparativa das remessas de aço)

Tabela comparativa das remessas de aço			
Produtos de aço	Remessas por classes de mercado, em milhares de toneladas		
Classe do mercado	1990	1995	1998
Aço para conversão e processamento	2.928	3.932	3.443
Forjas independentes	841	1.250	1.048
Distribuidores de aço	11.125	14.813	16.025
Construção	9.664	11.836	8.913
Automotivo	14.610	20.123	14.475
Ferroviário	2.525	3.805	3.098

Tabelas, quadros e diagramas isolam os dados e os tornam mais fáceis de ser estudados. A menos que o relato seja dirigido para cientistas ou engenheiros, números em grande quantidade não permitem que o texto estabeleça intimidade com o leitor.

Leitura superficial e listas

A leitura superficial, como vimos no Capítulo 15, é própria dos usuários que têm o hábito de correr os olhos sobre o texto em uma tela de computador. Como o objetivo do leitor é localizar rapidamente algo que seja relevante, descartando aquilo que não interessa, a informação que contenha quaisquer séries pode passar despercebida do usuário se o redator optar por um texto corrido, como neste *press release* extraído de Price (2002: 129):

As novidades deste lançamento são os itens adicionais de informação sobre cada música, tais como opções de codificação, equipamentos de mão que tocam estes formatos, gênero, duração total da faixa, nome do álbum original em que a faixa foi lançada, e um sumário de quaisquer preferências que você estabeleça para o download.

O leitor do tipo superficial quer economizar seu precioso tempo. O recomendável é mostrar séries em listas numeradas (apropriadas para aumentar a efetividade de uma seqüência de instruções) ou em listas com marcadores. É o que foi feito no exemplo seguinte:[4]

As novidades deste lançamento são os itens adicionais de informação sobre cada música:

* Opções de codificação
* Equipamentos de mão que tocam estes formatos
* Gênero
* Duração total da faixa
* Nome do álbum original em que a faixa foi lançada
* Um sumário de quaisquer preferências que você estabeleça para o download.

Cuidados especiais com o texto

Segundo Bezerra (2002c), o redator deve preocupar-se com outras normas de redação mais específicas e muitas vezes descuidadas, que são lembradas em seguida:

Adjetivos – Restringir o uso de adjetivos.

Anos e Décadas – Deverão ser escritos por inteiro. Não existe 96 como referência a 1996. Quando lidamos com informações, o indicado é referir-se com precisão às datas, ou seja, mesmo que o evento tenha acontecido ontem, mencionar o dia e o mês.

Aspas – Devem ser utilizadas quando houver necessidade de se atribuir um enunciado a determinada fonte. Recomenda-se que as declarações sejam curtas, no máximo em enunciado de uma linha por parágrafo. O texto eletrônico dá mais autonomia de interpretação ao leitor.

Endereços – Devem ser escritos por extenso, em caixa alta e baixa. Endereços eletrônicos devem ser grafados segundo as normas da internet.

Evitar clichês ou metáforas elaboradas – O texto fica mais objetivo e facilita o entendimento do ciberleitor.

---

4. Em outros casos de uso de listas com marcadores respeite, se possível, uma regra simples e prática: "coloque os itens mais longos no final da lista, para que eles não interfiram na leitura dos outros" (Price, 2002: 129).

Horário – O dia começa à zero hora e termina às 24h, ou meia-noite; a madrugada vai de 0h às 6h; a manhã, das 6h às 12h, ou meio-dia; a tarde, das 12h às 18h; a noite, das 18h às 24h. Em cronometragem, use as abreviaturas min e s (2h10min36s).

Modismos – Lugares-comuns devem ser banidos do texto, o que vale também para preciosismos e formas rebuscadas que tentam transmitir mera idéia de erudição.

Nomes próprios – Evite abreviar. [Acrescenta-se a essa regra, outra indicada por Carole Rich em seu estudo *Redação Jornalística para a Web*: Evite a convenção jornalística de usar apenas o último nome em uma segunda referência. Isso porque quando os leitores rolam diferentes telas, a segunda referência é confusa].

Números – De um a nove devem ser grafados por extenso. A partir de 11, inclusive, use numerais. Essa regra não vale para datas. Elas são escritas sempre com numeral e não devem ser antecedidas de zero (2/4/1996, por exemplo). Algarismos de 1.000 em diante devem ser pontuados; anos são exceções: 1984, 2002.

Palavras estrangeiras – Podem ser escritas em itálico.

Termos simples – Muita atenção nessa hora. Votar é melhor do que sufragar; vestibular é melhor do que concurso. Mas, trabalhos científicos não estão sujeitos à essa norma, devendo ser, portanto, de responsabilidade de seu autor.

Pronomes demonstrativos – Em excesso prejudicam o ritmo do texto; deve-se dar nome às coisas.

Pronomes indefinidos – Pronomes como muitos, alguns, diversos, vários devem ser usados apenas em casos extremos, quando não for possível determinar o número expresso pelo fato. Quando for impossível determinar quantidades com precisão é preferível deixá-las de lado.

Repetições – Palavras repetidas podem, muitas vezes, contribuir para a clareza do texto, portanto, é preciso não transformar o receio de repeti-las em preocupação obsessiva.

Ter em mente leitores internacionais – Rever o uso de palavras ou expressões características da língua portuguesa, tomando cuidado com o emprego de metáforas.

Usar verbos com significado preciso em lugar de locuções – Escrever "decidir" em vez de "tomar uma decisão", ou "usar" em lugar de "fazer uso de". Essa técnica não só apresenta a mensagem aos leitores da Web de forma mais vigorosa, como também ocupa menos espaço.

Edição é fator de sucesso

Depois de seguir rigorosamente as etapas estabelecidas para o planejamento do conteúdo jornalístico e de produzir a sua história observando cuidadosamente as regras de redação aplicáveis ao seu trabalho, o próximo passo é o que distingue realmente o bom jornalista: ele retoma novamente seu trabalho – com novos olhos e ouvidos mas com a mesma disposição inicial – para novamente editar, editar e editar!

Glossário

@ – sinal que significa arroba, adotado para denotar "em" (ou *at*, em inglês). No correio eletrônico, o endereço silva@abc.com.br indica que o usuário Silva está no provedor ABC.

acceptable use policy (AUP) – regras de boa conduta para a utilização correta da Internet e seus serviços. Pode também ser um documento distribuído ao novo usuário de determinado sistema.

acesso – 1. Conjunto de requisitos técnicos (como modem e programa de discagem) e financeiros (como conta aberta em um provedor) que permitem ao usuário ingressar e navegar na Web. 2. Ato de estabelecer conexão entre dois dispositivos, ou entre um computador e uma rede. 3. Permissão concedida ao usuário para entrar em uma rede de computadores e, em seguida, utilizar qualquer um dos recursos nela oferecidos.

acesso dedicado – conexão permanente de um computador à Internet, por meio de canal específico para transmissão de dados.

acesso discado – método de acesso a uma rede ou um computador remoto via linha telefônica, discando o número em que está a rede ou o computador.

acesso remoto – indica o processo de acessar os recursos de outro computador, tais como arquivos ou impressora.

Acrobat – programa que usa o formato de arquivo PDF. Ver *Portable Document File*.

acrônimo – palavra formada pelas primeiras letras de palavras de uma locução ou frase. Esse recurso é usado especialmente em chats e correio eletrônico, para tornar mais rápida a comunicação. Alguns exemplos mais comuns: ABS (Abraços), FAQ (frequently asked questions – dúvidas freqüentemente perguntadas), MORF (male or female? – homem ou mulher?), IMHO (in my humble opinion – na minha modesta opinião), IMO (in my opinion – na minha opinião). Na Internet em geral, o uso de acrônimos tornou-se freqüente para abreviar termos técnicos, por exemplo, RAM, acrônimo de random-access memory (memória de acesso aleatório).

Active Server Pages (ASP) – padrão para páginas Web criadas dinamicamente com base em código Jscript ou Visual Basic. Quando o *browser* solicita uma página ASP, o servidor monta-a na hora e apresenta-a ao *browser*. Nesse aspecto, ASP e CGI são similares.

ActiveX – uma tecnologia Microsoft que facilita o compartilhamento de informações entre aplicativos. Ela é utilizada principalmente no desenvolvimento de aplicativos interativos e conteúdo da Web. A ActiveX é baseada na tecnologia OLE já existente há algum tempo, mas expande o campo de ação do compartilhamento de objetos da área de trabalho para a Internet inteira. Visto que a tecnologia ActiveX tem uma estrutura modular, os programas podem ser gravados para que funcionem como aplicativos independentes, como objetos "inteligentes" incorporados em programas Visual Basic ou páginas da Web ou como objetos OLE tradicionais nos documentos.

ad views – número de vezes que um anúncio numa página Web é visto, em determinado intervalo de tempo.

Advanced Research Projects Agency (ARPA) – organismo de pesquisa norte-americano que desenvolveu, com propósitos militares, uma rede de longa distância, a ARPAnet, em conjunto com universidades e centros de pesquisa dos Estados Unidos.

Advanced Research Projects Agency Network (ARPAnet) – rede de longa distância criada em 1969 pela Advanced Research Projects Agency (ARPA, atualmente Defense Advanced Projects Research Agency, ou DARPA) em consórcio com as principais universidades e centros de pesquisa dos Estados Unidos, com o objetivo específico de investigar a utilidade da comunicação de dados em alta velocidade para fins militares. É conhecida como a rede-mãe da Internet de hoje e foi colocada fora de operação em 1990.

agent – programa de computador ou processo que opera sobre uma aplicação cliente ou servidor e realiza uma função específica, como uma troca de informações. Ver também *aplicação*.

alias – significa segundo nome, ou apelido. 1. Pode referenciar um endereço eletrônico alternativo de uma pessoa ou um grupo de pessoas, ou um segundo nome de uma máquina. 2. Um dos comandos básicos do Unix, que permite ver os diretórios existentes no sistema operacional.

American National Standards Institute (ANSI) – organização norte-americana filiada à International Organization for Standardization (ISO) e voltada para a definição e o estabelecimento de normas e padrões técnicos básicos como o ASCII.

American Standard Code for Information Interchange (ASCII) – código de números binários usado para representar caracteres de arquivos-texto em computadores e dispositivos de armazenamento eletrônico de dados. A codificação dos caracteres é definida pela ASCII com códigos de 0 a 127.

AMI – ver *Associação de Mídia Interativa*.

amigável – equipamento, software ou qualquer outro recurso tecnológico que pode ser utilizado com facilidade, por não exigir experiência nem treinamento específico.

analógico – da palavra grega *analogos*, significa comparação, portanto, o que não é digital. No relógio, por exemplo, a pessoa vê os dois ponteiros juntos no alto do mostrador, observa que o Sol está alto e interpreta isso como sendo meio-dia. O relógio digital dispensa analogia, pois a informação é clara e precisa: 12 horas. Ver *digital*.

anonymous – nome normalmente utilizado para o login num servidor FTP, para indicar que se trata de um usuário anônimo, não registrado na máquina em questão. A senha (password) que é pedida em seguida deve ser o endereço eletrônico ou guest; o sistema permite apenas o acesso aos arquivos públicos.

anonymous FTP – ver *FTP anônimo*.

ANSI – 1. Conjunto de normas para a transferência de caracteres de controle. Utilizado para tratamento de atributos, cores, movimento do cursor etc., em terminais ou emuladores de terminais. 2. Ver *American National Standards Institute*.

anúncio intersticial – página com uma mensagem comercial que aparece temporariamente após um clique, sem que o usuário tenha controle sobre ela.

aplicação – programa que faz uso de serviços de rede como transferência de arquivos, login remoto e correio eletrônico.

aplicações Internet – também conhecidas como aplicações TCP/IP, são os programas de aplicações que utilizam os protocolos da rede conhecidos como: File Transfer Protocol (FTP) para transmissão de arquivos; Simple Mail Transfer Protocol (SMTP) e Post Office Protocol (POP) para correio eletrônico (e-mail); HTTP e HTML em navegadores (browsers); Internet Relay Chat (IRC) para bate-papo; e outros.

aplicações Java – são programas de aplicação desenvolvidos utilizando-se a linguagem Java, porém com comportamento similar ao de outras aplicações.

aplicações TCP/IP – Ver *aplicações Internet*.

aplicativo – qualquer programa de computador que realize uma função específica. Por exemplo, Microsoft Word, um aplicativo (programa) utilizado para editar textos.

applet – programa de computador gravado em Java. Os applets são semelhantes a aplicativos, mas não são executados de maneira independente. Em vez disso, os applets seguem um conjunto de convenções que permitem que sejam executados em um navegador compatível com Java, tornando disponíveis recursos como consulta bancária, processador de texto, reprodução de sons e animação de imagens.

applets Java – Ver *applet*.

Archie – ferramenta que permite a procura de arquivos e informações em servidores FTP. Indica-se ao archie o nome do arquivo (ou parte dele) que se deseja encontrar e ele dá o nome (endereço) dos servidores onde pode ser encontrado. Um serviço de busca de arquivos armazenados em FTP anônimo, pouco disseminado no Brasil, que pode ser usado para procurar determinado arquivo por assunto, título ou palavra-chave.

ARJ – compactador de arquivos bastante conhecido, mas que hoje perdeu espaço para os programas baseados no sistema ZIP, que adotaram primeiro a interface gráfica.

ARPA – Ver *Advanced Research Projects Agency*.

ARPAnet – Ver *Advanced Research Projects Agency Network*.

arquitetura cliente/servidor – é toda arquitetura de rede em que estações (microcomputadores) executam aplicações clientes que se utilizam de programas servidores para transferência de dados do próprio servidor ou comunicação com outras estações e suas aplicações clientes.

Arquitetura da Informação (AI) – trata-se da organização e formatação das informações (textos, imagens, gráficos, entre outros) que constituem o conteúdo de um site, de apresentações multimídia e de programas de hipermídia. O arquiteto de informações é o profissional de editoração que realiza esse trabalho.

arquitetura de rede – conjuntos hierárquicos de protocolos de comunicação. É a coleção de regras lógicas que estabelece a comunicação entre os computadores interligados fisicamente em uma rede.

arquivo – nos computadores trabalha-se fundamentalmente com arquivos. Os dados são armazenados em arquivos e todos os aplicativos ou programas utilizados são armazenados em arquivos. A Internet, por sua vez, tem como uma de suas principais tarefas transportar arquivos de um lugar para outro.

arquivo atachado – envio de um arquivo associado a uma mensagem. Alguns programas de correio eletrônico permitem que qualquer arquivo seja enviado junto com uma mensagem. Ao chegar ao destinatário, o arquivo associado pode ser copiado para o computador.

arquivo binário – arquivo com imagens e programas. A conversão do arquivo binário para arquivo de texto é denominada codificação, ou uuencoding.

arquivo de auto-extração – arquivos compactados no formato .exe que, para serem descompactados, basta apenas executá-los. Na verdade, os arquivos de auto-extração trazem dentro de si, além de outros arquivos, os princípios básicos de seu programa de descompressão.

arquivo de log – os servidores Web mantêm arquivos com o registro (log) de todas as solicitações que recebem. Esse documento permite analisar itens como a procedência dos usuários, a freqüência com que retornam ao site e seus hábitos de navegação no site.

arquivo de texto – arquivo com textos de qualquer natureza. Pode ser transformado em arquivo binário pelo processo de conversão denominado decodificação, ou unencoding.

arrab – palavra utilizada para representar, quando estiver sendo ditado, o caracter barra invertida (\).

article – Ver *artigo*.

artigo – um texto existente nos serviços de grupos de discussão, como a Usenet.

ASCII – Ver *American Standard Code for Information Interchange*.

ASP – Ver *Active Server Pages*.

assinatura – 1. Arquivo, geralmente com três ou quatro linhas, que as pessoas colocam no fim de suas mensagens, para indicar quem a enviou ou a sua origem; 2. Ato de subscrever uma lista de discussão ou um newsgroup; 3. Informação que autentica uma mensagem.

assistente – ajuda baseada em computador que fornece orientação durante as etapas necessárias para concluir uma tarefa.

Assistente Pessoal Digital – mecanismo portátil capaz de armazenar e exibir informações digitais, como o palm top, computador que cabe na palma da mão e que surgiu da evolução das antigas agendas eletrônicas.

Associação de Mídia Interativa (AMI) – criada em julho de 1995, a Associação de Mídia Interativa refere-se à mídia interativa como aquela baseada na veiculação de propaganda pela Internet. Entre os seus objetivos, destacam-se promover a evolução da mídia interativa no Brasil, estabelecer normas de veiculação na Internet em conjunto com os associados, e promover o intercâmbio nacional e internacional de experiências e conhecimentos técnicos, realizando cursos, seminários, congressos e afins.

Asynchronous Transfer Mode (ATM) – protocolo de comunicação de alta velocidade, criado para o tráfego de dados e aplicações multimídia. Traduzido por Modo de Transferência Assíncrono, o ATM divide a informação em pacotes, que são enviados sem uma seqüência. Esses pacotes se reorganizam quando chegam ao destino.

atachar – do inglês *attach*, consiste em anexar um documento, na forma de programa ou arquivo, a uma correspondência a ser transmitida por correio eletrônico.

attachment – Ver *arquivo atachado*.

atalho – 1. Um ícone geralmente colocado na tela inicial do micro para facilitar o acesso a um programa ou arquivo. Basta clicar duas vezes no ícone de atalho para abri-lo, sem precisar procurar o programa ou o arquivo em diretórios ou pastas. 2. O atalho pode ser um caminho rápido para indicação de um determinado comando ao computador por meio da combinação de duas teclas do teclado pressionadas simultaneamente. Por exemplo: nos processadores de texto, pressionar *Ctrl + End* leva o redator ao final de um documento, dispensando o uso do mouse.

ATM – Ver *Asynchronous Transfer Mode*.

audiência – 1. O percentual de usuários que visualizou uma página ou um banner em determinado período de tempo. 2. Pessoas atingidas pelos veículos de comunicação.

áudio seqüenciado – arquivos de som capturados em tempo real em um arquivo de áudio ou transmitidos pela Internet em tempo real. Um *plug-in* de um navegador da Web descompacta e executa os dados à medida que eles são transferidos para o seu computador pela Web. O áudio e vídeo seqüenciados eliminam a demora resultante da transferência de um arquivo inteiro e da sua execução posterior em um aplicativo auxiliar.

AUP – Ver *acceptable use policy*.

autenticação – uma assinatura eletrônica; uma tecnologia que garante que uma transmissão eletrônica tenha sua origem definida.

authoring tools – ferramenta para criação, constituindo-se em um software de aplicação para criar conteúdo não limitado, inclusive editores de texto, processadores de palavras, gravação de áudio, de vídeo e de cinema, processando e aplicando imagens.

auto-estrada da informação – ligação ou conjunto de ligações entre computadores, formando uma rede de redes, de preferência com meios de comunicação extremamente rápidos. Um nome abusivamente usado por vezes (sobretudo nos media tradicionais) para designar a(s) rede(s) atualmente existente(s), e em particular a Internet, pois uma grande parte delas ainda tem muitas interligações bastante lentas.

auto-estrada eletrônica – Ver *auto-estrada da informação*.

backbone – espinha dorsal de uma rede, uma estrutura composta de linhas de conexão de alta velocidade, que, por sua vez, se conecta a linhas de menor velocidade em várias sub-redes.

background – fundo de páginas.

backup – Ver *cópia de segurança*.

baixar – ação de transferir um arquivo da Internet para o computador do usuário. Ver *download*.

banda larga – serviço de acesso à Web em alta velocidade, como o da TV a cabo, a *broadband*, que permite a transmissão de vários canais ao mesmo tempo.

bandwidth – largura de banda, termo que na linguagem comum designa a quantidade de informação passível de ser transmitida por unidade de tempo, em determinado meio de comunicação (fio, onda de rádio, fibra óptica etc.). Normalmente é medida em bits por segundo, kilobits por segundo, megabits por segundo, kilobytes por segundo, megabytes por segundo etc. Em canais analógicos, a largura de banda é medida em hertz e está relacionada com o débito efetivo de informação, mas é comum falar-se sempre em Kbps, Mbps ou outra.

banner – anúncio em forma de imagem gráfica, geralmente em formato GIF (animado ou não), inserta em uma página da Web, com hiperlink para a página do anunciante.

barra de rolagem – faixa vertical ou horizontal, que serve para movimentar as informações da tela, geralmente acionada por setas comandadas pelo mouse.

Bate-papo – programa de software interligado em rede que permite que diversos usuários realizem "conversações" em tempo real entre si digitando mensagens em seus respectivos computadores e enviando-as por meio de uma rede local ou da Internet. Alguns programas avançados de Bate-papo, como o PowWow, suportam conversação em voz e a troca de arquivos em meios diferentes (por exemplo, arquivos de fotografias ou elementos gráficos).

baud – a velocidade em que um modem ou outro dispositivo transmite dados, medida tecnicamente em número de eventos, ou alterações de sinais, por segundo. (A velocidade de transmissão é comumente, porém de maneira incorreta, considerada o número de bits por segundo, o que não é a mesma medida.)

baud rate – número de mudanças de fase do sinal transmitido por um modem, constituindo-se em medida de taxa de transmissão elétrica de dados em uma linha de comunicação. Não deve ser confundido com a medida bits por segundo (bps), cujos valores podem ser aproximados em modems lentos, mas, nos modems mais rápidos, a cada baud podem corresponder vários bps.

BBS – ver *Bulletin Board System*.

Because It's Time Network (Bitnet) – rede educacional internacional, criada em 1981, que liga computadores em aproximadamente 2.500 universidades e institutos de pesquisa nos Estados Unidos, na Europa e no Japão. A Bitnet não usa protocolo da família TCP/IP, mas pode trocar mensagens eletrônicas com a Internet. O protocolo empregado é o Remote Spooling Communication System (RSCS).

beta – qualquer programa que ainda não está finalizado ou ainda em fase de testes, mas que já possui uma versão de testes para ser usada.

binário – sistema de contagem contendo somente dois elementos; por exemplo: números (na digitalização, 0 e 1), palavras (sim e não), cores (preto e branco). Pela simples alternativa de passagem/não-passagem de corrente elétrica simbolizável pelos dois valores 1 e 0, o computador digital pode realizar as mais variadas operações.

Biometria – tecnologia de segurança que permite identificar o usuário pela impressão digital, geometria da mão, retina, íris, voz ou perfil da face. Estão em fase de estudo outras formas de reconhecimento pela impressão vascular da mão, odores do corpo e ressonância acústica do crânio.

Bios – do inglês "basic input output system", o Bios é um conjunto de programas básicos que permitem o controle do computador e fornecem suporte ao sistema operacional para acesso aos recursos de uma máquina.

bit – dígitos binários, do inglês "binary digits", um bit é a menor unidade de informação. Cada bit representa um 1 ou um 0. Oito bits compõem um byte, uma unidade completa de informação. Ver *byte*.

bitmap – padrão de pontos coloridos que na tela do computador são criados como um pixel de luz formando as imagens.

Bitnet – Ver *Because It's Time Network*.

bits por pixel – indica quantas cores tem um arquivo de imagem ou quantas cores um dispositivo de vídeo pode exibir: 8 bits = 256 cores, 16 bits = 65.536 cores e 24 bits = 16,7 milhões de cores.

bits por segundo (bps) – medida da taxa de transferência real de dados de uma linha de comunicação, como um modem, dada em bits por segundo. Um modem 28.800, por exemplo, consegue transferir 28.800 bits por segundo. Variantes ou derivativos importantes incluem Kbps (igual a 1.000 bps) e Mbps (igual a 1.000.000 bps).

Blog – forma abreviada de weblog.

Blogger – aquele que possui e/ou atualiza um weblog.

Blogger.com – um dos principais serviços de criação de weblog disponíveis na Web.

Blogueiro – Ver *blogger*.

bookmark – Ver *Favoritos*.

bps – Ver *bits por segundo*.

BRB – abreviação de "Be right back", o equivalente a "Volto logo".

bricks – Ver *bricks-and-clicks*.

bricks-and-clicks – são as empresas do mundo real que migram seus negócios para o mundo virtual.

bricks-and-mortar – em português "tijolo" e "cimento", serve para designar as empresas tradicionais sem operações na World Wide Web.

bridge – um dispositivo ("ponte") que conecta duas ou mais redes de computadores transferindo, seletivamente, dados entre ambas.

broadband – Ver *banda larga*.

browser – do inglês *browse*, folhear livros, percorrer páginas a esmo, o *browser* é um cliente para extração de informação em um servidor Web ou gopher. Termo normalmente aplicado para os programas que permitem navegar na World Wide Web, como o Mosaic, Internet Explorer e Netscape. Tipicamente, um *browser* é o programa em um computador pessoal que acessa, por uma linha telefônica, um servidor (isto é, um programa que atende à demanda de clientes remotos) contendo informações de interesse amplo, nele permitindo visualizar e procurar texto, imagens, gráficos e sons, de maneira aleatória ou sistemática.

BTW – do inglês "By the way", é usado em textos de correio eletrônico, artigos de news, entre outros. Significa "A propósito", "Por falar nisso".

bug – significando em inglês inseto ou besouro, é o nome que se dá a uma falha no sistema, quase sempre conseqüência de um erro de programação. O apelido surgiu em 1945 quando uma mariposa entrou no computador da Universidade Harvard e travou o sistema. No seu relatório, o mecânico reportou que "havia um bug no sistema".

Bulletin Board System (BBS) – sistema que disponibiliza aos seus usuários arquivos de todo o tipo (programas, dados ou imagens), softwares de domínio público e conversas on-line (chat). Muitos BBS oferecem acesso ao correio eletrônico da Internet. Os assinantes têm acesso aos serviços por meio de linhas telefônicas (isto é, de voz), utilizadas via computador pessoal e modem.

byte – um conjunto ou grupo de oito bits que representam uma informação real, como letras e os dígitos de 0 a 9. O termo *byte* é uma contração de *bynary term*.

cable modem – modem especial que utiliza a rede de televisão a cabo para transmitir e receber dados, em vez da tradicional linha telefônica, alcançando maiores velocidades: chega a 10 Mbps no upstream e 43 Mbps no downstream.

cache – Ver *cache de documento*.

cache de documento – recurso oferecido pelos *browsers* para o armazenamento de cópias de páginas da Web no disco rígido do computador do usuário ou no próprio servidor, para que não seja necessário acessá-los novamente de algum servidor distante.

caixa de correio – um arquivo, diretório ou uma área de espaço em disco rígido usado para armazenar mensagens de correio eletrônico.

canal – 1. Tipo de link que permite ao usuário entrar em contato com determinado transmissor de informações especializadas. 2. Cada uma das salas de bate-papo, em alguns programas de chat.

carregar – o processo de transferência de um arquivo de um computador local para um computador remoto via modem ou rede.

carta de fundação – o documento de fundação de um grupo de discussão da Usenet, definindo que assuntos são aceitos (ou não) para discussão e estabelecendo se o newsgroup é moderado ou não.

CCITT – Ver *Comité Consultatif Internationale de Telegraphie et Telephonie*.

CD-R – Ver *Compact Disc-Recordable*.

CD-ROM – Ver *Compact Disc Read Only Memory*.

Cello – um programa browser para navegar na WWW.

Central Processing Unit (CPU) – unidade central de processamento de um sistema de computação, composta de circuitos que controlam a interpretação e a execução das instruções programadas.

CERN – trata-se do European Laboratory for Particle Physics, um dos mais importantes centros para pesquisas avançadas em física nuclear e de partículas, localizado em Genebra, Suíça. A sigla CERN relaciona-se ao seu nome anterior, Conseil Européene pour la Recherche Nucléaire. Dispõe de um grande círculo de aceleração de partículas, com 27 km de diâmetro, mas para os usuários da Internet, o CERN é conhecido como o local onde foi desenvolvida a tecnologia da World Wide Web, por uma equipe de engenheiros sob a liderança de Thimothy Berners-Lee.

CERT – Ver *Computer Emergency Response Team*.

CG – Ver *Comitê Gestor Internet do Brasil*.

CGI – Ver *Common Gateway Interface*.

chain letter – Ver *chain mail*.

chain mail – uma carta que é recebida por alguém e enviada para várias pessoas e assim sucessivamente, tornando-se rapidamente difundida via e-mail. Em geral o seu texto incita a sua difusão por outras pessoas.

chamada – a chamada é um resumo de uma notícia colocada quase que sempre na primeira página de uma publicação, esclarecendo sobre a página que será lida. Pode ser ilustrada ou não.

charter – Ver *carta de fundação*.

chat – termo em inglês que significa "bate-papo" ou "conversa". Designa o sistema de Internet Relay Chat (IRC) ou o serviço dos canais de bate-papo existentes em muitos sites da Web, que possibilitam a comunicação escrita simultânea e em tempo real entre vários usuários pela Internet.

chatear – 1. Perturbar a paciência de alguém. 2. Entrar em bate-papo (chat) com uma ou mais pessoas na Internet.

chip – microprocessador, uma peça plana de pouco mais de um centímetro quadrado, feita de um material semicondutor de eletricidade – como o silício –, sobre a qual são implantadas algumas dezenas de milhões de minúsculos transistores.

ciber – prefixo de qualquer elemento relacionado a computadores ou à Internet. Por exemplo, um cibercafé é o estabelecimento para os apreciadores de café que disponibiliza um computador para uso dos seus freqüentadores.

cibercultura – a partir de uma idéia de espaço cibernético (Ver *ciberespaço*), é a cultura da era das redes informáticas. As relações humanas fluem nas comunidades virtuais, determinando novas formas de sociabilidade.

ciberespaço – 1. O conjunto de computadores, serviços e atividades que constituem a rede mundial Internet. 2. Mundo virtual, onde transitam as mais diferentes formas de informação e as pessoas (sociedade da informação) se relacionam virtualmente, por meios eletrônicos. 3. Termo cunhado em analogia com o espaço sideral explorado pelos astronautas, sendo sua invenção atribuída ao escritor de ficção científica William Gibson no romance *Neuromance*.

Cibernética – ciência que estuda o sistema de controle e de comunicação nas máquinas e nos organismos vivos, caracterizados pela auto-regulação obtida por meio de comunicação, controle e *feedback*.

click rate – é a porcentagem de ad views que resulta em click throughs.

click stream – caminho percorrido pelo internauta ao clicar nos links de um ou mais sites. Ajuda a descobrir os hábitos de navegação.

click through – número de cliques dados no banner de um anunciante, os quais conduzem o internauta para o site próprio do anunciante.

client – Ver *cliente*.

client side – literalmente, "no lado do cliente". Refere-se a programas que rodam no micro do usuário, e não num servidor Web. Esses programas podem ser applets Java, scripts Java ou controles ActiveX. Contrapõem-se aos programas CGI, que são do tipo server side (executados no servidor).

cliente – no contexto cliente/servidor, um cliente é um programa que pede determinado serviço (como a transferência de um arquivo) a um servidor, outro programa ou computador. O cliente e o servidor podem estar em duas máquinas diferentes, sendo esta a realidade para a maior parte das aplicações que usam esse tipo de interação. É um processo ou programa que requisita serviços a um servidor.

CMYK – sistema de quatro cores básicas (cyan, magenta, yellow e black) que, combinadas, geram outras cores e tonalidades.

cobertura – espectro geográfico ou de segmento da população coberto por um veículo de comunicação; a porcentagem dos consumidores potenciais de um produto atingidos pelo menos uma vez por veículo ou combinação de veículos.

Comité Consultatif Internationale de Telegraphie et Telephonie (CCITT) – é um órgão da International Telecommunications Union (ITU) das Nações Unidas que define padrões de telecomunicações. Extinto em 1993, suas atribuições passaram para o Telecommunications Standards Section (TSS) da ITU.

Comitê Gestor Internet do Brasil (CG) – órgão criado pelo governo brasileiro com o objetivo de acompanhar a disponibilização de serviços Internet no país, estabelecer recomendações relativas à estratégia de implantação e interconexão de redes, análise e seleção de opções tecnológicas, e coordenar a atribuição de endereços Internet Protocol (IPI) e o registro de nomes de domínio.

Commom Gateway Interface (CGI) – aplicação servidora utilizada geralmente para processar solicitações do navegador (browser) por meio de formulários HTML, enviando o resultado em páginas dinâmicas HTML. O software facilita a comunicação entre um servidor da Web e programas que operam fora do servidor, como os programas que processam formulários interativos ou procuram nos bancos de dados informações solicitadas por um usuário. Pode ser utilizado para conexão (gateway) com outras aplicações e bancos de dados do servidor.

comp. – uma hierarquia da Usenet dedicada a computadores.

Compact Disc Read Only Memory (CD-ROM) – disco semelhante ao CD de áudio, apenas com memória de leitura e alta capacidade de armazenamento (mais de 600 MB de informação), o CD-ROM é utilizado em computador para disponibilizar aplicativos e recursos multimídia, assim como arquivos de texto, imagem e som.

Compact Disc-Recordable (CD-R) – disco compacto que aceita gravação de informações digitalizadas (texto, imagens, vídeo e som) por parte do usuário.

compressão de dados – processo para a compactação de dados, envolvendo a eliminação dos espaços em branco e a substituição de padrões repetidos por símbolos menores, que poupam espaço. A compactação de dados é especialmente útil nas comunicações porque permite a transmissão da mesma quantidade de informação em menor volume e, em conseqüência, menor tempo.

Computer Emergency Response Team (CERT) – organismo pioneiro criado em 1988 pela agência norte-americana Defense Advanced Projects Research Agency (Darpa), visando tratar questões de segurança em redes, em particular na Internet.

comutação de pacotes – processo empregado para dividir a mensagem em partes menores ("pacotes"), que são endereçados separadamente e remetidos de uma máquina para a outra até serem reconstituídos no destino final, com evidentes vantagens na velocidade de transmissão e no tráfego por rotas menos congestionadas.

conexão – ligação de dado computador a outro computador remoto.

Consórcio W3 – um consórcio da indústria liderado pelo Laboratory for Computer Science do Massachusetts Institute of Technology, em Cambridge, Massachusetts. (W3 refere-se à World Wide Web.) O consórcio promove padrões e incentiva a interoperabilidade entre produtos da World Wide Web. Baseado originalmente no European Laboratory for Particle Physics (CERN), localizado em Genebra, Suíça, onde a tecnologia da World Wide Web foi desenvolvida, o Consórcio conseguiu apenas um modesto sucesso em conseguir a cooperação de diversas empresas privadas no desenvolvimento de tecnologias da Web, pois essas empresas normalmente relutam em compartilhar seus segredos.

construção por bloco – técnica associada à pirâmide invertida. Construir um texto por blocos quer dizer que cada parágrafo da notícia funciona como uma entidade independente, autônoma. Nessa técnica, não é necessário que os parágrafos tenham ligação entre si, mas é fundamental que estejam ligados com o assunto principal.

conteúdo – soma de texto, figuras, dados ou outras informações apresentadas por um site da Web.

cookie – arquivo armazenado no disco rígido e utilizado para identificar o computador ou as preferências do seu usuário para um computador remoto. Os cookies são utilizados com freqüência para identificar visitantes em sites da Web e ainda para exibir páginas personalizadas. Para isso, o usuário precisa ter fornecido informações pessoais numa visita anterior ao site.

cópia de segurança – arquivo que contém uma reprodução ou duplicação da informação do arquivo ou do conjunto de dados que se está utilizando como reserva em caso da destruição ou inutilização do arquivo original.

corpo – dimensão pela qual medimos e especificamos um tipo.

correio caracol – uma referência irônica ao correio tradicional, que é muito mais lento que o correio eletrônico, daí o nome.

correio eletrônico – 1. Correio transmitido e recebido diretamente pelo computador, por meio de um endereço Internet. Uma carta eletrônica contém texto (como qualquer outra carta) e eventualmente pode ter um ou mais arquivos anexados. 2. Meio de comunicação baseado no envio e na recepção de textos, chamados de mensagens, por meio de uma rede de computadores.

Cost Per Target Thousand Impressions (CPTM) – custo por mil relacionado ao público-alvo do banner.

CPM – Ver *Custo por Mil*.

CPTM – Ver *Cost Per Target Thousand Impressions*.

CPU – Ver *Central Processing Unit*.

cracker – indivíduo que faz todo o possível e o impossível para entrar num sistema informático alheio, quebrando sistemas de segurança, para poder espionar ou causar danos.

crawler – rastejador, em inglês. Designa mecanismos de busca cujos programas-robôs navegam automaticamente pela rede registrando tudo o que encontram em suas páginas. Ver também *mecanismo de busca*.

criptografar – criptografar um arquivo significa convertê-lo num código secreto, com propósitos de segurança, para que as informações nele contidas não possam ser utilizadas ou lidas até serem decodificadas.

criptografia – é a técnica de converter (cifrar) uma mensagem ou mesmo um arquivo utilizando um código secreto. Com o propósito de segurança, as informações nele contidas não podem ser utilizadas ou lidas até serem decodificadas. A criptografia está disponível em duas formas: criptografia de software, amplamente utilizada apenas para instalar, e a criptografia de microchip, mais difícil de instalar, mas também mais rápida e mais difícil de decodificar.

crosspost – fazer o crosspost de um arquivo é o ato de enviar para um grupo de news um artigo (ou parte) já publicado ou a publicar em outro grupo.

Custo por Mil (CPM) – sistema de preços da publicidade on-line cujo valor é fixado e cobrado do anunciante em cada mil vezes que determinado banner é visto pelos internautas. É o quanto se paga a cada vez que um banner é exposto mil vezes.

cyberspace – Ver *ciberespaço*.

daemon – programa em execução num computador servidor que está sempre pronto para receber solicitações de outros programas, executar determinada ação e retornar a resposta adequada.

DAT – Ver *Digital Audio Tape*.

datagram – Ver *datagrama*.

datagrama – é um pacote de informação que contém os dados do usuário, permitindo sua transferência numa rede de pacotes.

DDN – Ver *Defense Data Network*.

debate moderado – uma lista de distribuição ou um newsgroup on-line que é monitorado e editado por uma pessoa para filtrar remessas não relacionadas ou fora de questão.

débito – quantidade de informação por unidade de tempo.

default – do francês *default*, significa falta. Quando optamos instalar no computador um programa por default, omitimos nossas preferências e a instalação é feita de acordo com as sugestões contidas no programa.

Defense Data Network – uma parte da Internet que conecta bases militares norte-americanas e seus fornecedores, sendo usada para comunicações não-confidenciais.

DHTML – Ver *Dynamic Hypertext Markup Language*.

dial-IN – designa um tipo de ligação ou um ato de ligação à Internet, neste caso pelo estabelecimento de uma chamada telefônica (dial) para um computador, por meio de um modem.

dial-UP – Ver *acesso discado*.

digital – uma tradução em dígitos do mundo analógico, no qual todos os dados (textos, números, sons e imagens) são representados por combinações de dois dígitos (0 e 1). No Compact Disc, por exemplo, não há música, apenas uma enorme quantidade de zeros e uns (os bits), que são interpretados pelo aparelho de CD e nos fazem ouvir uma transcrição analógica dos códigos digitais, executada por nossa mente.

Digital Audio Tape (DAT) – fita de áudio digital, nome que vem do fato de a tecnologia ter sido criada originalmente para a gravação de sons. Menor que um cartucho de audiocassete, o cartucho de fita DAT de 4 milímetros armazena até 24 GB (cerca de 40 CD-ROMs) e transfere dados à velocidade de até 2 Mbps.

Digital Versatile Disk (DVD) – disco com alta capacidade de armazenamento de informações (mais de 8 GB) utilizado para gravação de imagens de vídeo. O DVD é capaz de desempenhar as funções do CD-ROM com maior capacidade, velocidade e qualidade da imagem.

Digital Versatile Disk-Recordable (DVD-R) – tecnologia que permite gravação e regravação em DVD virgem de informações diversificadas, como programas de computador, vídeos, gravações em áudio e filmes cinematográficos.

digitalização – apreensão numérica ou matemática da realidade para ser manipulada. Traduzir uma informação em números (1 e 0).

DirecPC – sistema de conexão de alta velocidade que combina as tecnologias de satélite geoestacionário e antena parabólica, permitindo uma transferência de dados da rede para o micro de até 400 Kbps, quase 14 vezes mais do que a de um modem de 28,8 Kbps.

DNS – Ver *Domain Name System* e *Domain Name Server*.

domain – Ver *domínio*.

domain name – Ver *nome de domínio*.

Domain Name Server (DNS) – designa o conjunto de regras e/ou programas que constituem um Servidor de Nomes da Internet. Um servidor de nomes faz a tradução de um nome alfanumérico (por exemplo microbyte.com) para um número IP (por exemplo 192.190.100.57). No caso do DNS brasileiro, geram-se todos os nomes terminados em br. Qualquer outro nome será também traduzido pelo mesmo DNS, mas a partir de informação proveniente de outro DNS (isso se essa informação não tiver sido previamente obtida). Além das conversões nomeIP e IPnome, um DNS pode também conter informações sobre como encaminhar correio eletrônico até que ele chegue à máquina final.

Domain Name System (DNS) – serviço e protocolo da família TCP/IP para o armazenamento e consulta a informações sobre recursos da rede. A implementação é distribuída entre diferentes servidores e trata principalmente da conversão de nomes Internet em seus números correspondentes.

domínio – Ver *nome de domínio*.

domínio público – algo que está no domínio público é algo que se pode copiar, utilizar e distribuir sem nenhum pagamento. Normalmente se pede que seja dado o devido crédito aos seus autores.

Doom – um dos mais famosos jogos distribuídos em shareware na Internet. Os seus criadores, três jovens, ficaram rapidamente milionários com um verdadeiro clássico no gênero (tiros e explosões). O Doom tem vários níveis, efeitos sonoros, 3 dimensões e permite que vários jogadores joguem simultaneamente, cada um no seu computador.

dots per inch – medida em pontos por polegada da resolução da imagem de uma impressora ou do monitor.

download – fazer o download de um arquivo é o ato de transferir o arquivo de um computador remoto para o seu próprio computador (o arquivo recebido é gravado em disco no computador local), usando qualquer protocolo de comunicação. O computador de onde os dados são copiados é subentendido como "maior" ou "superior" segundo algum critério hierárquico, enquanto o computador para o qual os dados são copiados é subentendido "menor" ou "inferior" na hierarquia. O sentido literal é, portanto, "puxar para baixo".

dpi – Ver *dots per inch*.

dpl-dpc – antigo sistema para transferência de arquivos entre computadores, muito utilizado em empresas não conectadas em rede. É o conhecido "disquete-pra-lá, disquete-pra-cá".

DVD – Ver *Digital Versatile Disk*.

DVD-R – Ver *Digital Versatile Disk-Recordable*.

Dynamic Hypertext Markup Language (DHTML) – HTML dinâmico, referindo-se a páginas Web cujo conteúdo é modificado, dependendo de diferentes fatores, como a localização geográfica do leitor (em conseqüência, a data e a hora locais), páginas já visitadas durante a sessão e o perfil do usuário. Várias tecnologias são usadas para produzir HTML dinâmico: scripts CGI, server sides includes (SSI), cookies, Java, JavaScript e ActiveX.

EDI – Ver *Electronic Data Interchange*.

editor de conteúdo – pessoa responsável pela seleção, organização, adequação, formatação e veiculação das matérias (textos e imagens) que integram o conteúdo de sites da Internet ou de qualquer outra publicação. Ver *web-master*.

Electronic Data Interchange (EDI) – tecnologia de intercâmbio eletrônico de dados que depende de redes privadas caras e complicadas para ser montado, mas tem a vantagem de estar livre da falta de padrões do comércio pela Internet. Os programas integrados de gestão utilizados na Web (como os da SAP, da Oracle ou da PeopleSoft) não conversam muito bem entre si e tornam difícil para as empresas que usam softwares diferentes trocar dados pela Internet.

electronic magazine – Ver *e-zine*.

Elm – programa/leitor de correio eletrônico para ambientes Unix, do qual também se pode encontrar versões para outros sistemas operativos, que tem base de menus com escolha de opções por letras e teclas de cursor.

e-mail – Ver *correio eletrônico*.

e-mail address – Ver *endereço eletrônico*.

emoticon – Ver *smiley*.

Encapsulated PostScript (EPS) – formato de arquivos gráficos usado pela linguagem Postscript.

endereço eletrônico – 1. No caso do e-mail, o formato do endereço eletrônico é usuário@domínio, que identifica determinado usuário dentro da Internet e, em particular, a sua caixa de correio eletrônica. Por exemplo: silva@express.com.br. 2. Para acesso às páginas de um site da Web, o formato é protocolo://www.domínio. Por exemplo, o endereço eletrônico da Universidade Federal de Viçosa na Web é http://www.ufv.br.

endereço Internet – Ver *endereço eletrônico*.

endereço IP – o endereço de protocolo da Internet de um computador conectado à Internet, geralmente representado em notação decimal/ponto, como em 128.121.4.5 Cada um dos quatro números do endereço IP pode assumir valores entre 0 e 255.

entrelinhamento – ato ou efeito de entrelinhar, ou seja, aumentar os claros (ou espaço) entre linhas consecutivas de um texto.

EPS – Ver *Encapsulated PostScript*.

espelho – Ver *site espelho*.

estação de trabalho – 1. Um microcomputador que faz parte de uma rede interna (de uma empresa, por exemplo). 2. Tipo específico de microcomputador dotado de alta capacidade de resolução gráfica, usado para projetos de engenharia ou tarefas de design e publicidade.

Ethernet – padrão muito usado para a conexão física de redes locais em alta velocidade, a 10 Mpbs, originalmente desenvolvido pelo Palo Alto Research Center (PARC) da Xerox nos Estados Unidos. Descreve protocolo, cabeamento, topologia e mecanismos de transmissão. As redes Ethernet usam normalmente cabos coaxiais (podem também usar outros meios, como um cabo de fios torcidos tipo linha telefônica, ondas de rádio etc.) que interligam vários computadores. A informação pode ser transmitida em modo *broadcast*, ou seja, para todos os outros computadores da rede e não apenas para um só.

Eudora – programa/leitor de correio eletrônico muito completo, existente em várias plataformas, entre elas, os Macintosh e PC (Windows). Muito recomendado pelos seus usuários e especialistas.

extensão de arquivo – extensão com três letras colocadas no final do nome de arquivo para identificar o tipo de arquivo. As mais comuns são exe (para arquivo de programa ou executável), txt (para arquivo de texto), zip (para arquivo compactado com o utilitário PKZIP), e gif (para arquivo bitmap que usa o formato Graphics Imagem Format – GIF).

extranet – uma rede exclusiva de acesso dos parceiros de negócios da organização: fornecedores, revendedores, distribuidores e clientes. É diferente da intranet, rede restrita ao público interno de uma organização.

e-zine – Abreviatura de *electronic magazine*, referindo-se ao conteúdo e ao site de uma revista on-line.

família de tipos – conjunto de caracteres de um mesmo desenho em todos os seus tamanhos (corpos) e estilos (redondo, itálico ou grifo, negrito ou bold etc.).

FAQ – Ver *Frequently Asked Questions*.

Favorito – do inglês *bookmark*, a "lista de favoritos" contém a relação definida por cada usuário com seus endereços preferidos de sites e documentos na Web. Clicar sobre um item do bookmark geralmente leva o usuário para o endereço web a que ele se refere.

FDDI – Ver *Fiber Distributed Data Interface*.

ferramenta de busca – Ver *mecanismo de busca*.

Fiber Distributed Data Interface (FDDI) – padrão para o uso de cabos de fibras ópticas em redes locais (LANs) e metropolitanas (MANs). A FDDI fornece especificações para a velocidade de transmissão de dados (alta, 100 Mbps), em redes em anel, podendo, por exemplo, conectar mil estações de trabalho a distâncias de até 200 km.

fibra óptica – meio de comunicação de dados para enviar informações na forma de pulsos de luz por meio de fibras de vidro muito finas, em altíssima velocidade.

FidoNet – rede mundial de BBS, baseada no uso do protocolo Fido, interligando computadores pessoais via linhas telefônicas. Transfere também um tipo próprio de correio eletrônico (existindo normalmente a possibilidade de enviar uma carta para alguém na Internet) e grupos de discussão (conferências é o termo exato) próprios. Pode-se dizer que é uma espécie de Internet bastante limitada em termos de interação, difusão, rapidez e heterogeneidade, quando comparada com a verdadeira Internet, mas possui uma identidade própria.

File Transfer Protocol (FTP) – designa o principal protocolo de transferência de arquivos usado na Internet, ou então um programa que usa esse protocolo. Um protocolo-padrão da Internet que é usado para transferência de arquivos entre computadores, obtidos nos hosts chamados sites FTP.

Finger – 1. Programa para obter informações sobre uma determinada pessoa que tenha um endereço eletrônico na Internet. É indicado o endereço eletrônico dessa pessoa e ele procura e devolve informação relativa a ela, após ter inquirido o computador onde ela tem a sua caixa de correio. 2. Um serviço Internet que permite obter informações sobre usuários de uma máquina.

firewall – traduzida literalmente como parede corta-fogo, é um sistema de segurança que pode ser implementado para limitar o acesso de terceiros a determinada rede ligada à Internet ou para evitar que dados de um sistema caiam na Internet, sem prévia autorização. No grau máximo de segurança, a única coisa que uma firewall pode deixar passar de um lado (rede local) para o outro (resto da Internet) é o correio eletrônico, mesmo assim podendo filtrar correio de/para determinado sítio.

flame – é uma mensagem de correio eletrônico que viola as regras de etiqueta e boas maneiras da Internet sendo insolente e malcriada. Uma troca de flames e contra-flames é chamada uma "flame war".

flame war – Ver *flame*.

follow-up – resposta a um artigo de news com outro artigo de news, mantendo o mesmo tema de discussão.

fonte – 1. Em editoração, o nome e formato de uma família de tipos. 2. Diz respeito à procedência da informação no jornalismo, sendo as fontes aquelas pessoas das quais o repórter extraiu informações para sua matéria.

fonte bitmap – conjunto de caracteres representados por mapas de bits, ou seja, linhas e colunas de pontos que formam a imagem de cada letra ou sinal gráfico. As fontes desse tipo são oferecidas para tamanhos predefinidos. Em tamanhos maiores produzem letras de perfil irregular, denteado.

fonte dimensionável – conjunto de caracteres cujos perfis são definidos por cálculos matemáticos, garantindo que cada sinal mantenha o mesmo formato, independentemente do tamanho (sem distorções, portanto).

fonte vetorial – ver *fonte dimensionável*.

foo – palavra usada para exemplificar qualquer coisa em literatura técnica na área de informática. Por exemplo, ela freqüentemente aparece em exemplos de nomes de domínios como ana@foo.bar.com. (A utilização de foo com bar significa o acrônimo FUBAR – Fucked Up Beyond All Recognition –, comumente usado por militares norte-americanos.) Ver *acrônimo*.

For Your Information (FYI) – documento semelhante aos Request For Comments – RFC, contendo informação geral sobre temas relativos aos protocolos TCP/IP ou à Internet. O conteúdo FYI é consideravelmente menos técnico.

fórum de discussão – Ver *grupo de discussão*.

FQDN – Ver *Fully Qualified Domain Name*.

frame – maneira de incrementar o HTML, de modo que permita que a janela do *browser* possa ser dividida em várias áreas de navegação.

freenet – máquina na Internet que é dedicada a acesso pela comunidade sem cobrança de nenhuma taxa. O acesso é fornecido por bibliotecas públicas ou acesso dial-up. Oferece serviços de BBSs, correio eletrônico e acesso (restrito, em geral) à Internet.

freeware – Ver *software de domínio público*.

Frequently Asked Questions (FAQ) – documento com perguntas e respostas sobre determinado assunto, em geral voltado para leigos ou neófitos. Pretende responder, dentro de um assunto, a dúvidas e perguntas mais freqüentes dos novos usuários. As respostas a essas perguntas são fornecidas por usuários mais antigos ou experientes ou pelo responsável por determinado serviço. Contrapõe-se a RFCs.

FTP – Ver *File Transfer Protocol*.

FTP anônimo – serviço que possibilita o acesso a repositórios públicos de arquivos via FTP.

FTP server – Ver *servidor de FTP*.

Full-IP – ligação total à Internet, por uma linha dedicada ou outro meio de comunicação permanente. Assim, todos os serviços da Internet estão disponíveis no computador que possua esse tipo de ligação.

Fully Qualified Domain Name – nome de domínio completo, tudo aquilo que está à direita do símbolo @ num endereço eletrônico, sem que se omita nenhuma parte (inclui geralmente a designação do país, da instituição e de um computador, pelo menos).

FYI – Ver *For Your Information.*

gateway – computador ou material dedicado que serve para interligar duas ou mais redes que usem protocolos de comunicação internos diferentes, ou, computador que interliga uma rede local à Internet (é portanto o nó de saída para a Internet). 1. Sistema que possibilita o intercâmbio de serviços entre redes com tecnologias completamente distintas, como Bitnet e Internet; 2. Sistema e convenções de interconexão entre duas redes de mesmo nível e idêntica tecnologia, mas sob administrações distintas. 3. Roteador (na terminologia TCP/IP).

GIF – Ver *Graphic Interchange Format.*

gigabyte – uma medida de tamanho de arquivo eletrônico equivalente a aproximadamente um bilhão de bytes.

GigaPoP – formado pela abreviação do inglês "gigabit point of presence", é o nome atribuído pelo consórcio Internet 2 à estrutura responsável pela comutação e gerenciamento de tráfego entre as redes de uma mesma região, participantes do projeto Internet 2, oferecendo pontos de conexão de alta velocidade.

gopher – 1. Servidor que abriga uma ferramenta de procura de texto por toda a Internet. Mais antigo do que a WWW, permite a procura de informação em bases de dados existentes em todo o mundo, utilizando-se ou não algumas ferramentas próprias de pesquisa por palavras-chave. 2. Um sistema distribuído para busca e recuperação de documentos, que combina recursos de navegação mediante coleções de documentos e bases de dados indexadas, por meio de menus hierárquicos. O protocolo de comunicação e o software seguem o modelo cliente-servidor, permitindo que usuários em sistemas heterogêneos naveguem, pesquisem e recuperem documentos armazenados em diferentes sistemas, de maneira simples e intuitiva.

gráficos vetoriais – desenhos que usam fórmulas geométricas para representar as imagens, como as fontes vetoriais ou dimensionáveis. Em geral, os programas que têm no nome a palavra *draw* trabalham com gráficos vetoriais. Já os programas com o termo *paint* produzem desenhos no formato bitmap.

Graphic Interchange Format (GIF) – formato para arquivos de imagem muito utilizado na Internet por sua capacidade de compressão.

Graphic User Interface (GUI) – são as interfaces gráficas que estão nas homepages, nos sistemas operacionais, nos CD-ROMs multimídia etc.

grupo de discussão – em um grupo de discussão (ou newsgroup) escreve-se publicamente sobre o tema indicado pelo nome do grupo, estimando-se a existência de mais de 10 mil grupos ativos abrangendo praticamente todos os assuntos imagináveis.

grupo de discussão da Usenet – um grupo de discussão em uma das sete hierarquias tradicionais de grupos de discussão: comp., misc., news., rec., sci., soc. e talk.

GUI – Ver *Graphic User Interface*.

hacker – identificava, no final da década de 1950, os universitários que desenvolviam programas e montavam seus próprios computadores. Um hacker é, por definição, um "problem solver" – aquele que resolve ou apresenta soluções para problemas técnicos relativos à Internet. Nos anos 70, alguns deles passaram a invadir computadores alheios em busca de programas ou documentos, passando o termo *hacker* a ter nova conotação, a de um jovem aficionado de tecnologia que utiliza seus conhecimentos para uma atividade ilegal.

hierarquia – hierarquia de diretórios é o conjunto dos diretórios de determinado sistema de arquivos, que engloba a raiz e todos os subdiretórios. Os newsgroups também estão divididos numa hierarquia, começando nos níveis de topo (início do nome do grupo: soc, comp, sci, rec, misc etc.) e subdivididos em vários temas, em cada designação de topo.

hiperlink – conexão, ou seja, elementos físicos e lógicos que interligam os computadores da rede. São endereços de páginas, ponteiros (vínculo ou link) de hipertexto ou palavras-chave destacadas em um texto, que quando "clicadas" nos levam para o assunto desejado, mesmo que esteja em outro arquivo ou servidor. Na WWW, uma palavra destacada indica a existência de um link, que é uma espécie de apontador para outra fonte de informação. Escolhendo esse link, obtém-se a página de informação que ele designava que pode, por sua vez, ter também vários links.

hipermedia – links para imagens, sons e filmes em outros documentos, permitindo que o usuário se desloque para o outro local nomeado.

hipertexto – texto eletrônico em um formato que fornece acesso instantâneo, por meio de links, a outro hipertexto dentro de um documento ou em outro documento. Em uma estrutura hipertextual, o internauta não precisa seguir uma seqüência natural ou prévia – começo, meio e fim –, podendo traçar uma ordem particular, navegando pelos documentos interligados.

hit – pedido de um único arquivo ao conectar um servidor Web. Uma página com cinco imagens gera seis hits: um pelo arquivo HTML e outros cinco pelas figuras.

home – embora a palavra inglesa seja mais conhecida no seu sentido de lar, lugar onde a gente mora, ela tem um segundo significado, menos usado: o de retorno à base. É por isso que a tecla Home do computador nos conduz ao início de um trabalho ou parágrafo.

home page – página principal de um site da Web. As home pages contêm geralmente links a locais adicionais dentro do site ou a sites externos. Dependendo do tamanho do site da Web, podem existir várias home pages dentro do mesmo site. A home page é uma espécie de ponto de partida para a procura de informação relativa a essa pessoa ou instituição, escrita em Hypertext Markup Language (HTML).

hospedagem – armazenamento de páginas da Web em um computador que funciona como servidor, para que as informações fiquem disponíveis na rede mundial.

host – 1. Computador ligado à Internet, também às vezes chamado de servidor ou nó. 2. Computador principal num ambiente de processamento distribuído.

hot site – Ver *microsite*.

howto – documentos em formato eletrônico, que acompanham o Linux, versão de domínio público do Unix, e constituem uma espécie de manual, onde se pode procurar informação sobre quase toda a tarefa de instalação, administração e atualização do Linux.

HTML – Ver *Hypertext Markup Language*.

HTTP – Ver *Hypertext Transport Protocol*.

hub – é o dispositivo central de conexão em redes organizadas em topologia de estrela, o qual permite que as redes adicionem estações de trabalho por meio da extensão do sinal de transmissão.

hyperlink – Ver *hiperlink*.

Hypermedia – Ver *hipermedia*.

hypertext – Ver *hipertexto*.

Hypertext Markup Language (HTML) – linguagem-padrão para escrever páginas de documentos Web, que contenham informação nos mais variados formatos: texto, som, imagens e animação. É uma variante da Standard Generalized Markup Language (SGML), bem mais fácil de aprender e usar, que possibilita preparar documentos com gráficos e links para outros documentos para visualização em sistemas que utilizam Web.

Hypertext Transport Protocol (HTTP) – é o protocolo que define como dois programas/servidores devem interagir, de maneira que transfiram entre si comandos ou informação relativos ao WWW. O protocolo HyperText Transfer Protocol (HTTP) possibilita que os autores de hipertextos incluam comandos que permitem saltos para recursos e outros documentos disponíveis em sistemas remotos, de forma transparente para o usuário.

IAB – Ver *Internet Arquiteture Board*.

ícone – nas operações de computador, uma representação pictórica simbólica de qualquer função ou tarefa.

ícone de atalho – Ver *atalho*.

IETF – Ver *Internet Engeneering Task Force*.

image map – uma imagem mapeada com áreas que, ao serem clicadas, enviam ao visitante alguma informação, seja transferindo-o para outra home page ou enviando-lhe um arquivo, por exemplo.

IMAP – Ver *Internet Message Access Protocol*.

IMHO – Ver *In My Humble Opinion*.

IMO – Ver *In My Opinion*.

impressão – exposição de um banner em uma página Web. Cada banner visto é contado como uma impressão. O mesmo que page view.

indicador – procedimento de computador que permite que um usuário salve um site de rede para facilitar o retorno. O acesso a um indicador vincula o usuário diretamente ao site desejado, sem que sejam necessários os caminhos de conexão normais. Uma coleção de indicadores é denominada uma booklist.

information super-highway – Ver *auto-estrada da informação*.

infovia – sinônimo da antiga auto-estrada da informação; hoje, com algumas atualizações, a Internet.

Integrated Service Digital Network (ISDN) – a Rede Digital Integradora de Serviços é uma evolução das linhas telefônicas atuais, baseada em linhas digitais (e não analógicas), agora capaz de débitos muito mais elevados (a partir de 64 Kbps) e com melhor qualidade. Portanto, é um sistema telefônico digital que, mediante o uso de equipamentos especiais, permite enviar e receber voz e dados simultaneamente por uma linha telefônica. Essa rede digital, que integra serviços de diversas naturezas como voz, dados, imagens etc., deve substituir gradualmente a infra-estrutura física atual de comunicações, em que cada serviço tende a trafegar por segmentos independentes. É com esse tipo de linhas que se pode pensar em ter em casa, em futuro próximo, os videotelefones até agora somente vistos em filmes ou exposições tecnológicas.

interatividade – processo pelo qual os usuários interagem com o conteúdo. A interatividade varia da mais simples até a mais complexa. Por exemplo, quando os usuários clicam em um botão de avanço ou retorno de página, eles estão interagindo de um modo simples. Uma forma mais complexa de interatividade é o preenchimento de um formulário on-line. Uma interatividade altamente complexa envolve usuários jogando um game da Internet, competindo com jogadores espalhados em todo o mundo.

interface – uma superfície entre dois espaços, como a tela do micro, que é a interface entre o usuário e o sistema.

interface gráfica – dispositivo que utiliza gráficos e ícones para representar comandos e programas, tornando possível a operação do computador por mouse e, assim, diminui a necessidade de digitação.

International Organization for Standardization (ISO) – organização internacional para a definição de normas. A International Organization for Standardization é uma organização internacional formada por órgãos de diversos países, tais como o ANSI (americano), o BSI (inglês), o AFNOR (francês) e a ABNT (brasileira), que estabelece padrões industriais de aceitação mundial.

International Telecomunication Union (ITU) – órgão da Organização das Nações Unidas (ONU) responsável pelo estabelecimento de normas e padrões em telecomunicações.

internauta – 1. Um "viajante" na Internet, aquele que navega na Internet. 2. Internetiano.

Internet – 1. Com inicial maiúscula, significa a "rede das redes", originalmente criada nos Estados Unidos, que se tornou uma associação mundial de redes interligadas em mais de 70 países, que utilizam protocolos da família TCP/IP. A Internet provê transferência de arquivos, login remoto, correio eletrônico, news e outros serviços. Os meios de ligação dos computadores desta rede são variados: rádio, linhas telefônicas, ISDN, linhas digitais, satélite, fibras ópticas etc.; 2. Com inicial minúscula significa genericamente uma coleção de redes locais e/ou de longa distância, interligadas por pontes, roteadores e/ou gateways.

Internet 2 – projeto em execução nos Estados Unidos, com a participação de universidades, centros de pesquisa, agências do governo e indústria, para o desenvolvimento de uma nova família de aplicações avançadas, como tele-imersão, monitoração remota de pacientes, laboratórios virtuais e educação a distância, que exigem redes eletrônicas de alta velocidade e desempenho.

Internet Arquiteture Board (IAB) – um grupo que supervisiona a manutenção dos protocolos TCP/IP e promulga outros padrões Internet.

Internet Engeneering Task Force (IETF) – comitê aberto de desenvolvedores de recursos para a Internet.

Internet Message Access Protocol (IMAP) – protocolo Internet bastante complexo e ainda pouco usado por clientes de e-mail para acessar mensagens armazenadas no servidor. Apesar de aplicativos baseados nesse protocolo poderem funcionar no modo desconectado, eles normalmente trabalham no modo conectado (on-line) ou desconectado/sincronizado.

Internet Network Information Center (InterNIC) – organização norte-americana que atribui números IP únicos a quem pedir e é também o gestor da raiz (topo da hierarquia) do Domain Name System (DNS) mundial. A InterNIC ainda armazena informações sobre a Internet, como dados sobre os diversos padrões da rede mundial. Seu endereço é ftp://internic.net.

Internet Protocol (IP) – um dos protocolos mais importantes do conjunto de protocolos da Internet, correspondendo ao nível 3 do modelo OSI. Responsável pela identificação das máquinas e redes e pelo encaminhamento correto das mensagens entre elas. O Internet Protocol é o protocolo responsável pelo roteamento de pacotes entre dois sistemas que utilizam a família de protocolos TCP/IP desenvolvida e usada na Internet.

Internet Relay Chat (IRC) – 1. Serviço que possibilita a comunicação escrita on-line entre vários usuários pela Internet. É a forma mais próxima do que seria uma "conversa escrita" na rede. 2. Um sistema que permite a interação de vários usuários ao mesmo tempo, divididos por grupos de discussão. Ao contrário das news, essa discussão é feita em diálogo direto textual. Os usuários desse sistema podem entrar num grupo já existente ou criar o seu próprio grupo de discussão. 3. Área da Internet na qual é possível conversar, em tempo real, com uma ou mais pessoas.

Internet Server Aplication Program Interface (ISAPI) – aplicações, similares às Commom Gateway Interface (CGI), que rodam do lado servidor e estendem as características do Microsoft IIS (Internet Information Server) em máquinas com sistema operacional Window NT. Essas aplicações são geralmente escritas em C ou C++.

Internet Service Provider (ISP) – empresas que fornecem serviços para os usuários da rede Internet. Algumas oferecem serviços de acesso discado por meio de ligação telefônica, outras oferecem serviços de projetos de Web Sites (home pages) e projetos especiais envolvendo sistemas e programação, integração de redes etc.

Internet Society – organização internacional que coordena a Internet e suas tecnologias e seus aplicativos. Mais informações sobre a Internet Society podem ser obtidas no site http://www.isoc.org.

InterNIC – Ver *Internet Network Information Center*.

interpage – Ver *anúncio intersticial*.

intranet – Uma rede fechada que funciona interligando os computadores de uma mesma empresa, no mesmo prédio, ou de uma corporação, nos escritórios de diversos países. As intranets utilizam com freqüência protocolos da Internet para entregar conteúdo e são normalmente protegidas da Internet por servidores de segurança.

IP – Ver *Internet Protocol*.

IP address – Ver *endereço IP*.

IRC – Ver *Internet Relay Chat*.

Ircle – software cliente Macintosh para acesso a servidores Internet Relay Chat (IRC).

ISAPI – Ver *Internet Server Aplication Program Interface*.

ISDN – Ver *Integrated Service Digital Network*.

ISO – Ver *International Organization for Standardization*.

ISP – Ver *Internet Service Provider*.

ITU – Ver *International Telecomunication Union*.

Java – linguagem orientada a objeto de programação muito similar ao C++ ou C, destinada à criação de desenhos, textos e pinturas animadas e/ou interativas. Gera código intermediário (byte codes) que são interpretados em tempo de execução, o que, juntamente com a sua biblioteca, torna a linguagem multiplataforma, permitindo que seu código seja executado nas mais diversas máquinas e sistemas operacionais (do computador aos eletrodomésticos), sem a necessidade de adaptação. A Sun Microsystems, que inventou a linguagem Java, desenvolveu um *browser* para leitura dos applets e classes, e também um console para adaptação em outros navegadores. O Netscape Navigator e o Microsoft Internet Explorer já possibilitam a execução de applets Java. Quando o usuário utiliza um navegador compatível com Java para exibir uma página que contém um applet Java, o código do applet é transferido para o seu sistema e executado pelo navegador.

Joint Photographic Experts Group (JPEG) – 1. Algoritmo para comprimir imagens, criado pela associação que lhe dá nome. Existe também o Motion JPEG (MPEG), usado para comprimir imagens animadas. 2. Formato de arquivo gráfico.

JPEG – Ver *Joint Photographic Experts Group.*

kermit – um programa/protocolo de comunicação bastante popular que permite, entre outros recursos, a transferência de arquivos entre duas máquinas e emulação de terminal. Não é utilizado na Internet, cujo programa mais utilizado para transferência de arquivos é o File Transfer Protocol (FTP).

keyword – palavra-chave, usada em ferramentas de busca ou base de dados, que traz em si o significado de um assunto; por meio dela é possível localizar esse assunto.

LAN – Ver *Local Area Network.*

largura de banda – termo que na linguagem comum designa a quantidade de informação passível de ser transmitida por unidade de tempo, em determinado meio de comunicação (fio, onda de rádio, fibra óptica etc.). Normalmente é medida em bits por segundo, kilobits por segundo, megabits por segundo, kilobytes por segundo, megabytes por segundo etc. Em canais analógicos, a largura de banda é medida em hertz e está relacionada com o débito efetivo de informação, mas é comum falar-se sempre em Kbps, Mbps ou outra.

latência – tempo que uma unidade de informação leva para percorrer dado meio de comunicação. Pode-se, por exemplo, dizer que o tempo de latência de um satélite VSAT é de 300 ms, o que significa que um caracter enviado a partir de um ponto leva 300 ms para chegar a outro, passando pelo satélite.

leased line – Ver *linha dedicada.*

lide – do inglês *lead*, designa o primeiro parágrafo de uma notícia, onde o leitor deve encontrar respostas para as seis questões fundamentais: O quê, Quem, Quando, Onde, Por quê e Como. As duas últimas questões (Por quê e Como) podem ser omitidas do lide, ficando para o próximo parágrafo. Ou seja, a função do lide é informar de imediato o leitor.

linguagem – instruções dadas aos computadores. As linguagens se apresentam em duas categorias: de alto nível e de baixo nível. Ao contrário do que possa parecer, as linguagens de baixo nível são extremamente sofisticadas e difícílimas de aprender. Ver também *programa.*

linguagem de script – atalho de programação que fornece ao usuário não técnico uma maneira de criar um conteúdo mais rico em seu respectivo computador e fornece aos programadores uma maneira rápida de criarem aplicativos simples.

linguagem Script – linguagens de programação cujo código fonte é interpretado pelo programa em tempo de execução. Por exemplo: o *browser* interpreta HTML, Javascript e Vbscript.

linha dedicada – a maior parte das linhas que ligam as várias máquinas da Internet são linhas alugadas disponíveis em base permanente. Com uma linha dedicada, um computador encontra-se em conexão permanente com outro, com um provedor de serviços ou com uma rede remota.

link – 1. Ligação entre dois ou mais computadores em rede. 2. Ligação entre dois pontos de teleinformação. 3. Para sistemas de hipermídia ou hipertexto, ver *hiperlink*.

Linux – nome derivado do nome do autor do núcleo deste sistema operacional, o finlandês Linus Torvalds. O Linux é, hoje em dia, um sistema operacional com todas as características do Unix, com invejável disseminação, em constante evolução e de domínio público, estando disponibilizado na Internet. Normalmente é distribuído em diferentes "releases", que nada mais são que um núcleo (recompilável) acompanhado de programas, utilitários, ferramentas, documentação etc.

lista de distribuição – uma lista de assinantes que se correspondem por correio eletrônico. Quando um dos assinantes escreve uma carta para determinado endereço eletrônico (de gestão da lista) todos os outros a recebem, o que permite que se constituam grupos (privados) de discussão por meio do correio eletrônico.

Listserv – software servidor que mantém os grupos de discussão, também conhecidos como newsgroups. É um dos mais populares programas de gerenciamento de listas de distribuição, ao lado do Listproc e Marjodomo, permitindo acrescentar e remover os usuários de determinada lista de distribuição.

LMDS – Ver *Local Multipoint Distribution Service*.

Local Area Network (LAN) – rede local com dois ou algumas dezenas de computadores, a qual não se estende além dos limites físicos de um edifício ou de um conjunto de prédios de uma mesma instituição, estando limitada a distâncias de até 10 km. Normalmente, é utilizada nas empresas para interligação local dos seus computadores. Existem várias tecnologias que permitem a realização de uma rede local, sendo as mais importantes, a Ethernet e o token ring de uma instituição.

Local Multipoint Distribution Service (LMDS) – sistema de comunicação bidirecional multiponto, ou seja, os dados são transmitidos da estação rádio-base (ERB) para múltiplos usuários, como acontece na distribuição dos sinais de

TV. Tanto na transmissão do assinante para a ERB (upstream) quanto da estação para o assinante (downstream), a velocidade pode chegar a 1,2 Gbps.

Log off – Ver *logout*.

login – Do inglês *log in*, acessar. 1. Identificação de um usuário perante um computador. Fazer o login é o ato de dar a sua identificação de usuário ao computador. 2. No endereço eletrônico, o login é o nome que o usuário usa para acessar a rede (exemplo: Silva, em silva@express.com.br). Quando o usuário entra na rede, precisa digitar seu login, seguido de uma senha (password).

login remoto – acesso a um computador via rede para execução de comandos. Para todos os efeitos, o computador local que "loga" em um computador remoto passa a operar como se fosse um terminal deste último.

logon – Ver *login*.

logout – ato de desconectar uma ligação a determinado sistema ou computador.

Lycos – site de pesquisa de banco de dados com milhões de endereços da Internet. O Lycos contém uma ferramenta de procura que pode ser configurada de acordo com as necessidades do usuário.

Lynx – programa (*browser*) para ver e navegar no WWW. O Lynx foi pensado para ser usado em terminais texto; portanto só se pode visualizar a informação textual, ficando a restante (imagens, sons etc.) disponível para gravação no disco do computador do usuário, que em outra ocasião poderá vê-la ou ouvi-la.

mail – carta eletrônica.

mail box – Ver *caixa de correio*.

mail server – programa de computador que responde automaticamente (enviando informações, arquivos etc.) a mensagens de correio eletrônico com determinado conteúdo.

Mail Transfer Agent (MTA) – programa que é executado no servidor de mail. Ele mantém e entrega as mensagens enviadas.

Mail User Agent (MUA) – programa utilizado para a leitura, o armazenamento, envio e processamento das mensagens. Programa normalmente executado no microcomputador pessoal para receber e enviar mensagens, como o Eudora, o Outlook Express e outros.

mailing list – Ver *lista de distribuição*.

mainframe – um dos primeiros modelos de computador. Era grande, com pouca capacidade de processamento e estava disponível apenas para algumas instituições públicas e privadas.

Majordomo – tipo de software para listas de debate automatizadas, similar ao Listserv.

MAN – Ver *Metropolitan Area Network*.

Manual de redação – também chamado de manual de estilo ou livro de estilo, é uma espécie de cartilha contendo um conjunto de regras e técnicas que norteiam o trabalho dos jornalistas. O manual de redação pode ser atualizado freqüentemente, de acordo com a evolução da mídia e o surgimento de novos termos.

Mbps – Ver *megabits por segundo*.

mecanismo de busca – serviço ou aplicativo de software utilizado para localizar arquivos em uma intranet ou documentos e sites na Web. Acessados normalmente com navegadores como o Microsoft Internet Explorer, alguns dos mecanismos de pesquisa da Web mais comuns incluem o Excite, Yahoo!, WebCrawler, Infoseek e Lycos, mas novos mecanismos de pesquisa surgem constantemente.

mecanismo de pesquisa – Ver *mecanismo de busca*.

media – Ver *mídia*.

megabits por segundo (Mbps) – velocidade de tráfego de dados, equivalente a 10 milhões de bits por segundo.

megabyte – uma medida de tamanho de arquivo eletrônico equivalente a um milhão de bytes.

mensagens indiscriminadas – lixo eletrônico ou remessas indiscriminadas, normalmente de natureza comercial, enviados em geral para diversos destinatários não interessados.

Metropolitan Area Network (MAN) – rede metropolitana de computadores com abrangência de até algumas dezenas de quilômetros, interligando normalmente algumas centenas de computadores numa dada região.

microchip – Ver *chip*.

microprocessador – Ver *processador*.

microsite – 1. Página publicada entre o banner e a entrada oficial do site, funcionando como um anúncio digital. 2. Sites de menor tamanho que podem ser hospedados em provedores de conteúdo ou redes, geralmente com foco em determinado produto ou serviço.

MIDI – Ver *Musical Instrument Digital Interface*.

mídia – 1. Forma adaptada de media, que significa meio de comunicação, em latim e em inglês. 2. Termo usado para designar os veículos de comunicação de massa, no seu conjunto ou em particular. 3. Técnica publicitária que estuda e indica os melhores meios, veículos, volumes, formatos e posições para veicular as mensagens publicitárias. 4. Área especializada em mídia nas agências de propaganda. 5. Profissional especializado nas técnicas de mídia.

mídia digital – diz-se dos veículos de comunicação que transmitem informações digitalizadas: Internet, extranet, intranet, CD-ROM, interfaces de aparelhos telefônicos WAP.

MIME – Ver *Multipurpose Internet Mail Extensions*.

mini-site – Ver *microsite*.

mIRC – software cliente Windows para acesso a servidores Internet Relay Chat (IRC).

mirror site – em inglês, sítio espelho. Ver *site espelho*.

misc. – uma hierarquia da Usenet dedicada a qualquer assunto que não seja apropriado a outras hierarquias.

modelo OSI – modelo conceitual de protocolo com sete camadas definido pela International Organization for Standardization (ISO), para a compreensão e o projeto de redes de computadores. Trata-se de uma padronização internacional para facilitar a comunicação entre computadores de diferentes fabricantes. O modelo OSI de referência para redes é constituído dos seguintes níveis (da mais baixa para a mais alta):

Número ou nível da camada	Nome da camada	Define protocolos para
1	Camada física	Hardware de interface, cabeamento, meio de comunicação
2	Camada de enlace dos dados	Transmissão de frames de dados de nó para nó
3	Camada de rede	Roteamento de dados, endereçamento e verificação
4	Camada de transporte	Estrutura de mensagens, entrega, verificação de erros parcial
5	Camada de sessão	Conexão, manutenção de comunicação, segurança, registro de eventos, rastreamento
6	Camada de apresentação	Codificação, conversão, formato de arquivo, apresentação de dados
7	Camada de aplicativo	Interação entre a rede e as aplicações

modem – pequeno aparelho, sob a forma de uma placa interna de expansão ou uma caixa instalada no painel posterior, que permite ligar um computador à linha telefônica, para assim estar apto a comunicar com outros. Ele converte os pulsos digitais do computador para freqüências de áudio (analógicas) do sistema telefônico, e converte as freqüências de volta para pulsos no lado receptor, daí o seu nome formado a partir de MOdulador – DEModulador. O modem também disca a linha, responde à chamada e controla a velocidade de transmissão, em bits por segundo (bps). Muitos dos modems são também capazes de realizar funções de fax. A sua aplicação mais importante consiste na ligação a BBS ou à Internet, por meio de um fornecedor de acesso.

Moderador – pessoa que decide quais artigos serão postados em um grupo de notícias ou quais mensagens de correio eletrônico serão enviadas aos membros de uma lista de distribuição. O grupo de notícias ou lista de distribuição que possui um moderador é chamado de grupo de notícias moderado ou lista de distribuição moderada.

Mosaic – o primeiro *browser* gráfico para o WWW, concebido nos Estados Unidos pelo National Center for Supercomputing Applications (NCSA). Com ele a Web tomou um grande impulso, pois foi a primeira ferramenta a permitir a visualização do WWW de forma gráfica e atraente. É hoje um programa cliente com capacidade multimídia, de fácil utilização para a busca de informações na Web e distribuído como freeware.

Motion Pictures Experts Group (MPEG) – 1. Grupo de trabalho criado para desenvolver padrões de compressão, descompressão, processamento e codificação de vídeos, áudio e sua combinação. 2. Algoritmo de compressão de arquivos de áudio e vídeo.

MP3 – Ver *Mpeg Audio Layer-3*.

MPEG – Ver *Motion Pictures Experts Group*.

Mpeg Audio Layer-3 – novo formato de áudio que comprime música em arquivos pequenos, sem muita perda de qualidade, bastante utilizado para a distribuição de música na Internet.

MTA – Ver *Mail Transfer Agent*.

MUA – Ver *Mail User Agent*.

MUD – Ver *Multi User Dungeon*.

Multi User Dungeon (MUD) – jogos de Role-Playing Games (RPG) usados atualmente como ferramentas de conferência ou ajuda educacional. Esse nome provém do pai dos RPGs, o jogo Dungeons and Dragons.

multicast – endereço para uma coleção específica de nós numa rede, ou uma mensagem enviada a uma coleção específica de nós. É útil para aplicações como teleconferência.

multifreqüência – designação para uma linha telefônica capaz de transportar sinais elétricos em freqüências diferentes. São aquelas linhas que permitem ter um telefone em que a marcação é feita por tonalidades e não por impulsos.

multimídia 1. Termo para qualquer conteúdo que combina texto, som, elementos gráficos e/ou vídeo. 2. Sistemas de fornecimento de informações que combinam diferentes formatos de conteúdo (como texto, vídeo e som) e instalações de armazenamento (por exemplo, fitas de vídeo, discos magnéticos, discos ópticos).

Multipurpose Internet Mail Extensions (MIME) – 1. Conjunto de regras definidas para permitirem o envio de correio eletrônico (texto) com outros documentos (gráficos, sons etc.) anexos. 2. Extensão que permite o envio de arquivos que não sejam texto, via e-mail, como imagens, áudio e vídeo.

Musical Instrument Digital Interface (MIDI) – essa tecnologia consiste numa forma de representar sons produzidos por sintetizadores. Os arquivos MIDI contêm apenas informações sobre as notas musicais, motivo pelo qual são arquivos muito pequenos e não servem para a gravação de quaisquer sons, como a voz humana.

National Center for Supercomputing Applications (NCSA) – centro de pesquisa norte-americano responsável, entre outras criações, pelo Mosaic, primeiro *browser* com recursos para exibir elementos gráficos para a WWW. O National Center for Supercomputing Applications da Universidade de Illinois, em Urbana-Champaign, é um instituto de pesquisa avançada cujos cientistas e engenheiros desenvolveram grande parte da tecnologia em que está baseada a World Wide Web.

National Science Foundation (NSF) – órgão do governo norte-americano que promove a ciência e a pesquisa; fundador da NSFnet, rede para ligação das universidades à Internet.

navegação – ato de conectar-se a diferentes computadores da rede distribuídos pelo mundo, usando as facilidades providas por ferramentas como *browsers* Web. O navegante da rede realiza uma "viagem" virtual explorando o ciberespaço, da mesma forma que o astronauta explora o espaço sideral. Cunhado por analogia ao termo usado em astronáutica.

navegador – programa de software cliente para pesquisar redes e recuperar e exibir cópias de arquivos em um formato de leitura fácil. Os navegadores-padrão atuais também podem basear-se em programas associados para a execução de arquivos de áudio e vídeo. O Microsoft Internet Explorer é um exemplo de um navegador amplamente utilizado.

navegar – na Internet significa vaguear, passear, procurar informação, sobretudo na Web. Entre os mais radicais também se diz surfar.

NCSA – Ver *National Center for Supercomputing Applications*.

net – 1. Rede de computadores. 2. Com a inicial em maiúscula, é a abreviação de Internet.

netiqueta – combinação de net e etiqueta. Um conjunto de regras e conselhos para uma boa utilização da rede Internet, de modo que se evitem erros próprios de novatos quando da interação com outros usuários, mais experientes. A netiqueta baseia-se no simples e elementar bom senso, ditando um conjunto de regras de etiqueta para o uso socialmente responsável da Internet, ou seja, o modo como os usuários devem proceder na rede para evitar irritar os outros, especialmente na utilização de correio eletrônico. Por exemplo: escrever com letras maiúsculas é equivalente a gritar numa conversa.

netiquette – Ver *netiqueta*.

netizen – palavra derivada da expressão inglesa *internet citizen*, cidadão da Internet, a pessoa que participa da Internet. Esse conceito inclui atributos de cidadania, responsabilidade social e participação.

netnews – serviço de discussão eletrônica sobre vasta gama de assuntos, cada qual ancorado por um grupo de discussão. Ainda conhecido como Usenet News, Usenet ou News.

Netscape – um programa *browser* para o WWW. Sucessor do Mosaic e desenvolvido pela mesma equipe de programadores, o Netscape evoluiu mais rapidamente e tornou-se em um dos *browsers* mais usados, devido às suas características de rapidez, cache, visualização interna de vários formatos de arquivos, suporte para uma linguagem de descrição de página mais evoluída etc.

network – rede de computadores.

Network File System (NFS) – protocolo de compartilhamento de arquivos remotos desenvolvido pela Sun Microsystems. Faz parte da família de protocolos TCP/IP.

Network Information System (NIS) – serviço usado por administradores Unix para gerenciar bases de dados distribuídas por meio de uma rede.

Network Informations Center (NIC) – centro de informação e assistência ao usuário da Internet, disponibilizando documentos, como Request for Comments (RFC), Frequently Asked Questions (FAQ) e For Your Information (FYI), realizando treinamentos etc.

Network News Reading Protocol (NNRP) – protocolo que permite que um programa leitor de news obtenha a informação (artigos, grupos etc.) a partir de um servidor de news.

Network News Transport Protocol (NNTP) – protocolo para a transferência dos grupos de news da Usenet e mensagens de controle.

Network Operations Center (NOC) – centro administrativo e técnico responsável por gerenciar os aspectos operacionais da rede, como o controle de acesso desta, o roteamento de comunicação etc.

newbie – designação depreciativa dada pelos veteranos da Internet àqueles que a descobriram recentemente; um novato.

news – notícias, em português, mas mais bem traduzido por fóruns ou grupos de discussão. Abreviatura de Usenet News, as news são grupos de discussão, organizados por temas, a maior parte deles com distribuição internacional, podendo haver alguns distribuídos num só país ou numa instituição apenas. Nesses grupos, que são públicos, qualquer pessoa pode ler artigos e escrever os seus próprios. Alguns grupos têm um moderador, que lê os artigos antes de serem publicados, para constatar da sua conformidade para com o tema do grupo. No entanto, a grande maioria dos grupos não são moderados.

news. – hierarquia da Usenet dedicada a política, diretrizes e questões administrativas da Usenet.

newsgroup – Ver *grupos de discussão*.

Next Generation Internet (NGI) – iniciativa do governo norte-americano para o desenvolvimento de aplicações e redes revolucionárias necessárias para o desempenho das atividades das agências governamentais, tais como a National Science Foundation, Nasa e Departamento de Defesa. A Internet 2 é o principal projeto em execução nesse programa, que pretende criar e experimentar as tecnologias de comunicação a serem implantadas para o próximo milênio.

NFS – Ver *Network File System*.

NGI – Ver *Next Generation Internet*.

NIC – Ver *Network Informations Center*.

nick – Ver *nickname*.

nickname – apelido, pseudônimo ou nome alternativo (alias) adotado por pessoas quando fazem parte de fóruns, lista de discussão ou chats via rede de computador.

NIS – Ver *Network Information System*.

NIS+ – versão atualizada do Network Information System (NIS), é um sistema distribuído de bases de dados que troca cópias de arquivos de configuração unindo a conveniência da replicação à facilidade de gerência centralizada. Servidores NIS gerenciam as cópias de arquivos de bases de dados, e clientes NIS requerem informação dos servidores em vez de usar suas cópias locais desses arquivos.

NNRP – Ver *Network News Reading Protocol*.

NNTP – Ver *Network News Transport Protocol*.

nó – 1. Qualquer dispositivo, inclusive servidores e estações de trabalho, ligado a uma rede. 2. Qualquer computador na Internet; um host. 3. Cada unidade de informação em uma estrutura de hipertexto.

NOC – Ver *Network Operations Center*.

nome de domínio – na Internet, o nome de um computador ou grupo de computadores, utilizado para identificar o local eletrônico (e, às vezes, geográfico) do computador para transmissão de dados. É uma parte da hierarquia de nomes de grupos ou hosts da Internet, que permite identificar as instituições ou conjunto de instituições na rede. O nome de domínio contém freqüentemente o nome de uma organização e inclui sempre um sufixo de duas ou três letras que designa o tipo de organização ou o país do domínio. Por exemplo, no nome do domínio microsoft.com, microsoft é o nome da organização e com, a abreviação de comercial, indicando uma organização comercial. Outros sufixos utilizados dentro dos Estados Unidos incluem gov (governo), edu (instituição educacional), org (organização, geralmente uma instituição sem fins lucrativos) e net (para as redes pertencentes à Internet). Fora dos Estados Unidos, sufixos de duas letras denotam o país do domínio, por exemplo, uk (Reino Unido), de (Alemanha) e jp (Japão).

novato – termo condescendente para um usuário inexperiente ou uma pessoa para a qual a Internet seja uma novidade.

NSF – Ver *National Science Foundation*.

offline – 1. Literalmente, "fora da linha". Significa que nenhuma ligação, seja por linha telefônica ou outra, está no momento ativa. Por exemplo, a leitura de e-mail offline implica que se possa ler mail no seu próprio computador sem que ele esteja ligado ao servidor, desde que, naturalmente, as mensagens tenham sido transferidas previamente para esse computador. As ligações offline não permitem a navegação interativa na Internet, pois o computador não pode enviar comandos e receber dados em tempo real. 2. Pessoa ou instituição que não está conectada à Internet, intranet ou a nenhuma outra rede de computadores.

on-line – por oposição a offline, on-line significa "estar em linha", estar ligado em determinado momento à rede ou a outro computador. Para uma pessoa, na Internet, "estar on-line", é necessário que nesse momento esteja usando a Internet e que ela tenha, portanto, efetuado o login em determinado computador da rede.

Open Systems Interconnection (OSI) – organização comercial internacional patrocinada pela International Organization for Standardization (ISO) com a missão de criar padrões de comunicação internacionais por computadores, tais como o modelo OSI, facilitando conexões entre redes dotadas de sistemas incompatíveis.

Opera – *browser* que permite a navegação simultânea na Internet em várias janelas e é acompanhado de programa de correio eletrônico. A sua versão 3.5 tem um novo sistema de segurança e mais ferramentas para entender a linguagem Java, além de funcionar com os principais *plug-ins*. Disponível no site http://www.operasoftware.com, o programa pode ser utilizado gratuitamente por 30 dias e depois precisa ser licenciado.

Outernet – expressão cunhada para designar serviços on-line como America OnLine, CompuServe, Prodigy e The Microsoft Network, que realmente não fazem parte da Internet, embora possam estar conectados a ela via gateways.

OSI – Ver *Open Systems Interconnection*.

OSI model – Ver *modelo OSI*.

Packet Internet Group (PING) – é um programa TCP/IP usado para testar o alcance de uma rede e verificar qual o tempo que a mensagem leva para ir de um ponto a outro da ligação, enviando a nós remotos uma requisição e esperando por uma resposta. O utilitário envia pacotes (geralmente 64 bytes) para um ponto, que responde enviando outro pacote equivalente.

pacote – dado encapsulado para transmissão na rede. Um conjunto de bits compreendendo informação de controle, endereço, fonte e destino dos nós envolvidos na transmissão. Tudo circula pela Internet como um pacote. Ao enviar uma informação, por exemplo, ela é desmembrada em pacotes pelo computador emissor e depois recomposta pelo computador receptor. Na verdade, essa divisão e posterior remontagem de pacotes é feita pelo protocolo TCP/IP.

page view – 1. Número de páginas HTML de um site vistas em determinado tempo. 2. Número de vezes que um banner exposto em uma página foi visto em determinado tempo. O mesmo que impressão.

página – uma estrutura individual de conteúdo na World Wide Web, definida por um único arquivo HTML e referenciada por um único URL.

página intercalada – Ver *anúncio interstitial*.

página Web – Ver *página*.

palavra-chave – Ver *keyword*.

paleta – barra de ferramentas com as cores disponíveis de determinado programa que podem ser escolhidas com apenas um clique no mouse.

palheta – Ver *paleta*.

Palm top – Ver *Assistente Pessoal Digital*.

password – senha usada para identificação do usuário, que deve ser secreta, passada em conjunto com o login, que não é secreto.

PDA – acrônimo para Personal Digital Assistent. Ver *Assistente Pessoal Digital*.

PDF – Ver *Portable Document Format*.

peer-to-peer – uma arquitetura de rede não hierárquica, na qual cada computador da rede pode se comunicar diretamente com outros nós e funcionar como cliente e servidor.

penetração – em mídia, termo utilizado para definir o índice de atingimento de determinado veículo sobre o total de consumidores de um meio, um segmento de mercado ou uma região geográfica.

Personal Digital Assistent (PDA) – Ver *Assistente Digital Pessoal*.

PGP – Ver *Pretty Good Privacy*.

Pine – programa/leitor de correio eletrônico para ambientes Unix, ainda que se possam encontrar versões para outros sistemas operacionais, tendo como base menus com escolha de opções por letras e teclas de cursor. Considerado mais simples do que o Elm, suporta também o formato de mensagens com extensão MIME, permitindo o envio de mensagens de texto com outro tipo de arquivos anexos (gráficos, sons etc.).

ping – Ver *Packet Internet Group*.

PIR – Ver *Ponto de Interconexão de Redes*.

pirâmide invertida – é uma técnica comum de construção de notícias. Após a elaboração do lide, todas as informações restantes são dadas em ordem decrescente de importância, fazendo com que, no decorrer da leitura do corpo da notícia, ela se torne mais interessante.

PIRCH – software cliente Windows para acesso a servidores Internet Relay Chat (IRC).

pixel – único ponto em um monitor ou em uma imagem de bitmap. Originou-se da expressão em inglês *picture element*, ou seja, elemento da imagem.

plataforma – o hardware e o software do sistema que constituem a fundação básica de um sistema de computador.

plug-in – módulo, componente ou acessório de software que estende a capacidade de um aplicativo, geralmente para permitir que ele leia ou exiba arquivos de um tipo específico. No caso de navegadores da Web, os *plug-ins* permitem a exibição de conteúdo em rich text, áudio, vídeo e animação.

point – base de dados com endereços populares, abrangendo diversas áreas de interesse.

Point to Point Protocol (PPP) – o Point to Point Protocol implementa o protocolo TCP/IP – que são os principais protocolos da Internet – em uma linha telefônica, para que, por meio dela, um computador pessoal possa se ligar à Internet e usufruir de todos os serviços e as aplicações existentes. O Point-to-Point Protocol estabelece um método de acesso à Internet em que um computador, ligado a um host Internet via telefone e um modem de alta velocidade, aparece para o host como se fosse uma porta Ethernet no sistema de rede local do host. O PPP situa-se no nível 2 do modelo OSI (chamado "Data Link Layer"), sendo considerado o sucessor do Serial Line Internet Protocol (SLIP) por ser confiável e mais eficiente.

Point to Point Tunneling Protocol (PPTP) – protocolo específico das Virtual Private Network (ou redes privadas virtuais), desenvolvido pelo Fórum PPTP, formado por Microsoft, U. S. Robotics e outras empresas menores.

pontocom – diz-se da empresa que opera essencialmente na Internet. A expressão é derivada do sufixo ".com" nos endereços eletrônicos, um indicador de atividade comercial. Assim, as empresas pontocom existem exclusivamente na rede mundial e estão inteiramente voltadas para esse mercado.

Ponto de Interconexão de Redes (PIR) – locais previstos para a interconexão de redes de mesmo nível (*peer networks*), visando assegurar que o roteamento entre redes seja eficiente e organizado. No Brasil, os três principais PIRs estão em Brasília, no Rio de Janeiro e em São Paulo.

Ponto de Presença (PP) – local na espinha dorsal de rede onde uma rede permite acesso a sub-redes e provedores de serviços. Uma rede madura cobre sua região de atuação por meio de pontos de presença nas principais cidades/distritos dessa região, interligados por um conjunto de linhas dedicadas, compondo um backbone.

POP – Ver *Post Office Protocol*.

pop-up – janelas flutuantes que se abrem sobrepondo a tela do *browser*. Muito utilizada para notícias importantes ou para promoções. Para ser considerada pop-up, a janela deve ser menor que a tela do *browser*.

port – Ver *porta*.

porta – 1. Uma abstração usada pela Internet para distinguir entre conexões simultâneas múltiplas para um único host destino. 2. O termo também é usado para denominar um canal físico de entrada e saída de um dispositivo.

Portable Document Format (PDF) – formato de arquivo criado pela Adobe que permite o envio de documentos formatados para que sejam vistos ou impressos em outro lugar, sem a presença do programa que os gerou. Os arquivos PDF são criados pelo programa Adobe Acrobat, que se compõe de duas partes: um gerador e um leitor de arquivos. O primeiro (Acrobat) é vendido pela Adobe; o segundo (Acrobat Reader) pode ser baixado gratuitamente no endereço www.adobe.com.

portal – porta pela qual se entra na Web. Os portais são megasites que oferecem uma série de serviços e informações, como notícias, correio eletrônico, música ao vivo, sistema de busca, chats e links para diversas páginas da Web.

post – 1. Ato de enviar um artigo para um newsgroup. 2. O próprio texto escrito e enviado pelo participante do newsgroup.

Post Office Protocol (POP) – protocolo usado por clientes de correio eletrônico para manipulação de arquivos de mensagens em servidores de correio eletrônico.

postmaster – designa um endereço de e-mail do servidor de POP-Mail, para onde são enviadas e transmitidas automaticamente todas as mensagens de erro e mensagens do sistema. Também é o login do operador do site para configurar o servidor.

PostScript – linguagem de descrição de páginas criada pela Adobe, que é um padrão para a editoração eletrônica, e suportada pela maioria das impressoras de alta resolução e pelas empresas que prestam serviços de impressão. As fontes PostScript usam essa linguagem.

PP – Ver *Ponto de Presença*.

PPP – Ver *Point to Point Protocol*.

PPTP – Ver *Point to Point Tunneling Protocol*.

Pretty Good Privacy (PGP) – programa utilitário para a codificação de mensagens de texto, inventado por Philip Zimmerman. Uma mensagem assim enviada é inquebrável e só o seu destinatário a pode descodificar, dando para isso uma chave que só ele conhece.

processador – microchip principal do computador.

programa – uma lista de instruções para que o computador saiba como proceder. Sem os programas, incluindo o sistema operacional, o micro não tem utilidade. Para que não haja mal-entendidos, é preciso que as instruções sejam claras e precisas; para isso várias linguagens podem ser empregadas: Cobol, Fortran, C, Basic, entre outras. Ver também *linguagem*.

protocolo – um acordo sobre um conjunto de regras que permite que os computadores ou programas se comuniquem e que ainda controla inúmeros aspectos da comunicação, como a ordem na qual os bits são transmitidos, as regras para a abertura e manutenção de uma conexão, o formato de uma mensagem eletrônica. Constituindo-se em uma descrição formal de formatos de mensagem e das regras que dois computadores devem obedecer ao trocar mensagens, o protocolo é para os computadores o que uma linguagem (língua) é para os humanos. O protocolo básico utilizado na Internet é o TCP/IP.

provedor de acesso – instituição que se liga à Internet, via um Ponto de Presença ou outro provedor, para obter conectividade IP e repassá-la a outros indivíduos e instituições, em caráter comercial ou não. O provedor de acesso torna possível ao usuário final a conexão à Internet por meio de uma ligação telefônica local.

provedor de informação – instituição cuja finalidade principal é coletar, manter e/ou organizar informações on-line para acesso pela Internet por parte de assinantes da rede. Essas informações podem ser de acesso público incondicional, caracterizando assim um provedor não-comercial ou, no outro extremo, constituir um serviço comercial onde existem tarifas ou assinaturas cobradas pelo provedor.

provedor de serviço – tanto o provedor de acesso quanto o provedor de informação.

proxy – traduzido como procuração, um servidor (programa) proxy (ou com capacidades de proxy) recebe pedidos de computadores ligados à sua rede e, caso necessário, efetua esses mesmos pedidos (de HTTP, Finger etc.) ao exterior dessa rede (nomeadamente, ao resto da Internet), usando como identificação o seu próprio número IP e não o número IP do computador que requisitou o serviço. Útil quando não se dispõem de números IP registrados numa rede interna ou por questões de segurança.

public domain – Ver *domínio público*.

publicação online – publicação virtual. Publicação não-impressa, mas que pode ser impressa por um dispositivo ou periférico impressor, como as impressoras.

público-alvo – grupo (segmento) de consumidores ou prospects para os quais é dirigida, prioritariamente, uma peça ou campanha de propaganda, bem como quaisquer outras ações de comunicação ou marketing.

Pull media – tecnologia que obriga o usuário a uma conexão com o site de um jornal on-line, por exemplo, para consultar as notícias disponíveis, selecioná-las e ler as do seu interesse. É o oposto de Push media.

pulse – impulso. Uma linha telefônica por impulsos é aquela em que os sinais de digitação são enviados por uma série de pequenos impulsos, separados por espaços. A digitação (e estabelecimento de chamada) neste tipo de linha é mais lenta.

Push media – tecnologia que "empurra" (conforme tradução literal do termo em inglês) qualquer tipo de conteúdo da Internet para o computador do usuário, de acordo com suas preferências e interesses, mesmo quando o usuário não está navegando, o que deve ser feito de comum acordo. Ver também *webcasting*.

RAM – Ver *Random-Access Memory*.

Random-Access Memory (RAM) – memória de acesso aleatório cujas informações armazenadas podem ser examinadas, lidas, alteradas e rearmazenadas por um usuário. A RAM disponível determina a quantidade de memória que o programador pode usar para o armazenamento de programas e dados.

RDIS – Ver *Rede Digital Integradora de Serviços*.

Read The Fucking Manual (RTFM) – "Leia o maldito manual". Termo utilizado para indicar a alguém que deve ler o manual, pois provavelmente fez uma pergunta que nele está claramente respondida. Em uma versão mais light pode significar "Read the Fine Manual".

Read the Manual (RTM) – "Leia o manual". Uma forma mais polida do que Read the Fucking Manual (RTFM) ("Leia o maldito manual").

readme – um arquivo de texto ("leia-me") que deve ser lido antes de se iniciar a utilização ou instalação de determinado programa, sistema, computador etc. Contém geralmente informações que podem poupar tempo ao usuário.

realidade virtual – espaço em 3D gerado por computador que simula um ambiente físico orgânico.

rec. – uma hierarquia da Usenet dedicada à recreação.

rede de longa distância – interliga computadores distribuídos em áreas geograficamente separadas, ou seja, a rede de longa distância é formada por um conjunto de redes locais interligadas por meios de comunicação remotos (modems, linhas dedicadas, rádios).

Rede Digital Integradora de Serviços (RDIS) – é uma evolução das linhas telefônicas atuais baseada em linhas digitais (e não analógicas), agora capaz de débitos muito mais elevados (a partir de 64 Kbps) e com melhor qualidade. Portanto, é um sistema telefônico digital que, mediante o uso de equipamentos especiais, permite enviar e receber voz e dados simultaneamente por uma linha telefônica. Essa rede digital, que integra serviços de diversas naturezas como voz, dados, imagens etc., deve substituir gradualmente a infra-estrutura física atual de comunicações, em que cada serviço tende a trafegar por segmentos independentes. É com esse tipo de linhas que se pode pensar ter em casa, em futuro próximo, os videotelefones até agora somente vistos em filmes ou exposições tecnológicas.

rede local – uma rede com dois ou algumas dezenas de computadores que não se estende além dos limites físicos de um edifício ou de um conjunto de prédios de uma mesma instituição, estando limitada a distâncias de até 10 km. Normalmente utilizada nas empresas para interligação local dos seus computadores. Existem várias tecnologias que permitem a realização de uma rede local, sendo as mais importantes a Ethernet e o Token-Ring de uma instituição.

remoto – termo que designa um host ou outro recurso da rede localizado em um computador ou uma rede, em oposição ao host ou recurso local.

repetidor – um dispositivo que propaga (regenera e amplifica) sinais elétricos em uma conexão de dados, para estender o alcance da transmissão, sem fazer decisões de roteamento ou de seleção de pacotes.

reply – Do inglês *reply*, replicar, responder. 1. Um comando de correio eletrônico utilizado para responder automaticamente um e-mail, tornando o seu endereço o destinatário de uma nova mensagem. 2. Uma mensagem enviada em resposta a uma mensagem de correio eletrônico ou a um artigo da Usenet anteriores.

Requests for Comment (RFC) – constituem uma série de documentos editados desde 1969 e que descrevem aspectos relacionados com a Internet, como padrões, protocolos, serviços, recomendações operacionais etc. Uma RFC é em geral muito densa do ponto de vista técnico.

resolução – 1. Quantidade de pontos exibidos na tela do computador, o que determina o grau de clareza de imagens exibidas no vídeo. 2. Quantidade de pontos de uma imagem digitalizada, que constitui fator determinante para a qualidade de sua reprodução em trabalho impresso. Ver dots per *inch*.

RFC – Ver *Requests for Comment*.

RGB – método de geração de cores, por meio da combinação dessas três cores: vermelho (red), verde (green) e azul (blue). É utilizado como padrão nos monitores de vídeo.

Rich Media Advertising (RMA) – designa toda publicidade na Internet que é enriquecida com recursos de multimídia, como som, cor, movimento e terceira dimensão, em oposição aos banners do tipo outdoor.

RMA – Ver *Rich Media Advertising*.

rota – o caminho que um pacote percorre desde o remetente até o destinatário.

roteador – dispositivo responsável pelo encaminhamento de pacotes de comunicação em uma rede ou entre redes. Tipicamente, uma instituição, ao se conectar à Internet, deverá adquirir um roteador para conectar sua Rede Local (LAN) ao Ponto de Presença mais próximo. Roteadores vivem se falando aos pares, como modems.

router – Ver *roteador*.

RTFM – Ver *Read The Fucking Manual*.

RTM – ver *Read the Manual*.

salvar – gravar em dispositivos auxiliares, como disco rígido, disquete ou CD, as informações que estão sendo processadas para preservar a integridade dos dados.

sci. – uma hierarquia da Usenet dedicada à ciência.

script – Ver *linguagem de script*.

scroll – mecanismo na página que permite acessar o conteúdo sem precisar mudar de tela.

search engine – Ver *mecanismo de busca*.

Secure Socket Layer (SSL) – padrão de comunicação utilizado para permitir a transferência segura de informações pela Internet.

segmentação – técnica de dividir o mercado em unidades geográficas ou – principalmente – em grupos de consumidores com interesses e comportamentos semelhantes.

segmento – 1. Grupo de consumidores com perfil e comportamento de compra idêntico. 2. Pedaço do mercado total.

sem fio – qualquer classe de comunicação remota que não utiliza fios; incluindo infravermelho, celular e transmissão via satélite.

seqüência – um conjunto de caracteres alfanuméricos utilizados como entrada em cálculos ou pesquisas.

senha – Ver *password*.

Serial Line Internet Protocol (SLIP) – implementa o protocolo TCP/IP (protocolos da Internet) numa linha telefônica, para que por meio dela um computador pessoal possa se ligar à Internet e usufruir de todos os serviços e aplicações existentes. O SLIP foi o primeiro protocolo definido para a utilização de TCP/IP em linhas telefônicas.

Serial Line IP – Ver *Serial Line Internet Protocol*.

server – Ver *servidor*.

Server Side Includes (SSI) – comandos extensivos à linguagem Hypertext Markup Language (HTML) que são processados pelo servidor Web antes de a página HTML ser enviada. No lugar do comando é enviado apenas o resultado do comando no formato normal de texto HTML.

serviço on-line – assinatura paga por um serviço que oferece acesso aos arquivos armazenados na rede, informação, jogos, programas e conexão à Internet via gateways. Os recursos de um serviço on-line podem ser relatórios de notícias ou informações financeiras, apresentadas em um formato organizado. Três serviços on-line conhecidos são America Online (AOL), CompuServe e MSN (The Microsoft Network).

servidor – computador na Internet que oferece determinados serviços. 1. No modelo cliente-servidor, é o programa responsável pelo atendimento a determinado serviço solicitado por um cliente. Serviços como Archie, Gopher, WAIS e WWW são providos por servidores. 2. Referindo-se a equipamento, o servidor é um sistema que provê recursos tais como armazenamento de dados, impressão e acesso dial-up para usuários de uma rede de computadores.

servidor de FTP – computador que tem arquivos de software acessíveis por meio de programas que usem o protocolo de transferência de arquivos File Transfer Protocol (FTP).

servidor de segurança – software cuja finalidade é evitar acesso não autorizado a uma rede de computadores.

SGML – Ver *Standard General Markup Language*.

shareware – 1. Software distribuído livremente, desde que seja mantido o seu formato original, sem modificações, e seja dado o devido crédito ao seu autor. Normalmente, foi feito para ser testado durante um curto período de tempo (período de teste/avaliação) e, caso seja utilizado, o utilizador tem a obrigação moral de enviar o pagamento ao seu autor (na ordem de algumas poucas dezenas de dólares). Quando é feito o registro, é normal receber-se um manual impresso do programa, assim como uma versão melhorada, possibilidade de assistência técnica e informações acerca de novas versões. 2. Programa disponível publicamente para avaliação e uso experimental, mas cujo uso em regime pressupõe que o usuário pagará uma licença ao autor. Note-se que shareware é distinto de freeware, no sentido de que um software em shareware é comercial, embora em termos e preços diferenciados em relação a um produto comercial "ortodoxo".

shortcut – Ver *atalho*.

shouting – na Internet, DIGITAR TUDO EM MAIÚSCULAS. Freqüentemente interpretado como alguém gritando, um dos sinais que pode identificar um novato na rede.

shovelware – termo criado nos Estados Unidos para designar a transposição de notícias, com ou sem adaptação, do meio tradicional para a Web.

signature – geralmente é a porção de texto incluída como assinatura no fim de uma carta eletrônica ou de um artigo de news (nesse caso, pelas normas, deve ser inferior a quatro linhas, de 80 caracteres no máximo cada uma, sem tabulação e códigos, apenas os caracteres ASCII normais). Por vezes chamada ".sig" ou ".signature", pois são esses os nomes dos arquivos que contêm a assinatura propriamente dita.

Simple Mail Transfer Protocol (SMTP) – protocolo utilizado entre os programas que transferem correio eletrônico de um computador para outro.

Simple Network Management Protocol (SNMP) – protocolo usado para monitorar e controlar serviços e dispositivos de uma rede TCP/IP (Transmission Control Protocol/Internet Protocol). É o padrão adotado pela RNP para a gerência de sua rede.

Simple Offline Usenet Protocol (SOUP) – norma (ou programa) que define como deve ser um pacote compactado de cartas eletrônicas e artigos de news, para serem lidos offline, por qualquer programa leitor que compreenda esse formato.

sistema – conjunto de elementos que se relacionam ou operam entre si, como o governo (sistema político) e o corpo humano (sistema biológico). Em computação, um sistema é qualquer combinação dos diversos tipos de hardware e software.

sistema operacional – 1. Programa básico pré-instalado para que o microcomputador possa funcionar, cujas principais versões disponíveis são Windows, MS-DOS, Linux, OS/2. O sistema operacional recebe e interpreta cada ação do usuário (clicar o mouse, digitar uma letra, apertar uma tecla de função), tomando então as devidas providências para a execução. 2. Sistema que controla o funcionamento e trabalho de periféricos como impressoras, teclados e monitores.

site – 1. No mundo virtual, é um endereço cuja porta de entrada é sempre sua home page. 2. Um site da Internet é um dos nós/computadores existentes.

Por exemplo, um site FTP é um computador que em algum lugar oferece o serviço de FTP (idêntico a FTP server). 3. Uma instituição onde computadores são instalados e operados. 4. Um nó Internet.

site espelho – um site que guarda uma cópia idêntica de informações disponíveis em outro site. Os usuários não precisam se ligar ao local original e podem obter a informação desejada num dos locais (escolhendo o mais próximo) onde exista uma cópia.

SLIP – Ver *Serial Line Internet Protocol*.

smart card – literalmente, cartão inteligente. I. Cartão com um microprocessador por dentro (tanto pode ser uma CPU como um simples circuito de memória) que roda um sistema operacional, simples e poderoso, capaz de executar numerosas aplicações. Quando utilizado para autenticar o acesso de usuários a um determinado sistema é dotado de um recurso que muda a senha a cada minuto, de forma aleatória. 2. Cartão cujo chip de memória armazena dados pessoais do usuário e dinheiro digital. O cliente vai até um caixa eletrônico ou uma agência bancária e abastece o seu cartão com a quantia de dinheiro desejada. Depois, ao efetuar uma compra, insere o cartão em uma máquina do comerciante, autoriza o débito e o dinheiro é imediatamente transferido do smart card para o lojista.

smiley – são pequenos conjuntos de caracteres ASCII que pretendem transmitir uma emoção ou estado de espírito. Uma "carinha" construída com caracteres ASCII pode ajudar a contextualizar uma mensagem eletrônica. Por exemplo, a mais comum é :-) , que significa humor e ironia. Para entendê-la deve-se girar o smiley 90 graus para a direita.

SMTP – Ver *Simple Mail Transfer Protocol*.

snail mail – Ver *correio caracol*.

SNMP – Ver *Simple Network Management Protocol*.

soc. – a hierarquia da Usenet dedicada à sociedade.

sockets – o nome da interface em Unix (originalmente, mas agora existe também em outras plataformas) que implementa os protocolos Transmission Control Protocol/Internet Protocol (TCP/IP). Uma interface é um conjunto de chamadas possíveis a bibliotecas que contêm rotinas implementando determinados objetivos, neste caso, comunicação em TCP/IP.

software – ver *programa*.

software 3D – programa gráfico capaz de representar objetos em três dimensões, como os softwares de CAD/CAM, games e pacotes de animação.

software de domínio público – programa disponível publicamente, segundo condições estabelecidas pelos autores, sem custo de licenciamento para

uso. Em geral, o software é utilizável sem custos para fins estritamente educacionais, e não tem garantia de manutenção ou atualização. Um dos
grandes trunfos da Internet é a quantidade praticamente inesgotável de
software de domínio público, com excelente qualidade, que circula pela
rede.

SONET – Ver *Synchronous Optical Network*.

SOUP – Ver *Simple Offline Usenet Protocol*.

spam – Ver *spamming*.

spamming – 1. Publicação do mesmo artigo de news em vários grupos de discussão, geralmente resultando em desperdício de espaço em disco e largura
de banda nos meios de transmissão. 2. Enviar uma quantidade muito grande
de material para a Usenet.

SSI – Ver *Server Side Includes*.

SSL – Ver *Secure Socket Layer*.

Standard General Markup Language (SGML) – uma linguagem de descrição de
páginas em hipertexto mais geral que o Hypertext Markup Language
(HTML).

streaming – dados e arquivos distribuídos dinamicamente, ou seja, não é necessário aguardar que um arquivo seja baixado pelo *browser* para ser exibido,
pois isso acontece durante o download e, em alguns casos, conforme a navegação do usuário.

suíte – 1. Ato ou efeito de desdobrar uma notícia já publicada anteriormente
pelo próprio veículo ou por outro órgão da imprensa. 2. Técnica de dar
continuidade à apuração de um fato (já noticiado) que continue sendo de interesse jornalístico, mediante acréscimo de novos elementos para a publicação de notícias atualizadas.

surfar – gíria para "navegar na Internet". Pode se referir a navegar sem destino
em vez de procurar um conteúdo específico.

SVGA – acrônimo da expressão inglesa *Super Video Graphics Array*, padrão gráfico
de vídeo que é um aperfeiçoamento do padrão VGA. Os monitores de vídeo SVGA apresentam resolução de imagem de 1.024 x 680 pontos e podem exibir mais de 16 milhões de cores (o olho humano consegue identificar cerca de 19 milhões de cores).

Synchronous Optical Network (Sonet) – 1. Este padrão define um conjunto de
taxas de transmissão por fibra óptica. O sinal básico gerado para uma interface SONET é de 51,840 Mbit/s, podendo crescer até taxas da ordem de Gigabits por segundo (Gbps) por múltiplos deste sinal básico. 2. É também um

padrão proposto pela BellCore para um protocolo de transmissão óptica síncrono.

sysadmin – Ver *system administrator*.

sysop – Ver *system operator*.

system administrator (sysadmin) – responsável por um sistema.

system operator (sysop) – pessoa que opera e mantém um Bulletin Board System (BBS) ou provedor de acesso à Internet.

System V – uma versão (comercial) do sistema operativo Unix.

3D – área da computação gráfica que cuida da geração de objetos em três dimensões exibidos em espaços bidimensionais, como a tela do micro. O pixel de duas dimensões tem três propriedades: posição, cor e brilho. O pixel 3D agrega um quarto atributo, a profundidade, que indica a localização do ponto em um eixo Z, imaginário. Quando combinados, os pontos 3D formam uma superfície de três dimensões, chamada textura. Esta, além de dar a idéia de volume, mostra também o grau de transparência do objeto.

talk – bate-papo síncrono pela Internet.

talk. – hierarquia da Usenet dedicada à discussão, argumentação e debate.

talker – um programa servidor que pode manter vários usuários ligados ao mesmo tempo, permitindo-lhes a interação pela comunicação escrita on-line.

target – alvo, em inglês. A expressão é utilizada para definir o público-alvo de um plano de marketing, campanha ou peça de comunicação. Trata-se, portanto, do grupo (segmento) de consumidores ou prospects para os quais é dirigida, prioritariamente, uma peça ou campanha de propaganda, bem como quaisquer outras ações de comunicação ou marketing.

TCP – Ver *Transmission Control Protocol*.

TCP/IP – Ver *Transmission Control Protocol/Internet Protocol*.

telepresença – presença virtual, por meio das tecnologias de comunicação a distância.

Telnet – protocolo/programa que permite a ligação de um computador a um outro, funcionando o primeiro como se fosse um terminal remoto do segundo. O computador que "trabalha" é o segundo enquanto o primeiro apenas visualiza no monitor os resultados e envia os caracteres digitados (comandos) no seu teclado.

tempo real – o tempo real que leva para realizar alguma atividade. A interação em tempo real ocorre sem retardos ou demoras em razão do processamento.

thread – normalmente existem vários threads dentro de um grupo de discussão. Um thread representa um assunto específico nele debatido e é composto por um ou mais artigos.

threaded news (trn) – um leitor de news, em que os artigos são apresentados por threads.

Three-Letter Acronyms (TLAs) – termos ou acrônimos, em geral de poucas letras, usados para descrever todo tipo de coisas ligadas à Internet.

Tin – um leitor de news, com uma estrutura de menus semelhante ao Elm, um leitor de correio eletrônico.

tipo – 1. Cada um dos caracteres (letras, números e sinais de pontuação) que entram na constituição da mensagem escrita. 2. Forma gráfica de cada um dos símbolos (letras, acentos, sinais de pontuação, sinais especiais etc.) usados na escrita, seja manual, mecânica, eletrônica etc.

TLAs – Ver *Three-Letter Acronyms*.

tmp – terminação dos arquivos temporários (.tmp), criados pelo próprio sistema e que periodicamente devem serem eliminados para não sobrecarregar a memória do computador.

token ring – um tipo de arquitetura de rede (padrão típico da IBM) na qual os nós são conectados em um círculo fechado. A denominação vem do fato de que os nós passam continuamente um token, que é uma mensagem especial, de um para o outro ao longo do círculo. Para transmitir dados, um nó tem de esperar até que ele seja o nó "da vez", ou seja, o detentor do token. Só então os dados navegam juntamente com o token ao longo da rede até "saltar" na parada correta.

tone – tonalidade. Uma linha telefônica por tonalidade (multifreqüência) é aquela em que a marcação de um número traduz-se no envio de sinais em diferentes freqüências (sons diferentes). A marcação de um número (estabelecimento de chamada) neste tipo de linha é mais rápida que numa linha por impulsos.

transceiver – dispositivo para conexão física de um nó de uma rede local.

transferência – o processo de solicitar e transferir um arquivo de um computador remoto para um computador local e salvar o arquivo no computador local, geralmente via modem ou rede.

transferência de arquivos – cópia de arquivos entre duas máquinas via rede. Na Internet, implantada e conhecida por File Transfer Protocol (FTP).

Transmission Control Protocol (TCP) – um dos protocolos Internet do conjunto TCP/IP, que implementa o nível 4 do modelo OSI, pelo transporte de mensagens com ligação lógica.

Transmission Control Protocol/Internet Protocol (TCP/IP) – conjunto de protocolos da Internet, definindo como se processam as comunicações entre os vários computadores. É a linguagem universal da Internet e pode ser implementada em virtualmente qualquer tipo de computador, pois é independente do hardware. Geralmente, além dos protocolos TCP e IP (talvez os dois mais importantes), o nome TCP/IP designa também o conjunto dos restantes protocolos Internet: UDP, ICMP etc.

trn – Ver *threaded news*.

TrueType – um padrão de fontes dimensionáveis desenvolvido em conjunto pela Apple e pela Microsoft, que vem ganhando espaço por ser suportado pelo Windows e pelo Mac OS, os mais populares sistemas operacionais para micros.

Trumpet – nome dado aos programas que implementam e usam o Transmission Control Protocol/Internet Protocol (TCP/IP) em ambiente Windows, feitos por Peter Tattam. O mais importante é o Trumpet Winsock, que leva o nome do fabricante.

UART – Ver *Universal Asynchronous Receiver Transmiter*.

UDP – Ver *User Datagram Protocol*.

Uniform Resource Locator (URL) – localizador que permite identificar e acessar um serviço na Web. A URL pretende uniformizar a maneira de designar a localização de um determinado tipo de informação na Internet, seja ele obtido por HTTP, FTP, Gopher etc. Um URL consiste geralmente em quatro partes: protocolo, servidor (ou domínio), caminho e nome do arquivo, embora às vezes não haja um caminho ou nome de arquivo.

unique audience – Ver *unique visitor*.

unique visitor – pessoa com um único endereço IP que entra no site. Se ele voltar a acessar o site no mesmo dia, essa nova visita não é contada. O problema técnico deste índice de audiência é quando diversas pessoas acessam o site por meio de um servidor proxy, bastante comum em empresas, apenas um visitante é computado. Ver ainda *user session*.

Universal Asynchronous Receiver Transmiter (UART) – circuito integrado responsável pelas comunicações através de uma porta serial de um computador.

UNIX – sistema operacional avançado, muito usado na Internet, que permite que vários usuários compartilhem os recursos de um computador simultaneamente.

Unix to Unix CoPy (UUCP) – é uma coleção de programas para intercomunicação de sistemas Unix. Possibilita transferência de arquivos, execução de comandos e correio eletrônico.

Unix to Unix Encode (UUEE) – ferramenta para transferência de arquivos via e-mail.

upload – Fazer o upload de um arquivo é o ato de transferir o arquivo do seu computador para um computador remoto, usando qualquer protocolo de comunicação. É o contrário de download.

URL – Ver *Uniform Resource Locator*.

Usenet – sigla de "User Network", ou seja, "rede de usuários". 1. O conjunto de computadores e redes que compartilha artigos da Usenet. 2. Os grupos de discussão na hierarquia tradicional de grupos. 3. Um sistema de BBS eletrônico onde os leitores podem compartilhar informações, idéias, dicas e opiniões.

Usenet News – o tráfego de artigos enviados aos grupos de discussão da Usenet.

Usenet newsgroup – Ver *grupo de discussão da Usenet*.

user – Ver *usuário*.

User Datagram Protocol (UDP) – um dos protocolos do conjunto de protocolos da Internet (habitualmente designado por TCP/IP). Corresponde ao nível 4 do modelo OSI, pois é um protocolo de transporte, sem ligação. Em UDP, uma mensagem é enviada para o destino, sem que haja uma ligação lógica efetuada entre a origem e o destino (semelhante a uma ligação telefônica entre dois pontos). Os pacotes de mensagens podem então passar por vários nós da Internet até chegar ao destino. Menos confiável que o TCP (outro protocolo de transporte, mas com ligação), mas bastante útil quando a perda de um ou outro pacote não seja importante e se pretende velocidade na transmissão e evitar a sobrecarga de várias ligações lógicas estabelecidas.

user session – pessoa com um único endereço IP que entra uma ou mais vezes no site, durante um certo período. Se o visitante passar pelo endereço de manhã e à tarde, por exemplo, serão computadas duas user sessions. Mas se ele voltar ao mesmo site em menos de 20 minutos (ou intervalo similar), apenas uma sessão é contada. Ver ainda *unique visitor*.

usuário – aquele que utiliza os serviços de um computador, normalmente registrado através de um login e uma password.

UUCP – Ver *Unix to Unix CoPy*.

uudecode – programa para descodificar um arquivo de texto e transformá-lo no binário correspondente. Juntamente com o uuencode, permite que se transfiram binários (portanto, qualquer software) por meio de um simples arquivo de texto.

UUEE – Ver *Unix to Unix Encode*.

vBNS – Ver *very high perfomance Backbone Network Service*.

VGA – acrônimo da expressão inglesa *Video Graphics Array*, padrão gráfico de vídeo cujos monitores apresentam resolução de imagens de 640 x 480 pixels e podem exibir até 256 cores.

veículo – 1. Nome genérico de qualquer empresa de comunicação, como editoras, emissoras, exibidoras de outdoor etc. 2. Empresa individual de cada meio de comunicação, como o canal ou a rede de TV ou rádio, a editora de jornais e revistas etc. 3. Título de jornal ou revista, emissora de rádio ou TV, site exibidor de publicidade e qualquer outro instrumento de comunicação física, que leva as mensagens dos anunciantes aos consumidores.

Veronica – Ver *Very Easy Rodent-Oriented Net-wide Index to Computerized Archives*.

Very Easy Rodent-Oriented Net-wide Index to Computerized Archives (Veronica) – ferramenta para pesquisa no GopherSpace, o conjunto de servidores Gopher disponíveis na Internet. Procura informações por palavras-chave ou assuntos.

very high perfomance Backbone Network Service (vBNS) – rede que previa, ainda em 2000, conectar cerca de 100 instituições de pesquisa norte-americanas e ainda ligar cinco centros de supercomputação da National Science Foundation, a uma velocidade de 2,4 gigabits por segundo.

Very Small Aperture Terminal (VSAT) – uma antena VSAT permite a transmissão de dados (envio e recepção) para outra antena VSAT, usando uma parte da banda disponível nos satélites VSAT.

Video Blog – também chamado de Vog, o Vídeo Blog é um weblog que possui a mesma aparência e utiliza as mesmas tecnologias de um blog convencional, com a diferença de apresentar vídeos isoladamente ou com o complemento de textos e/ou imagens.

viewer – programa que permite ver um arquivo gravado num determinado formato. Portanto, existem viewers de GIF, de WAV (diz-se também *player*, quando se trata de sons), de JPEG, Postscript etc.

Virtual Private Network (VPN) – solução baseada na tecnologia de tunelamento, a Virtual Private Network permite criar uma espécie de canal virtual entre dois pontos, usando a Internet ou mesmo uma rede privada de comunicação. Os softwares de VPN empregam recursos como criptografia, autenticação e controle de acesso para garantir a integridade dos dados, evitando qualquer contato com o mundo externo.

Virtual Reality Modeling Language (VRML) – padrão emergente que permite a modelagem e a navegação em ambiente 3D em *browsers* que a suportam.

vírus – com referência a computadores, um programa nocivo criado pelo homem que procura e "contamina" outros programas incorporando nos mesmos uma cópia de si mesmo. Quando um programa contaminado é executado, o vírus é ativado. Um vírus pode residir passivamente durante algum tempo dentro de um computador, sem o conhecimento do usuário, às vezes espalhando-se para outros locais, ou ele pode ser executado imediatamente. Ao ser executado, ele pode ter diversos efeitos, desde o aparecimento de mensagens irritantes, porém inofensivas, na tela do computador até a destruição de arquivos existentes no disco rígido do computador. Os vírus de computador são disseminados pela introdução de arquivos de um computador em outro, por meio de disquete ou de uma rede (incluindo a Internet). Um usuário de computador inteligente vai utilizar um programa antivírus atualizado, disponível comercialmente em diversos sites da Internet.

visitante único – Ver *unique visitor*.

Vog – Ver *Vídeo Blog*.

VPN – Ver *Virtual Private Network*.

VRML – Ver *Virtual Reality Modeling Language*.

VSAT – Ver *Very Small Aperture Terminal*.

VT100 – Um tipo de emulação de terminal muito freqüente na Internet.

W3 – Ver *World Wide Web*.

Waffle – programa que possibilita a um BBS tornar-se um site Usenet.

WAIS – Ver *Wide Area Information Server*.

WAN – Ver *Wide Area Network*.

WAP – Ver *Wireless Application Protocol*.

WAV – diferentemente do padrão MIDI, o WAV (de *wave*, onda) é uma gravação dos sons originais. Por isso ocupa espaço muitíssimo maior que o MIDI.

Web – Ver *World Wide Web*.

Webcam – câmera conectada ao sistema com um software apropriado que permite na Web a captação e o envio de imagens em tempo real.

webcasting – 1. Tecnologia e forma de distribuição de conteúdo na Web, as quais permitem ao usuário declarar, por meio de uma interface do sistema, suas características e interesses básicos, de forma a receber diretamente em seu computador apenas informações relacionadas às áreas de interesse previamente declaradas. 2. Transmissão, via internet, de programas de rádio e de TV.

webdesign – conjunto das atividades e técnicas de design gráfico e de editoração aplicadas à preparação de sites e páginas para a Web.

webdesigner – profissional de webdesign.

Weblog – Espécie de diário virtual, via internet, denominação composta dos termos ingleses *web* = teia e *log* = relatório ou registro. Tão logo os weblogs se tornaram popular, começaram a ser utilizados como veículo noticioso.

webmaster – profissional encarregado de criar a concepção editorial e desenvolver as páginas de um site Web ou de uma rede intranet. Muitas vezes é também responsável pela operação do servidor.

webwriter – profissional de comunicação que escreve textos para mídia digital. Ver *webwriting*.

webwriting – redação para os diversos formatos da mídia digital, como páginas de internet, intranet e CD-ROM. A atividade de webwriting envolve um conjunto de técnicas para distribuição de conteúdo em ambientes digitais.

What You See Is What You Get (WYSIWYG) – sigla atribuída a softwares que mostram na tela do micro os arquivos como realmente eles são e como serão impressos.

whois – recurso que permite acesso a um banco de dados de informações sobre domínios, redes, hosts e pessoas, fornecendo um serviço de diretório de usuários da Internet.

Wide Area Information Server (WAIS) – serviço que permite a procura de informações em bases de dados distribuídas, cliente/servidor, por meio de uma interface bastante simples. Sua principal peculiaridade é a conversão automática de formatos para visualização remota de documentos e dados.

Wide Area Network (WAN) – toda rede de longa distância que interliga computadores distribuídos em áreas geograficamente separadas, ou seja, um conjunto de redes locais interligadas por meios de comunicação remotos (modems, linhas dedicadas, rádios).

winsock – implementação da interface de sockets para o Windows. Com uma winsock (programa/livraria para o Windows) é possível a utilização dos protocolos SLIP e/ou PPP no Windows (estes são os dois mais comuns, mas podem ser utilizados outros protocolos), ou seja, é possível falar a mesma "língua" que os outros computadores da Internet.

Wireless Application Protocol (Wap) – em português, protocolo de aplicação sem fio. Trata-se de um sistema que permite que celulares e outros equipamentos sem fio naveguem pela internet e tenham acesso a serviços avançados de telefonia.

workstation – Ver *estação de trabalho*.

World Wide Web – literalmente, teia de alcance mundial. Serviço que oferece acesso, por meio de hiperlinks, a um espaço multimídia da Internet. Responsável pela popularização da rede, que agora pode ser acessada através de interfaces gráficas de uso intuitivo, como o Internet Explorer ou o Netscape, a World Wide Web possibilita uma navegação mais fácil pela Internet.

Worm – Ver *Write Once Read Many*.

Write Once Read Many (Worm) – 1. Ferramenta de busca na rede Web. 2. Verme, programa que, explorando deficiências de segurança de hosts, logrou propagar-se de forma autônoma na Internet na década de 1980.

WWW – Ver *World Wide Web*.

WWW server – um computador que fornece serviços no WWW, que possui informação acessível no WWW.

WYSIWYG – Ver *What You See Is What You Get*.

X.25 – um protocolo de transferência de pacotes, sem ligação lógica, definido pelos operadores públicos de telecomunicações, na Europa.

X.400 – um protocolo que especifica serviços do tipo store-and-forward, sendo o serviço de correio eletrônico Message Handle System (MHS) o mais conhecido deles, como parte das recomendações OSI/ISO.

X.500 – é um padrão ITU-TSS/ISO para serviços de diretório eletrônico.

Xmodem – um protocolo de transferência de dados por modem, relativamente lento.

Ymodem – Um protocolo de transferência de dados por modem, com alguns melhoramentos em relação ao Xmodem.

ZIP – o mais conhecido compactador de arquivos, popularizado com os programas PKZip e PKUnzip, da PKWare.

Zip Drive – disco flexível de alta capacidade criado pela Iomega. Ligeiramente maior que os disquetes de 3,5 polegadas, tem versões de 100 e 250 MB. O Zip Drive é hoje o meio mais popular para backup ou transporte de dados.

Zmodem – um protocolo de transferência de dados por modem, com alguns melhoramentos em relação ao Xmodem e ao Ymodem, em particular o fato de ser mais rápido.

Bibliografia

ARAÚJO, Roberto. (Dir. de Red.). "Faça seu site conhecido sem gastar nada". *www.com.br*, São Paulo, ano 1, n° 2, ago. 2000, pp. 34-3.

AREAL, Augusto Cesar B. *Dicas para fazer ou melhorar sua home-page*. 28/2/1999. (http://www.persocom.com.br/brasma/own_page.htm)

BAHIA, Juarez. *Jornal, história e técnica: as técnicas do jornalismo*. 4ª ed. rev. e aument. São Paulo: Ática, 1990, vol. 2.

BARRETO, Alexandre. *Sites de 3ª geração*. 23/7/1999. (http://tutorial.virtualave.net/Detalhes/79.html)

BERNARD, Michael et al. *A comparison of popular online fonts: which size and type is best?* 16/7/2002. (http://psychology.wichita.edu/surl/usabilitynews/41/onlinetext.htm)

BEZERRA, Richelle. *Termos específicos*. 21/12/2002. (http://www.guiadowebjornalista.com.br/tespe.html)

_____. *Comercial*. 21/12/2002a. (http://www.guiadowebjornalista.com.br/comerc.html)

_____. *Tripé digital*. 21/12/2002b. (http://www.guiadowebjornalista.com.br/tripe.html#topo)

_____. *Texto na web*. 21/12/2002c. (http://www.guiadowebjornalista.com.br/tweb3.html#n1)

BOTTONI, Fernanda. "Internautas lêem menos jornais". *Meio & Mensagem*, São Paulo, 23 set. 2002, p. 45.

CAMPOS, Pedro Celso. *Jornalismo digital: novos paradigmas de produção, emissão e recepção do discurso*. 5/7/2002a. (http://www.observatoriodaimprensa.com.br/ artigos/da311020014.htm)

CAMPOS, Valéria. "Ponto de contato". *Meio & Mensagem Especial*, São Paulo, 29 jul. 2002, p. 12.

CESAR, Newton. *Direção de arte em propaganda*. São Paulo: Futura, 2000.

CORONATO, Marcos. "Ops!". *Negócios Exame*, São Paulo, ano 1, n° 1, out. 2000, pp. 76-80.

CRESPO, Rose. *Pós-venda virtual*. 7/7/2000. (http://www2.uol.com.br/info/ie156/estudo.shl)

CRUMLISH, Christian. *O dicionário da internet*. Trad. Carlos Alberto Teixeira. Rio de Janeiro: Campus, 1997.

DAUCH, Karin. "Escreveu, não leu..." *Revista da Web!*, São Paulo, ano 2, n° 14, nov. 2000a, p. 138.

_____. "Usability". *Revista da Web!*, São Paulo, ano 1, n° 9, jun. 2000, pp. 136-7.

DE WOLK, Roland. *Introduction to online journalism:* publishing news and information. Boston: Allyn and Bacon, 2001.

DIZARD JR., Wilson. *A nova mídia:* a comunicação de massa na era da informação. Trad. Antonio Queiroga e Edmond Jorge. 2ª ed. rev. e atual. Rio de Janeiro: Jorge Zahar, 2000.

DUARTE, Jorge. Release: história, técnica, usos e abusos. In: Duarte, Jorge (org.). *Assessoria de imprensa e relacionamento com a mídia*. São Paulo: Atlas, 2002.

FARAH, Paulo Daniel. "Nem 5% do mundo usa Internet, diz ONU". *Folha de S. Paulo*, São Paulo, 23 jun. 2000, p. A13.

FARIAS, Priscila L. *Tipografia digital:* o impacto das novas tecnologias. Rio de Janeiro: 2AB, 1998. (Série design)

FARINA, Modesto. *Psicodinâmica das cores em publicidade*. São Paulo: Edgard Blücher, Ed. da Universidade de São Paulo, 1975.

FERNANDES NETO, Manoel (ed. resp.). *Atitude, independência e livre expressão*. 1°/11/2002. (http://www.novaeconomia.inf.br/projeto.htm)

GEHRINGER, Max e London, Max. *Odisséia digital*. São Paulo: Abril, s.d.

GONÇALVES, Elias Machado. *La estructura de la noticia en las redes digitales;* un estudio de las consecuencias de las metamorfosis tecnológicas en el periodismo. Barcelona, 2000. 521 f. Tese (Doutorado em Jornalismo e Ciências da Comunicação) – Faculdade de Ciências da Comunicação, Universidade Autônoma de Barcelona, Barcelona.

GREGO, Maurício. *Como montar sua intranet*. 7/7/2000. (http://www2.uol.com.br/info/arquivo/ie121/intranet.html)

GROMOV, Gregory R. *The roads and crossroads of Internet history*. 19/11/1998. (http://www.internetvalley.com/intval.htm)

GUIA DA INTERNET. "1000 sites selecionados". *Folha de S. Paulo*, 18 dez. 2002, pp. F1-F14. (Folha Informática)

GUIMARÃES, Mariângela. Buscadores em alta. *Meio & Mensagem Especial*, São Paulo, 29 jul. 2002, p. 13.

GUIZZO, Érico. "Os 10 truques do design eficiente". *www.com.br*, São Paulo, ano 1, nº 2, ago. 2000, 38-41.

GUROVITZ, Helio e Lopes, Mikhail. "Como caçar clientes no ciberespaço", *Exame*, São Paulo, ano 30, nº 11, 21 maio 1997. (Versão 97 atualizada e ampliada. CD-ROM).

HAFNER, Katie e Lyon, Matthew. *Where wizards stay up late:* the origins of the Internet. New York: Touchstone, 1998.

HAMMERICH, Irene e Harrison, Claire. *Developing online content:* the principles of writing and editing for the web. New York: John Wiley & Sons, 2002.

HAUBEN, Michael e Hauben, Ronda. *Netizens: on the history and impact of Usenet and the Internet*. Los Alamitos: IEEE Computer Society Press, 1997.

HOLTZ, Shel. *Public relations on the net:* winning strategies to inform and influence the media, the investment community, the government, the public, and more! New York: American Management Association, 1999.

HURLBURT, Allen. *Layout:* o design da página impressa. São Paulo: Mosaico, 1980.

KANDLER, David. *How to know what kind of online newsletter to publish*. 2/8/2002. (http://companynewsletters.com/electronic.htm)

KILIAN, Crawford. *Writing for the web*. North Vancouver, BC: Self-Consuel Press, 1999.

LAHR, Fabio. "Cuidado com o arco-íris!". *Revista da Web!*, São Paulo, ano 1, nº 3, dez. 1999, p. 154.

LANDSBERGER, Joe (ed.). *Writing effective web pages: what to do*. 17/12/2002. (http://www.iss.stthomas.edu/writing_content.htm)

LOPES, Bruno. *Espanha cerceia liberdade na internet*. 3/11/2002. (http://jbonline.terra.com.br/jb/papel/cadernos/internet/2002/10/27/jorinf20021027012.html)

MACHADO, Carlos. "Qual letra faz o seu tipo?" *Info Exame*, São Paulo, ano 16, nº 180, mar. 2001, pp. 180-1.

MADUREIRA, Francisco. "Distância da tela é importante". *Folha de S. Paulo*, São Paulo, 12 jul. 2000, p. F8.

MANNARINO, Marcus Vinicius Rodrigues. *O papel do webjornal:* veículo de comunicação e sistema de informação. Porto Alegre, Edipucrs, 2000. (Coleção comunicação, 5)

MANTA, André. *Guia do jornalismo na internet 1997.* 9/7/2002. (http://www.facom.fba.br/pesq/cyber/manta/Guia/index.html)

MANUAL DE REDAÇÃO: Folha de S. Paulo. 4ª ed. São Paulo: Publifolha, 2001.

MARANGONI, Reinaldo; Pereira, Luciano Iuri & Silva, Rafael Rodrigues. *Webjornalismo:* uma reportagem sobre a prática do jornalismo online. 2ª ed. Indaiatuba: Rumograf, 2002.

MARTÍN, César. *Información general.* 16/7/2002. (http://www.desarrolloweb.com/articulos/221.php?manual=5)

MELO, Clayton. "Problema de conteúdo". *Meio & Mensagem,* São Paulo, nº 1024, 2 set. 2002, pp. 44-5.

MELO, José Marques de. *A opinião no jornalismo brasileiro.* 2ª ed. rev. Petrópolis: Vozes, 1994.

MERCOVICH, Eduardo. *Ponencia sobre diseño de interfaces y usabilidade: cómo hacer productos más útiles, eficientes y seductores.* 11/7/2002.(http://planeta.gaiasur.com.ar/infoteca/diseno-de-interfaces-y-usabilidad.html)

MOHERDAUI, Luciana. *Guia de estilo web:* produção e edição de notícias on-line. São Paulo: SENAC São Paulo, 2000.

MOREIRA, Maria Edicy (ed.). "Web tem softwares mais completos". *Design Gráfico,* São Paulo, ano 7, nº 63, jul. 2002, pp. 28-30.

NELSON, Stephen L. *Explorando a internet.* Trad. Geni R. da Costa Hirata. São Paulo: Makron Books, 1997.

NIELSEN, Jakob. *How users read on the web.* 1º/8/2002. (http://www.useit.com/alertbox/9710a.html)

_____. *Inverted pyramids in cyberspace.* 13/12/2002a. (http://www.useit.com/alertbox/9606.html)

NIELSEN, Jakob; Schemenaur, P. J.; Fox, Jonathan. *Writing to be found.* 2/8/2002. (http://www.sun.com/980713/webwriting/wftw6.html)

OBSERVATÓRIO DA IMPRENSA. *Objetivos.* 29/9/2002. (http://www.observatoriodaimprensa.com.br/objetivo0699.htm)

PEREIRA JÚNIOR, Luiz Costa. "A crise e a história da pirâmide invertida". *Anuário de Jornalismo,* São Paulo, ano II, nº 2, 2000, pp. 84-93.

PINHO, J. B. *Publicidade e vendas na internet:* técnicas e estratégias. São Paulo: Summus, 2000. (Coleção Novas Buscas em Comunicação, 61)

PRICE, Jonathan e Price, Lisa. *Hot text: web writing that works.* Indianapolis: New Riders, 2002.

RABAÇA, Carlos Alberto e Barbosa, Gustavo Guimarães. *Dicionário de comunicação.* 2ª ed. rev. e atual. Rio de Janeiro: Campus, 2002.

RADFAHRER, Luli. *Design/web/design.* São Paulo: Market Press, 1999.

REDDICK, Randy e King, Elliot. *The online journalist:* using the internet and other electronic resources. 3ª ed. Forth Worth, TX: Harcourt, 2001.

RICH, Carole. *Nonlinear form.* 1º/10/2002a. (http://members.aol.com/crich13/poynter2.html)

_____. *Writing process.* 1º/10/2002. (http://members.aol.com/crich13/poynter4.html)

RODRIGUES, Bruno. *Webwriting:* pensando o texto para a mídia digital. São Paulo: Berkeley Brasil, 2000.

_____. *Vovó já ouvia em tempo real.* 17/12/2002. (http://webinsider.globo.com/vernoticia.php?cl=7)

ROSENFELD, Louis e Morville, Peter. *Information architecture for the world wide web.* Sebastopol, CA: O'Reilly & Associates, 1998.

SHERWIN, Gregory R. e Avila, Emily N. *Connecting online:* creating a succesfull image on the internet. Central Point, Oregon: The Oasis Press, 1999. (PSI Successfull business library)

SHIVA, V. A. *The Internet publicity guide:* how to maximize your marketing and promotion in cyberspace. New York: Allworth Press, 1997.

SIEGEL, David. *Creating killer web sites:* the art of third generation site design. 2. ed. Indianapolis: Hayden, 1997.

_____. *Secrets of successful web sites:* project management on the world wide web. Indianapolis: Hayden, 1997a.

SPERA, Marcelo. "Caiu na rede é letra". *About,* São Paulo, 28 out. 2002, p. 40.

VIEIRA, Eduardo. "Intranets turbinadas". *Info Exame,* São Paulo, ano 17, nº 197, ago. 2002, pp. 86-90.

VISONE, Claudia. "Como ficam as revistas na era da internet?" *Anuário de Jornalismo,* São Paulo, ano II, nº 2, 2000, pp.14-8.

VOSTOUPAL, Otto e Paulon, Cristina (orgs.). *Manual de artes gráficas.* São Paulo: Abril, 1982.

WALLACE, Nathan. *Web writing for many interest levels.* 27/9/2002. (http://www.e-gineer.com/articles/web-writing-for-many-interests-levels.phtml)

WARD, Mike. *Journalism online.* Woburn, MA: Focal Press, 2002.

WHITEHEAD, Paul e Maran, Ruth. *Internet and world wide web simplified.* 2ª ed. Foster City, CA: IDG Books, 1997.

WILLS, F. H. *Fundamentals of layout for newspaper and magazine advertising, for page design of publications and brochures.* New York: Dover, 1971.

WINSTON, Brian. *Media technology and society – a history:* from the telegraph to the Internet. New York: Routledge, London: Routledge, 1998.

JOSÉ BENEDITO PINHO

Nasceu em Campinas, em fevereiro de 1951. Formou-se em Comunicação Social, na habilitação em Publicidade e Propaganda, pela Pontifícia Universidade Católica de Campinas (Puccamp), em 1973, sendo mestre e doutor em Ciências da Comunicação pela Escola de Comunicação e Artes da Universidade de São Paulo (ECA-USP), títulos obtidos em 1989 e em 1994, respectivamente.

Lecionou diversas disciplinas de Comunicação Social e de Publicidade na Puccamp, na Universidade Metodista de Piracicaba (Unimep), na Universidade Estadual Paulista Júlio de Mesquita Filho (Unesp – Campus de Bauru), e, desde 1996, atua como professor da área de Comunicação e Marketing Rural na Universidade Federal de Viçosa (MG).

Foi membro da Comissão de Especialistas em Ensino de Comunicação Social da Secretaria de Educação Superior do Ministério da Educação e de Desporto (Sesu/MEC), de 1995 a 1998. No biênio 1997-1999 editou a *Revista Brasileira de Ciências da Comunicação*, publicação científica da Sociedade Brasileira de Estudos Interdisciplinares da Comunicação (Intercom). Ainda na Intercom desempenhou as funções de diretor editorial, para o triênio 1999-2002.

É autor dos livros *Propaganda institucional: usos e funções da propaganda em relações públicas* (São Paulo: Summus, 1999, 3ª ed.), *O poder das marcas* (São Paulo: Summus, 1996), *Publicidade e vendas na Internet: técnicas e estratégias* (São Paulo: Summus, 2000), *Comunicação em* marketing: *princípios da comunicação mercadológica* (Campinas-SP: Papirus, 2002, 6ª ed.). *Relações Públicas na Internet* (São Paulo, Summus, 2003). Colaborou com artigos nas coletâneas *Comunicação e educação: caminhos cruzados* (São Paulo: Loyola, 1986); *Comunicação, memória & resistência* (São Paulo: Paulinas, 1989); *O ensino de comunicação: análises, tendências e perspectivas* (São Paulo: Abecom, ECA/USP, 1992): *Publicidade: análise da produção publicitária e da formação profissional* (São Paulo: Instituto Municipal de Ensino Superior de São Caetano do Sul, Asociación Latinoamericana de Investigadores de la Comunicación, 1998). Organizou as coletâneas *Trajetórias e questões contemporâneas da publicidade brasileira* (São Paulo: Intercom, Sociedade Brasileira de Estudos Interdisciplinares da Comunicação, 1998, 2ª ed.); *Anuário Intercom de Iniciação Científica em Comunicação Social 1997* (São Paulo: Intercom, Sociedade Brasileira de Estudos Interdisciplinares da Comunicação Social 1997); *Anuário Intercom de Iniciação Científica em Comunicação Social 1998* (São Paulo, Intercom, Sociedade Brasileira de Estudos Interdisciplinares da Comunicação, 1998); e foi co-organizador de *O agronegócio brasileiro: desafios e perspectivas* (Brasília: Sociedade Brasileira de Economia e Sociologia Rural, 1998).

NOVAS BUSCAS EM COMUNICAÇÃO
VOLUMES PUBLICADOS

www.gruposummus.com.br